sueña

3

Libro del Alumno

Nivel Avanzado

Coordinadora del Nivel Avanzado
Begoña Sanz Sánchez

Autores
M.ª Ángeles Álvarez Martínez
M.ª Vega de la Fuente Martínez
Inocencio Giraldo Silverio
Fátima Martín Martín
Begoña Sanz Sánchez
M.ª Jesús Torrens Álvarez

UNIVERSIDAD DE
ALCALÁ

ANAYA ñ ELE

Equipo de la Universidad de Alcalá
    Dirección: M.ª Ángeles Álvarez Martínez

    Programación y esquemas gramaticales: M.ª Ángeles Álvarez Martínez
                                           Ana Blanco Canales
                                           M.ª Jesús Torrens Álvarez

    Coordinación del Nivel Avanzado: Begoña Sanz Sánchez

    Autores: M.ª Ángeles Álvarez Martínez
             M.ª Vega de la Fuente Martínez
             Inocencio Giraldo Silverio
             Fátima Martín Martín
             Begoña Sanz Sánchez
             M.ª Jesús Torrens Álvarez

© Del texto: Cursos Internacionales S. L. (Alcalingua S. R. L.), de la Universidad de Alcalá, 2001
© De los dibujos y gráficos: Grupo Anaya, S.A., 2001
© De esta edición: Grupo Anaya, S.A., 2001, Juan Ignacio Luca de Tena, 15 - 28027 Madrid

Depósito legal: M-30100-2005
ISBN: 84-667-0040-4
Printed in Spain
Imprime: Varoprinter, S. A. C/ Artesanía, 17. Polígono Industrial. 28820 Coslada. Madrid.

Equipo editorial
    Edición: Milagros Bodas, Sonia de Pedro
    Equipo técnico: Javier Cuéllar, Laura Llarena
    Ilustración: El Gancho (Tomás Hijo, José Zazo y Alberto Pieruz)
    Cubiertas: Taller Universo: M. Á. Pacheco, J. Serrano
    Maquetación: Ángel Guerrero
    Corrección: Carolina Frías, Esther García, Maite Izquierdo
    Edición gráfica: Nuria González

Fotografías: Archivo Anaya (Chamero, J.; Marín, E.; Muñoz, J. C.; Steel, M.; Vizuete, E.; Zuazo, A. H.); Breitfeld Claus; Contifoto;
    Fototeca 9 x 12; Fundación Federico García Lorca; I.M.E.; Nasa; Prisma; Stock Photos; Umbria, J.

Instituto
Cervantes

Este Método se ha realizado de acuerdo con el *Plan Curricular* del Instituto Cervantes, en virtud del Convenio suscrito el 14 de junio de 2001.
La marca del Instituto Cervantes y su logotipo son propiedad exclusiva del Instituto Cervantes.

PRESENTACIÓN

Este método es producto de la labor de un equipo de lingüistas y profesores de español como lengua extranjera de la Universidad de Alcalá, elaborado y puesto en práctica durante los años 1999 y 2000 con nuestros alumnos. Reunimos, en el conjunto de libros, que constituye el método SUEÑA, los materiales que hemos diseñado para la enseñanza de nuestra lengua, desde el Nivel Inicial hasta el Nivel de Perfeccionamiento. Con ello, ponemos a disposición de todos los profesores y estudiantes de español como segunda lengua unos materiales y una experiencia que nos han sido de gran utilidad con nuestros alumnos, con la confianza de que puedan prestarles también a ellos un buen servicio.

Para el desarrollo del método hemos partido de una programación detallada para todos los niveles, que se ha ido elaborando cuidadosamente al hilo de nuestra experiencia docente y de las investigaciones que, en este campo, hemos llevado a cabo en nuestro centro.

SUEÑA 3 corresponde al tercer nivel del método. Está dirigido a aquellos estudiantes que ya tienen unos buenos conocimientos de la lengua española, pero que aún necesitan ampliar su léxico y el dominio de ciertos usos y construcciones gramaticales de mayor complejidad. Se pretende, en definitiva, desarrollar la competencia comunicativa del estudiante extranjero para situarla en un nivel superior.

SUEÑA 3 está compuesto por 10 lecciones, divididas en secciones claramente diferenciadas. Cada lección comienza con dos páginas dedicadas al léxico, que llamamos *Palabras, palabras*. A continuación hay dos páginas de gramática bajo el rótulo de *Normas y reglas;* y a partir de aquí se presentan varias páginas, enfrentadas, en las que el alumno encuentra, a la izquierda, la descripción y práctica de usos gramaticales, y a la derecha, actividades orientadas a desarrollar, mediante la conversación *(Bla, bla, bla),* esos mismos usos, así como diversos contenidos nociofuncionales. De este modo se ofrece al profesor y a los alumnos la oportunidad de ampliar y reforzar la expresión escrita y oral. Después se incluyen dos páginas de escritura *(Toma nota)* en las que se trabajan cuestiones de ortografía y de tipología textual, seguidas de una página destinada a la fonética *(Suena bien).* Finalmente, aparecen la sección que dedicamos a los contenidos culturales, A nuestra manera, y dos páginas de Recapitulación de todo lo visto en la lección.

El manual acaba con un Glosario, que recoge el léxico estudiado en cada una de las secciones *Palabras, palabras* traducido a cinco lenguas. Obviamente, no pretende ser un diccionario, sino un instrumento de utilidad tanto para el profesor como para el alumno, ya que de este modo ambos disponen del vocabulario fundamental, clasificado por lecciones.

Este manual se complementa con un Cuaderno de Ejercicios, que ofrece al profesor y al estudiante ejercicios y actividades que pueden desarrollarse en el aula o como tarea para casa. Mediante un icono se indican qué ejercicios pueden (o deben) integrarse en la explicación, de manera que el alumno sepa con qué materiales del Cuaderno puede seguir practicando los contenidos vistos en el Libro del Alumno.

Como material de apoyo se ofrecen dos casetes o dos CD Audio con las transcripciones del método. En el manual se muestra, mediante un icono, el momento en que deben escucharse.

Finalmente, queremos expresar nuestro agradecimiento al Vicerrectorado de Investigación de la Universidad de Alcalá, que ha subvencionado un Proyecto de Investigación para estudios sobre léxico, titulado "Frecuencia de uso y estudio del léxico con especial aplicación a la enseñanza del español como lengua extranjera" (H004/2000), que nos ha permitido acometer parte de los trabajos realizados para estos manuales; y muy especialmente al Vicerrector de Extensión Universitaria de esta Universidad, profesor Antonio Alvar Ezquerra, por haber acogido con entusiasmo nuestro proyecto y habernos prestado desde sus comienzos su inestimable apoyo y ayuda.

ÍNDICE

FUNCIONES	ESCRITURA	FONÉTICA	CULTURA
- Expresar optimismo, alegría, contento, gozo - Expresar pesimismo, tristeza, pena, dolor	- *b / v* - La descripción	- Sistema vocálico (I)	- Tópicos sobre España e Hispanoamérica
- Expresar decepción y desilusión - Expresar enfado	- Repaso de las reglas de acentuación - La narración	- Sistema vocálico (II)	- La comida: rito social en España e Hispanoamérica
- Expresar duda, desconfianza e incredulidad	- El uso de la coma, el punto y coma, el punto y los dos puntos - La instancia	- Sistema consonántico	- La artesanía popular en España e Hispanoamérica
- Hacer referencia a algo - Poner algo de relieve	- Pares de palabras del tipo *sino / si no, demás / de más, tampoco / tan poco, porque / por que, porqué / por qué* - El currículum vitae	- Contraste entre palabras tónicas y átonas	- Diversidad climática en España e Hispanoamérica
- Expresar satisfacción y complacencia - Expresar admiración y sorpresa	- Acentuación de las palabras compuestas - Carta para solicitar o pedir información	- Grupos fónicos y fonética sintáctica	- La fauna y flora de España e Hispanoamérica

LECCIÓN	LÉXICO	GRAMÁTICA
6. Digan lo que digan	- Mobiliario de la casa y urbano	- Indicativo / subjuntivo en las oraciones de relativo - Estructuras reduplicativas con subjuntivo (*caiga quien caiga*) - Estructuras enfáticas de relativo (*fue él quien…*) - Los relativos - Relativos, interrogativos y exclamativos

7.
Creo que vamos a ganar
	- El mundo de la política	- Indicativo / subjuntivo en las oraciones sustantivas:
		    • Con verbos de sentimiento, voluntad o influencia
		    • Con verbos de pensamiento, comunicación o percepción
		    • Con expresiones con *ser, estar* o *parecer* + adjetivo o sustantivo
		- Verbos que cambian de significado según lleven indicativo o subjuntivo
		- Formas para influir en el oyente

8. El tiempo es oro	- Ocio y tiempo libre	- Indicativo / subjuntivo en oraciones temporales - Conectores temporales - Indicativo / subjuntivo en oraciones finales - Conectores finales - Indicativo / subjuntivo en oraciones concesivas - Conectores concesivos
9. Como el gato y el ratón	- La informática y las telecomunicaciones	- Indicativo / subjuntivo en oraciones condicionales - Conectores condicionales - Indicativo / subjuntivo en oraciones causales - Conectores causales - Indicativo / subjuntivo en oraciones consecutivas - Conectores consecutivos - Indicativo / subjuntivo en oraciones modales - Conectores modales
10. ¿Tú sigues la moda?	- Vestuario, ropa y complementos	- El estilo indirecto - Transformaciones cuando el verbo principal está en pasado - Verbos que resumen actitudes y actos de habla - Verbos introductores del estilo indirecto

FUNCIONES	ESCRITURA	FONÉTICA	CULTURA
- Expresar simpatía y antipatía	- Empleo de los puntos suspensivos, las comillas, el paréntesis y el guión - Carta de reclamación	- Autocorrección fonética	- Dos grandes ciudades: Barcelona y Buenos Aires
- Expresar preocupación, temor, angustia - Expresar repulsión y asco	- Las abreviaturas - La argumentación	- Esquemas tonales del español - La yuxtaposición y la coordinación	- Sistemas políticos en España e Hispanoamérica
- Expresar arrepentimiento - Expresar resignación y conformidad	- Acentuación de diptongos y hiatos - La exposición	- La entonación: valores expresivos	- El concepto del deporte y del ocio en España e Hispanoamérica
- Iniciar y concluir una conversación - Cambiar de tema - Interrumpir a alguien	- Tipos de unión de palabras compuestas - Exposición y argumentación	- La entonación de algunas oraciones subordinadas	- Las telecomunicaciones en España e Hispanoamérica
- Resumir una conversación - Pedir a alguien que repita lo que ha dicho - Repetir de otra manera lo ya dicho	- Descripción, narración, exposición y argumentación en un mismo texto	- Variedades del español	- Diseñadores en España e Hispanoamérica

Retratos

1

A los retratistas se les exige, por lo general, que reflejen lo imposible. Su psicología se pone a prueba al intentar mostrar no su visión, sino la nuestra con relación a lo plasmado: NUESTRO PUNTO DE VISTA SOBRE LO RETRATADO.

Explica brevemente el significado del texto. ¿Estás de acuerdo con él?

▶ _____

1 **Mira estos dibujos.**

1. Aquí tienes una serie de palabras. Relaciónalas con los dibujos y construye frases.

melancólico / dulce / fuerte / agradable / picante / chillón / desesperado / estridente / delicioso / disgusto / desabrido / buen humor / bien / divertida / mal humor / impaciente / tranquilidad / placentero / desagradable / triste

▶ _____
▶ _____
▶ _____
▶ _____
▶ _____

2. Lee este poema. ¿Cuáles son los sentimientos del autor? Escríbelos.

Estoy esta tarde triste,
siento que en mí nubes negras
esconden tu vuelo puro.
Melancolía, nostalgia, estupidez,
esperanza, ensoñación y tristeza,
estoy lento de reflejos
y soy lento en decisiones,
la necedad me exaspera.

Queriendo la paz del mundo
me dicen que soy tonto,
que es quimera.

IDEAS +

3. ¿Qué significa el verbo _exasperar_?

▶ _____

4. Dice el autor que está triste. ¿Crees que es una persona triste? ¿Por qué?

▶ _____

5. Escribe tres sinónimos del adjetivo _triste_. ▶ _____ ▶ _____ ▶ _____

2 Escribe tres adjetivos que representen, según tú, a los habitantes de estos países.

China   Alemania   Francia   España   Italia   Brasil

3 ¿Qué adjetivos utilizarías para referirte a estos "seis" sentidos? Escribe, al menos, dos para cada uno de ellos.

gusto	vista	tacto	oído	olfato	"sentido común"

4 Completa la tabla con los adjetivos que creas más convenientes.

Adjetivos	Sinónimos	Antónimos
minucioso		
impulsivo		
cariñoso		
melancólico		
soñador		
atrevido		
valeroso		
amable		
antipático		
mentiroso		

5 Corrige los errores que encuentres en las frases que te damos a continuación.

1. La señora que vive en la casa de enfrente es muy vetusta.
2. Tiene un grande corazón.
3. Me he comprado un bolígrafo infiel. Se para cuando quiere.
4. Juan está cuadrado.
5. Esta ropa ya está vieja.
6. Resultó un discurso muy estridente.
7. Mi libro de matemáticas es muy gordo.
8. María no come carne, es herbívora.
9. El coche nuevo de Vicente es muy luminoso.
10. ¡Qué vestido tan guapo llevas!

CE 1.2.8 **6** Busca en esta sopa de letras ocho adjetivos de los que has visto en los ejercicios anteriores.

A	M	E	L	A	N	C	O	L	I	C	O	T
T	A	N	I	M	E	C	L	U	D	A	G	C
E	T	S	I	R	T	F	H	E	I	U	A	H
N	A	T	I	R	N	E	I	R	U	J	Z	I
P	S	E	N	S	A	T	A	S	A	C	A	L
L	A	M	B	A	C	D	A	R	I	D	N	L
Z	E	S	A	D	A	T	R	E	V	I	D	O
U	I	N	E	L	P	R	B	A	R	T	E	N
H	O	S	O	S	O	I	C	I	L	E	D	N
I	E	S	D	A	T	A	W	E	R	I	T	R
M	U	L	E	T	N	E	D	I	R	T	S	E

ser

Con sustantivos, pronombres, demostrativos e infinitivos
Mi hermana es ingeniera.
La cartera es mía; Mi cartera es aquélla.
Esto es vivir.

Cualidades inherentes: características que sirven para definir y clasificar (origen o nacionalidad, profesión, religión, materia…).

Carlos es muy alto; Carlos es simpático.
La sopa es caliente.
Carlos es profesor de informática.

Tiempo
• Hora, fecha, periodo: *Es la una / martes / primavera.*
• Situar un acontecimiento en el tiempo: *La reunión será mañana.*

Lugar (situar un suceso o acontecimiento).
La reunión será en la sala de juntas.

Cantidad
• Número total: *Somos veinte.*
• Precio: *Las judías son 35 euros.*

estar

Con gerundio

Estoy buscando las llaves.

Resultado de un proceso: características que son el resultado de unas circunstancias o un proceso o que pueden cambiar (no definen el sujeto, lo valoran).
Carlos está muy alto; Carlos está triste (estado anímico).
La sopa está demasiado caliente (resultado de la experiencia).
Carlos está de profesor de informática (ocupación profesional).

Tiempo
Fecha, periodo: *Estamos a martes / Estamos en primavera.*

Lugar (situar personas o cosas).
La sala de juntas está en el primer piso.

Cantidad
• Número parcial: *Somos veinte pero ahora estamos quince.*
• Precio como algo variable: *Las judías están hoy a 35 euros.*

---

7 **Construye frases con los verbos *ser* y *estar* y con los elementos de estas dos columnas.**

- tomates
- las vacaciones
- Ricky Martin
- el español
- mi profesora
- la paella
- Velázquez
- mi familia
- mi mejor amigo
- la oficina de turismo

- casado
- complicado
- soso
- abierto
- bueno
- verde
- aburrido
- muerto
- divorciado
- sincero

8 **Transforma las siguientes frases en otras con *ser / estar*.**

1. Mis próximas vacaciones empezarán dentro de quince días.
2. El concierto de Chayanne tendrá lugar a las once en la Plaza Mayor.
3. Los profesores parecían contentos con los resultados de los exámenes.
4. Tengo la postal de mi sobrino en el primer cajón.
5. La comida de los jubilados se servirá en el polideportivo.
6. Las clases de cocina se imparten aquí.
7. Mariano trabaja de profesor de inglés en esa academia.
8. El libro de alemán pertenece a Javier.
9. ¿Dónde han puesto la lista de notas?
10. Permanecimos en casa de Álvaro hasta las seis de la mañana.

CE 3 **9** **Completa este texto con los verbos que faltan.**

Mira, ésta es tu clase. Ya verás, todos somos una pequeña familia. El de la corbata roja es Luis, que .... casado con Carmen, la de la falda rosa. Ellos adoptaron a una niña que .... de Chile, ya la conocerás.
Juan, el de la camisa amarilla, ... estudiando alemán y .... el único que siempre .... hablando de fútbol; a veces .... un poco pesado. Irene, la chica de gafas, ... la rara del grupo porque la sopa le gusta cuando .... fría y el gazpacho cuando .... caliente.
Javier, el de los pantalones azules, ... divorciado y últimamente .... mucho con Pilar, la abogada del grupo. Es la de la chaqueta roja. Su oficina también .... en este mismo edificio, en la primera planta. Luego te los presentaré a todos y hablarás con ellos, ya verás lo majos que ....
Sólo me queda decirte que las clases de conversación .... a las cinco lunes y martes, y la clase .... en la última puerta de este pasillo.

ADJETIVOS CON *SER* O *ESTAR*

ser: expresa las cualidades esenciales del sujeto.

estar: expresa estados que dependen de unas circunstancias, aunque sean permanentes.

Irene está siempre contenta, aunque a veces es muy egoísta.

ser	estar	ser / estar (indistintamente)
(des)leal, (in)fiel, honrado, famoso, (in)necesario, importante, partidario, contrario, absurdo, inteligente, •tonto, •interesante, •(in)soportable, •(in)creíble, •feliz, •(im)perfecto, •fantástico, •genial, •estupendo, •horrible, •espantoso, •simpático, •estúpido	lleno, vacío, vivo, muerto, loco, contento, roto, desnudo, descalzo, vestido, sentado, levantado, tumbado, acostado, deprimido, enfadado, harto, desilusionado, preocupado, interesado, cautivado, obsesionado, resfriado, enfermo, constipado	Estado civil (preferentemente con *estar*): *casado* (si decimos con quién, sólo con *estar*), *soltero, separado, viudo…* Defecto físico (*ser*): *Es invidente, sordo, manco, cojo,* etc., pero si es un estado transitorio o tiene sentido figurado, sólo *estar*: *Está cojo por el accidente; Estás sordo.*
Los marcados con (•) llevan *estar*: Cuando es algo circunstancial: *¡Qué raro! Lola estuvo muy simpática el otro día.* Algunos de ellos, cuando se hace hincapié en el hecho de que es fruto de la experiencia: *La película estuvo interesante.*	**Llevan *ser*:** Todos ellos, cuando se sustantivan mediante *el* (para la identificación dentro de un grupo): *Es el lleno / el muerto / el loco / el contento / el desnudo…* Muchos de los referidos a personas se sustantivan mediante *un*: *es un loco / un interesado / un enfermo…*	

10 **Completa con *ser* y *estar* el siguiente fragmento de esta carta.**

Bueno, pues como te iba diciendo, Pedro .... tonto desde que lo dejó Carmen, siempre .... triste y deprimido. Yo creo que .... ciego y no quiere ver que en realidad ella .... tonta y a veces hasta .... bastante insoportable. De Óscar mejor no hablar, no sé qué le pasa y .... estúpido últimamente. Daniel se ha echado una novia que .... muy simpática. Yo la conozco poco, pero todos dicen que .... genial. Por fin conozco a una chica normal que no va presumiendo por ahí de guapa, aunque lo ....
Pablo, como siempre, ... el muermo del grupo; sólo .... interesado en cuestiones políticas; como supondrás, sus temas .... de lo más divertido.
¡Ah! Y tú deja de pensar que nos hemos olvidado de ti: .... estúpido que pienses eso, ¿no crees?

11 **Señala la opción correcta de estas frases, o di si ambas son posibles. Justifica tu respuesta.**

1. *Es / está* obsesionado con las ideas de ese político.
2. Su trabajo *es / está* perfecto.
3. En verano *está / es* en pantalón corto todo el día.
4. ¿Pero es que *estás / eres* sordo? He dicho que friegues los platos.
5. *Eres / estás* tonto si piensas que *estoy / soy* partidario de esas cosas.
6. No *era / estaba* lógico que fueras a verle después de lo que pasó.
7. Creo que *eres / estás* ciego si no ves lo que intenta hacer.
8. Mariano *es / está* casado con Carmen.
9. *Está / es* resfriado continuamente.
10. *Es / está* mudo desde los seis años.

CE 4.5 **12** **Transforma con *ser / estar* + un adjetivo.**

1. No lo necesitas para nada.
2. A Juan no lo puedo soportar.
3. No tiene sentido lo que dices.
4. Pedro no lleva zapatos.
5. Ahora Carlos se preocupa por sus estudios.
6. Mónica y Óscar contrajeron matrimonio el año pasado.
7. Creo que el niño entiende todo a la primera.
8. Permanece horas y horas sentado.
9. Carmen sólo piensa en comer dulces.
10. Mis padres rebosan felicidad.

13 **Escucha un fragmento de un programa de radio y coméntalo con tus compañeros.**

14 **Habla con tu compañero sobre cómo estás / cómo eres cuando…**

⇨ Tu mejor amigo tiene una entrevista de trabajo.

⇨ Tu compañero de piso se va de casa tras enfadarse contigo.

⇨ Un compañero de trabajo tiene un problema familiar.

⇨ Es el cumpleaños de tu hermano favorito.

⇨ Tienes un examen al día siguiente.

⇨ A tu vecina le ha tocado la lotería.

⇨ Un familiar de un compañero de trabajo ha tenido un accidente.

⇨ Una compañera de trabajo acaba de tener un bebé.

⇨ Apruebas unas oposiciones.

⇨ Has aprobado el carné de conducir.

15 **Juego: "El saco de la suerte". Escribe tres adjetivos de los aprendidos en clase y sigue las instrucciones de tu profesor.**

16 **¿Te gustan los animales? Lee este fragmento de *Platero y yo*, de Juan Ramón Jiménez, y contesta a las preguntas.**

¿Qué animal te gusta más?
¿Y el que menos?
¿Por qué?

Platero es pequeño, peludo, suave; tan blando por fuera, que se diría que es todo de algodón, que no lleva huesos. Sólo los espejos de azabache de sus ojos son duros cual dos escarabajos de cristal negro. Lo dejo suelto, y se va al prado, y acaricia tibiamente con su hocico, rozándolas apenas, las florecillas rosas, celestes y gualdas… Lo llamo dulcemente: "¿Platero?", y viene a mí con un trotecillo alegre, que parece que se ríe en no sé qué cascabeleo ideal…

(…) Es tierno y mimoso igual que un niño, que una niña…, pero fuerte y seco por dentro, como de piedra.

Cuando paseo sobre él, los domingos, por las últimas callejas del pueblo, los hombres del campo, vestidos de limpio y despaciosos, se quedan mirándolo…

¿Hay que tener una sensibilidad especial para tener animales?

¿Cómo son las personas que abandonan o maltratan a los animales?

En grupos, opinad si es bueno tener animales, en qué circunstancias, qué clase de personas los puede necesitar más…

ADJETIVOS CON CAMBIO DE SIGNIFICADO

	ser	estar
abierto	simpático, extravertido	no cerrado / con personas: receptivo (*estar abierto a*)
aburrido	que aburre	que se aburre
atento	amable, considerado	que presta atención
bueno	bondadoso, noble / beneficioso	guapo (informal) / sano o recuperado de una enfermedad / de buen sabor
cansado	que produce cansancio	que se encuentra fatigado
cerrado	introvertido	no abierto / con personas: no receptivo (*estar cerrado a*)
considerado	respetuoso	estimado, juzgado
claro	luminoso	evidente, obvio
delicado	sensible	con problemas de salud
despierto	inteligente, ágil de mente	no dormido
inconsciente	imprudente, irreflexivo	que ha perdido el conocimiento
listo	inteligente, astuto	preparado / equivocado (irónico)
malo	nocivo, perjudicial	enfermo / de mal sabor o en mal estado
molesto	que produce molestia	ofendido, enfadado, incómodo
negro	color / de raza negra	muy moreno / muy enfadado (informal)
rico	que tiene dinero	que tiene buen sabor
verde	color / picante, obsceno	inmaduro
violento	agresivo	que se encuentra incómodo

El joven es muy atento.

17 **Completa estos diálogos con *ser / estar* según el contexto.**

⇨ ¿Has convencido a Pedro para que haga reformas en su bar?

⇨ No, ¿por qué?

⇨ Es que esta mañana he pasado por allí y el bar .... cerrado.

⇨ Pues no sé, ya sabes que Pedro .... una persona muy cerrada; no creo que lo haga.

⇨ ¿Qué sabes de Carmen?

⇨ Pues nada, porque ya sabes que no me gusta llamarla por si coge el teléfono Carmelo.

⇨ Hija, eres un poco exagerada. Recuerdo la última vez que estuvimos en su casa, al final yo .... violenta.

⇨ Él sí que .... violento.

El joven está muy atento.

⇨ ¿Qué tal está la madre de tu cuñada?

⇨ Pues la verdad es que .... bastante delicada desde la operación.

⇨ ¿Pero habláis con ella abiertamente de su enfermedad?

⇨ ¡Qué va!, el cáncer ya sabes que .... un tema delicado.

CE 6.7 **18** **Completa las frases siguientes.**

1. Juan .... bastante considerado en su trabajo.

2. Creo que .... muy molesto vivir con una persona así.

3. No quiere jugar porque .... malo, tiene algo de fiebre.

4. Comparte sus cosas con todos, ... muy bueno.

5. Desde aquel accidente Carmen .... más delicada.

6. Mi hijo siempre .... muy atento en clase, no puedo creer que haya suspendido.

7. El libro que lee Charo .... muy aburrido.

8. Ayer fui a casa de unos amigos, pero la verdad es que .... muy violenta cuando llegó Arturo, mi antiguo novio.

9. Hay que avisar a sus padres, yo creo que este asunto .... más delicado de lo que parece.

10. Mi sobrino pequeño .... muy abierto con todo el mundo.

19 **Completa el texto.**

Mis vecinos son bastante .... Nunca salen a divertirse. Los fines de semana siempre están .... y .... porque ven que los demás salimos. Hacemos reuniones en casa con los amigos y de vez en cuando vamos al bingo, y no es que seamos ...., porque la verdad es que no tenemos mucho dinero, pero después de trabajar toda la semana sabemos que es .... divertirse. La verdad es que mis vecinos son muy .... con todos, pero tienen una cara de tristeza que echa para atrás.

Ella parece que está más .... a las sugerencias que se dan en las reuniones del portal, pero él es bastante .... y nunca dice nada; yo creo que está .... porque nadie parece hacerle caso. Yo a veces estoy .... porque no sé cómo comportarme con él.

Creo que ser tan .... no ayuda en nada y los demás no sabemos qué hacer o cómo ayudar.

20 Os vais a entrevistar unos a otros para practicar los verbos *ser y estar,* pero antes decidid en grupos qué cualidades esenciales deberán tener los candidatos. Observad este ejemplo.

SOLICITUD DE TRABAJO
CAMARERO
NOMBRE: Juan Campos López
EDAD: 27
DOMICILIO: Plaza del Álamo, 3, Madrid
ESTUDIOS: Formación Profesional. Rama de Hostelería.
CURSOS: Ayudante de cocina.
EXPERIENCIA PROFESIONAL: Ha trabajado desde los 20 años en distintos establecimientos hosteleros. Amplia experiencia en locales situados en ciudades de veraneo.

ENTREVISTA
¿En qué lugares ha trabajado?
¿Qué labores desempeñaba?
¿Qué espera conseguir en este trabajo?
¿En qué localidades de veraneo ha trabajado?
¿Qué cualidades piensa que debe tener un buen camarero?
¿Qué puede aportar a la empresa?

VALORACIÓN: _____
_____
_____

1. Rellenad la solicitud de trabajo.

SOLICITUD DE TRABAJO
MONITOR
NOMBRE: ....
EDAD: ....
DOMICILIO: ....
ESTUDIOS: ....
CURSOS: ....
EXPERIENCIA PROFESIONAL: ....

SOLICITUD DE TRABAJO
GUÍA TURÍSTICO
NOMBRE: ....
EDAD: ....
DOMICILIO: ....
ESTUDIOS: ....
CURSOS: ....
EXPERIENCIA PROFESIONAL: .....

SOLICITUD DE TRABAJO
SOCORRISTA
NOMBRE: ....
EDAD: ....
DOMICILIO: ....
ESTUDIOS: ....
CURSOS: ....
EXPERIENCIA PROFESIONAL: ...

2. Escribid en una hoja las entrevistas. Haced una valoración del 1 al 10.

21 Certamen de los premios Jerez y Vinagre de los personajes "más famosos" de la actualidad. Sigue las instrucciones de tu profesor.

22 A debate: "Ser hijo de famoso tiene más ventajas que inconvenientes".

CONSTRUCCIÓN PASIVA CON *SER* O *ESTAR* + PARTICIPIO

Con *ser*: acción	Con *estar*: resultado de una acción anterior
Las obras han sido terminadas esta mañana.	→ *Las obras están terminadas desde esta mañana.*
Las obras fueron terminadas la semana pasada.	→ *Las obras están terminadas desde la semana pasada.*
Las obras habían sido terminadas hacía tres semanas.	→ *Las obras estaban terminadas desde hacía tres semanas.*
Las obras serán terminadas el día 10.	→ *Las obras estarán terminadas (a partir de) el día 10.*

CE 10 **23** **Completa con *ser* / *estar* según corresponda.**

1. Aunque está trabajando en una obra y no hay otra mujer, Maribel .... respetada por todos sus compañeros.
2. La avería de la lavadora .... arreglada desde ayer.
3. Los exámenes .... corregidos por el tribunal.
4. Los exámenes ya .... corregidos.
5. El subjuntivo .... explicado en la primera parte de la clase.
6. Las obras de Pablo .... expuestas en el centro cultural de su pueblo.
7. Entré en el garaje y las luces .... encendidas.
8. La fiesta .... organizada por la dirección.
9. El delincuente .... obligado a confesar por el tribunal que lo juzgaba.
10. Mis vecinos .... angustiados después de lo del robo.

24 **Transforma las siguientes frases en activas.**

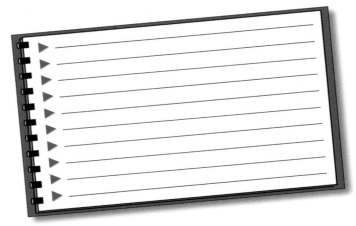

1. Las cartas de felicitación fueron escritas por las secretarias.
2. El museo será abierto por los responsables de la zona.
3. Ayer fue atracado un banco de mi calle.
4. Las carreteras fueron arregladas por el Ayuntamiento.
5. Las cartas han sido entregadas a domicilio por el cartero.
6. Este puente fue construido por los romanos.
7. Las tarjetas de Navidad han sido vendidas en este estanco.
8. La cena siempre era preparada por mi abuela.
9. Las fotocopias han sido hechas por Miguel.
10. El balón fue golpeado por el delantero centro.

25 **Construye pasivas con los elementos que te indicamos.**
Elige entre una pasiva de acción o de resultado.

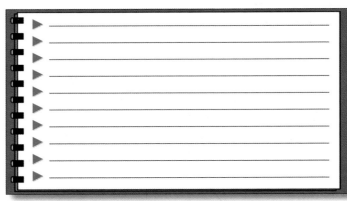

1. Cena / servir / a las once.
2. Conferencia / clausurar / el vicepresidente.
3. Expediente / revisar / el detective.
4. Propuesta / aprobar / desde ayer.
5. Resultados de las elecciones / tener en cuenta.
6. Ayuda / conseguir / para evitar el desastre.
7. Estudiantes / castigar / por copiar.
8. Víctimas / conducir / hospital.
9. Ordenador / encender / por la mañana.
10. Colegios / abrir / a las ocho.

26 Hoy vamos a dar los premios de la prensa a los mejores articulistas y columnistas. Con estos titulares, confeccionad una noticia y exponedla en clase. Haced una descripción divertida y lo más completa posible. No olvidéis que vuestros compañeros son los que os van a votar.

27 En español son frecuentes expresiones con *ser / estar* para establecer comparaciones con animales. Piensa qué "animal" puede ser...

1. Una persona muy gorda. ▶ _____
2. Una persona muy sucia. ▶ _____
3. Una persona lenta. ▶ _____
4. Una persona poco lista. ▶ _____
5. Una persona astuta. ▶ _____

Ahora haz lo contrario: piensa qué tipo de persona es alguien a quien se le dice:

1. Estás hecho un toro. ▶ _____
2. Eres un lince. ▶ _____
3. Es un buitre. ▶ _____
4. Es una cacatúa. ▶ _____
5. Es una hormiguita. ▶ _____

EXPRESIONES CON *SER / ESTAR*

Con animales

Ser un + sustantivo: *es un buitre / un burro / un cerdo / un gallina / un gusano / un lince / una mosquita muerta / un pato / un zorro…*

Estar hecho un + sustantivo (lo percibimos como estado, como resultado de un cambio): *está hecho un toro / un burro…*

Estar como un + sustantivo (referido a aspecto físico): *está como una vaca / una foca / un toro…*

Otras expresiones:

Ser coser y cantar.	*Estar a dos velas.*
Ser pan comido.	*Estar como una sopa.*
Ser un cero a la izquierda.	*Estar como un fideo.*
Ser un pájaro de mal agüero.	*Estar de broma / de cachondeo.*
Ser un arma de doble filo.	*Estar de más / de sobra.*
Ser el cuento de nunca acabar.	*Estar en Babia / en las nubes.*

---

28 Relaciona las expresiones de la columna de la izquierda con su significado.

CE 14. 17. 19. 26

1. Ser coser y cantar   No tener fin
2. Estar en las nubes   No valer nada
3. Estar como una sopa   Ser muy fácil
4. Ser el cuento de nunca acabar   Pensar en otras cosas
5. Ser un cero a la izquierda   Estar empapado

29 ¿Qué expresiones de las aprendidas en esta página aplicarías a estos personajes?

LA EXPRESIÓN DE LA IMPERSONALIDAD

▶ **CONSTRUCCIONES CON *SE***

CD sin preposición ⟶	verbo en 3.ª pers. singular o plural
La policía encontró el arma en el coche.	*Se encontró el arma en el coche.*
La policía necesitaba testigos.	*Se necesitaban testigos.*
CD con preposición *a* ⟶	verbo en 3.ª pers. singular + *a*
La policía detuvo a los ladrones.	*Se detuvo a los ladrones.*
Sin CD ⟶	verbo en 3.ª pers. singular
La gente vive bien en las ciudades costeras.	*Se vive bien en las ciudades costeras.*
Viven bien en las ciudades costeras.	*Se vive bien en las ciudades costeras.*

Verbos sin CD que llevan obligatoriamente pronombre, o verbos que no pueden tener un sujeto de persona (*suceder, acontecer, gustar...*) no admiten la construcción con *se*:

En España se acuestan muy tarde / A todo el mundo le gusta divertirse / Sucedieron muchas cosas inesperadas.

30 En estas frases el agente está explícito; conviértelas en impersonales con *se* siempre que sea posible.

1. El presidente del jurado entregó los premios.
2. Los directivos del club presentaron al nuevo entrenador.
3. Los dos equipos metieron cinco goles en el partido.
4. Todos los miembros del equipo trabajan muy duro para sacar adelante el proyecto.
5. Todos los estudiantes se fueron de clase.
6. Los aficionados recibieron a los ganadores con aplausos.
7. Las loteras vendieron todos los décimos.
8. El alcalde ha decidido subir el impuesto de circulación.
9. La mayoría de los que fueron a la fiesta se levantó con resaca.
10. La policía trasladó a los detenidos a la comisaría.

CE 12.13.15.16 **31** Di si el agente de estas acciones es concreto o no. Busca la información en la ficha de abajo.

1. Cuando tienes tiempo, estás más relajado.
2. Todo el mundo estudiaba antes del examen.
3. Se rechazó a Miguel por inepto.
4. Se aprobó el proyecto de ley.
5. En este restaurante se come bien.
6. Se recibió a los vencedores con alegría.
7. Se precisa carpintero en Maderas López.
8. Se ha acordado el aplazamiento de la sesión.
9. A las tres de la madrugada se oyeron disparos.
10. Se han inaugurado dos salas de fiesta en mi barrio.

	tiempo	agente	ejemplo
construcción con *se*	• indefinido o pretérito perfecto (con verbos que expresan acciones únicas)	• concreto, pero no se conoce o no interesa	*Se encontraron huellas en el lugar del crimen.*
	• presente o imperfecto (con verbos que expresan actividades)	• no concreto (generalizamos)	*Cuando se está a gusto, el tiempo pasa volando.*
3.ª pers. plural	• cualquier tiempo	• concreto (el grupo de personas que normalmente realiza dicha acción). Excluye al hablante y al oyente	*Me han despedido (mi jefe).* *Ayer me dieron el alta (el médico).*
2.ª pers. singular	• presente o imperfecto	• no concreto (generalizamos una experiencia personal y queremos hacer partícipe al oyente)	*Cuando estás a gusto, el tiempo pasa volando.*
todo el mundo, la gente	• indefinido o pret. perfecto	• no concreto (generalizamos dentro de un grupo)	*Todo el mundo se enfadó.*
	• presente o imperfecto	• no concreto (generalización universal)	*Todo el mundo se enfada cuando le mienten.*

32 Completa cuatro de estos anuncios de la sección de una revista llamada *SE NECESITA, SE CAMBIA, SE REGALA, SE VENDE*. Luego, léeselos al grupo. Se eligen los dos mejores.

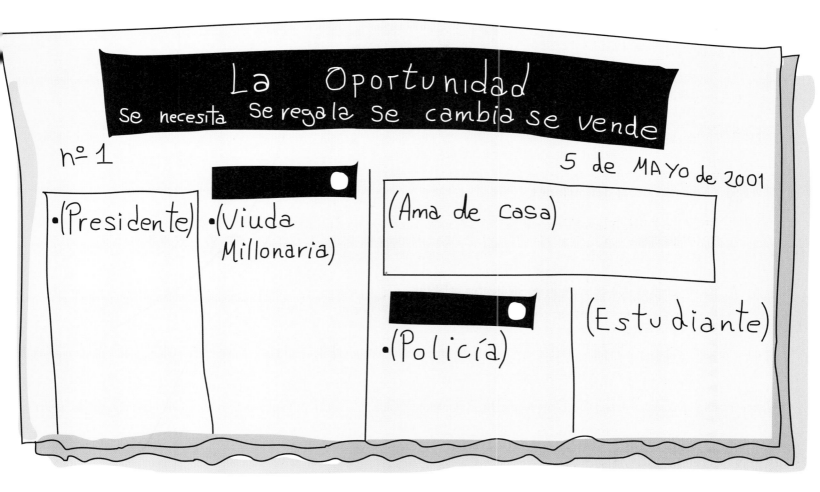

33 Escucha estas conversaciones. Después rellena el siguiente cuadro.

tipo de construcción impersonal	tiempo verbal	¿hay agente?

34 A continuación te damos las definiciones de una serie de palabras; algunas de ellas se pronuncian igual pero difieren en la grafía (*b / v*). Escríbelas y luego corrígelas con tu profesor.

1. Echar una embarcación al mar.
2. Hermoso, bonito.
3. Hembra del toro.
4. Dar el voto.
5. Parte de la tierra que se interna en el mar.
6. Decir o descubrir un secreto.
7. Parte superior del coche donde ponemos las maletas.
8. Pelo corto y fino que sale en algunas partes del cuerpo.
9. Sublevar.
10. Hacer un agujero en la tierra (1.ª pers., presente de ind.).

▶ _____
▶ _____
▶ _____
▶ _____
▶ _____
▶ _____
▶ _____
▶ _____
▶ _____
▶ _____

35 Lee estas otras definiciones.

⇨ tubo: pieza hueca, generalmente cilíndrica.
⇨ tuvo: del verbo *tener*.

⇨ valla: pared que sirve para rodear un terreno; superficie en la que se fijan anuncios; obstáculo.

⇨ baya: fruto con jugo.
⇨ vaya: del verbo *ir*.

Escribe frases que contengan las siguientes palabras.

▶ _____	rebelar / revelar	▶ _____
▶ _____	bienes / vienes	▶ _____
▶ _____	combino / convino	▶ _____
▶ _____	hierba / hierva	▶ _____
▶ _____	cabo / cavo	▶ _____
▶ _____	botar / votar	▶ _____
▶ _____	cabe / cave	▶ _____
▶ _____	basta / vasta	▶ _____
▶ _____	baca / vaca	▶ _____
▶ _____	bello / vello	▶ _____

CE 22, 23, 25 **36** Completa con *b / v* según corresponda.

1. Todavía no he puesto la _aca al coche.
2. El tu_o no era suficientemente ancho.
3. Para ese cóctel mi marido com_ina una bebida más.
4. Era un hombre con mucho _ello.
5. Nunca quise re_elar su historia.
6. La niña no dejó de _otar la pelota en toda la tarde.
7. El armario no ca_e en esta habitación.
8. Le dije que me gra_ara la película.

37 Lee las siguientes descripciones. Señala qué elementos las componen.

…Era blanco como el arroz con leche, de labios rojos y delicada cara casi infantil, rubio y sin barba, y de buena estatura, aunque no tenía el cuerpo tan fino como el rostro. Un rostro que en aquel momento me sonreía con un asomo de confabulación.

Antonio Gala, *El manuscrito carmesí*.

Describir a una persona o un objeto es enumerar las características que queremos resaltar. ¿Qué diferencias observas entre estas dos descripciones?

La naranja es el fruto del naranjo. Su corteza, en la parte exterior, es de color anaranjado, e interiormente blanca. Su grosor varía según las especies. La naranja es un alimento muy saludable, y forma parte de cualquier dieta equilibrada. Es muy rica en vitamina C. Existen numerosas variedades de naranjas. Una variedad especial es la naranja mandarina o tangerina, que es pequeña, aplastada y de piel fácil de separar; otra muy conocida es la naranja china, cuya piel tira más a amarillo y es más lisa y delgada que todas las demás.

Gran Enciclopedia Larousse (texto adaptado).

38 **Fíjate en estas fotografías. ¿Cuáles serían sus rasgos característicos? Explica por qué y haz una pequeña descripción de cada una de ellas.**

▶ _____
_____
_____

▶ _____
_____
_____

▶ _____
_____
_____

CE 20.21 **39** **También se puede describir mediante la comparación, teniendo en cuenta los rasgos distintivos. Prueba con estas dos fotografías.**

 ▶ _____
_____
_____
_____
_____
_____

 ▶ _____
_____
_____
_____
_____
_____

Observa la representación de las vocales.

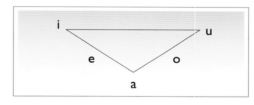

40 **Escucha y repite los siguientes pares de palabras.**

▶ peso   ▶ piso   ▶ pato   ▶ peto   ▶ rosa   ▶ ruso

▶ ceño   ▶ ciño   ▶ dado   ▶ dedo   ▶ poso   ▶ puso

▶ queso   ▶ quiso   ▶ mazo   ▶ mezo   ▶ bozo   ▶ buzo

▶ peto   ▶ pito   ▶ palo   ▶ pelo   ▶ bolo   ▶ bulo

▶ dejo   ▶ dijo   ▶ rata   ▶ reto   ▶ modo   ▶ mudo

41 **Escucha las definiciones y subraya la palabra a la que corresponda cada definición.**

1. Introduzco o dejo en el interior: _meto / mito._
2. Prenda que cubre la parte superior del cuerpo: _pelo / polo._
3. Saliva abundante que cae de la boca: _boba / baba._
4. Dirige una nave: _pilota / pelota._
5. Construcción vertical que cierra un espacio: _moro / muro._

42 **Combinando las letras de cada una de las palabras que os proponga el profesor, tenéis que conseguir el mayor número posible de palabras nuevas.**

Ej.: _dinosaurio_
sano / sana / río / ría / raso / rise / rusa...

 Escuchad algunas de las palabras resultantes. Ganará el que tenga alguna de ellas.

43 **Escucha y completa con la vocales que faltan.**

br_j_l   d_sn_d_   b_c_l   p_z_

p_st_   f_ct_r_   gr_m_   p_s_

c_c_r_ch_   v_c_l   h_m_

44 **Fuga de vocales. Escucha y completa.**

1. ¡Qué b_b_ está! Se le cae la b_b_ con su nuevo novio.
2. Hace un r_t_ que se me ha r_t_ el vestido.
3. Se oyó un p_sada dentro de la p_sada. ¡Ay, chica! no seas p_sada.
4. Quizás no c_ne, pero sí voy al c_ne.
5. La pr_sa no tenía pr_sa.
6. P_s_ mucho p_s_ en esa tabla.
7. Echa una m_rada a su m_rada.

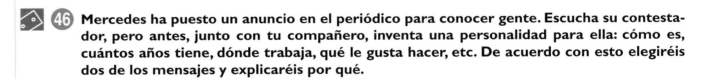 **45** **Escucha estas frases y completa las vocales. Luego repite rápidamente cada una de ellas.**

1. Los años p_s_n, se te p_s_n, te p_s_n y te p_s_n.
2. La m_s_, después de ir a m_s_, hizo una m_s_ sobre la m_s_.
3. D_d_ d_d_ del d_d_ que tenía en el d_d_.
4. La t_l_ de los t_l_s es un dibujo de la t_l_ de mi tía T_l_.
5. Yo p_l_ el p_l_ de madera con un p_l_ de oso del p_l_.
6. P_r_ p_r_ de p_r_ p_r_, la de mi pueblo.

 **46** **Mercedes ha puesto un anuncio en el periódico para conocer gente. Escucha su contestador, pero antes, junto con tu compañero, inventa una personalidad para ella: cómo es, cuántos años tiene, dónde trabaja, qué le gusta hacer, etc. De acuerdo con esto elegiréis dos de los mensajes y explicaréis por qué.**

EL ETERNO PROBLEMA DEL TÓPICO

¿Qué pensamos de los españoles y de los hispanoamericanos? Aunque tenemos el mismo idioma, el español no es el corsé que define nuestra manera de ser, todos sabemos que influyen otros factores. Pero ¿no es cierto que muchas veces generalizamos?

Habría que tratar de definir las diferencias entre las cosas tópicas y típicas de las gentes de los países hispanohablantes. Por ejemplo, decir que todos los mexicanos son mariachis, que en Perú tienen a las llamas como animal de compañía, que los argentinos son todos descendientes de Carlos Gardel por su pasión por el tango o que todos los españoles bailamos sevillanas es una tremenda estupidez. Alguien dijo alguna vez que no se puede generalizar y que cada persona es un mundo. Nosotros no vamos a ser tan estrictos, aunque también es verdad que en España e Hispanoamérica las personas tienen una visión distinta unas de otras. Por algo será…

Así pues, por aquello de que **cuando el río suena agua lleva**, nos atreveremos a comentar algunos hechos relativamente conocidos. La forma de hablar en Hispanoamérica es mucho más pausada y la entonación más marcada que en España. Los hispanoamericanos están más comprometidos con la política, mientras que los españoles son más escépticos. También los hispanoamericanos son más cuidadosos con su cultura: en Cuba hay una intensa vida cultural. En Colombia se habla el mejor español del mundo, o así nos lo dicen ellos, y cuidan mucho la precisión lingüística, etc. España, por el contrario, está algo más dispersa. Se dice de Argentina que es la zona más europeizada; sí parece claro que es el país más identificado con la cultura europea en general. En cuanto a temas sociales podríamos decir que la situación de la mujer es mejor en España y que las palabras tabúes son más numerosas en Hispanoamérica.

1. ¿Sabrías explicar las diferencias entre tópico y típico? Pon ejemplos.

▶ _____

2. ¿Qué sentido tiene el título del texto?

▶ _____

3. Explica el significado del refrán destacado en el texto en negrita.

▶ _____

4. Resume la información del texto.

ESPAÑA

▶ _____
_____
_____

HISPANOAMÉRICA

▶ _____
_____
_____

5. En el texto se dice que influyen otros factores, aparte del idioma, en nuestra manera de ser. ¿A qué factores se refiere?

6. Di si es verdadero o falso. Justifica tu respuesta.

1. La canción típica mexicana es la ranchera.
2. "Cada persona es un mundo" significa que son personas de diferentes países.
3. Las palabras tabúes son frecuentes y muy interesantes.
4. El tango sólo se baila en Argentina.
5. En España el partido con más éxito es el Partido Escéptico.
6. Los españoles decimos que los colombianos hablan el mejor español del mundo.

verdadero   falso

Recapitulación

1 **El adjetivo *desabrido*, ¿a qué sentido se refiere?**

1. gusto ☐   **2.** olfato ☐   **3.** tacto ☐

2 **Señala la frase correcta.**

1. El concierto estará en la Plaza Mayor. ☐
2. El concierto será en la Plaza Mayor. ☐
3. Habrá el concierto en la Plaza Mayor. ☐

3 **Pero ¿es que no me oyes? se refiere a:**

1. Una persona que es sorda. ☐
2. Una persona que está sorda. ☐
3. Una persona que no presta atención. ☐

4 **El adjetivo *abierto* con el verbo *ser* se refiere a:**

1. Una persona extravertida. ☐
2. Una persona que siempre abre su bar. ☐
3. Una persona poco receptiva. ☐

5 **¡Qué rico está! se refiere a:**

1. Una persona con mucho dinero. ☐
2. Una persona que ahora tiene mucho dinero. ☐
3. Un guisado de carne. ☐

6 **Estar como un fideo significa:**

1. Estar comprando sopa. ☐
2. Estar muy delgado. ☐
3. Estar comiendo sopa. ☐

7 **Estar en Babia es sinónimo de:**

1. Estar en las nubes. ☐   **2.** Estar en el extranjero. ☐   **3.** Estar de vacaciones. ☐

8 **A una persona *astuta* se le dice que es un:**

1. toro ☐   **2.** lobo ☐   **3.** zorro ☐

9 **Completa con *ser / estar*.**

1. .... delicado del corazón.
2. Creo que tu marido .... molesto por lo del otro día.
3. .... bueno estudiar gramática.

10 **Señala si hay o no impersonalidad.**

1. Todo el mundo estudia.
2. Trabajan diez horas.
3. Se dice que es asturiano.

11 **Completa con *b / v*.**

_alencia / _e_er / _izcocho / _arcelona /
cer_eza / _otella / _ambú / _estido / _utano

12 **Señala si es verdadero (V) o falso (F) y justifica tu respuesta.**

1. Cuba es conocida por su intensa vida cultural. ☐ ☐
2. Los españoles hablan más rápido que los hispanoamericanos. ☐ ☐
3. Carlos Gardel fue un famoso escritor argentino. ☐ ☐

13 **Según el texto de A nuestra manera, ¿qué son las llamas? ¿Y las rancheras?**

1. Fuego / mujeres que viven en un rancho. ☐
2. Animales / canciones. ☐
3. Llamadas de teléfono / un tipo de coche. ☐

14 **¿Qué diferencia de significado hay entre las palabras *bello* / *vello*?**

► _____ ► _____

15 ***Javier está muy alto* / *Javier es muy alto*. Explica la diferencia.**

► _____

► _____

16 **Completa las siguientes frases con la palabra adecuada. Mucho cuidado con *b* / *v*.**

1. El fontanero colocó el .... rápidamente.
2. Di a mi madre que .... esta tarde a recogerme al colegio.
3. Esta maleta no .... en el maletero.
4. Los estudiantes se van a .... si no cambian la fecha de examen.
5. No retires la sopa del fuego hasta que no ....
6. Hay que cortar la .... del jardín.
7. Ya no .... más, que la zanja es muy profunda.
8. Esta figura de porcelana es muy ....

17 **Resume estas definiciones con *ser* o *estar* + un adjetivo.**

1. Persona que habla o se relaciona con facilidad con los demás.
► _____

2. El niño ya no duerme.
► _____

3. Nunca dice ni hace nada.
► _____

4. La vecina ha perdido el conocimiento y está en el suelo.
► _____

5. Todos los días está en el hospital; su salud no es buena.
► _____

18 **Convierte las siguientes oraciones en impersonales.**

1. Esta mañana he terminado de elaborar el informe de acuerdo con la ley establecida.
► _____

2. Todos los fines de semana nos acostamos muy tarde.
► _____

3. Los habitantes de este pueblo se divertían mucho durante las fiestas.
► _____

4. Unos ingenieros construyeron allí una presa.
► _____

5. Los trabajadores han ido a la huelga después de tantos desacuerdos con la patronal.
► _____

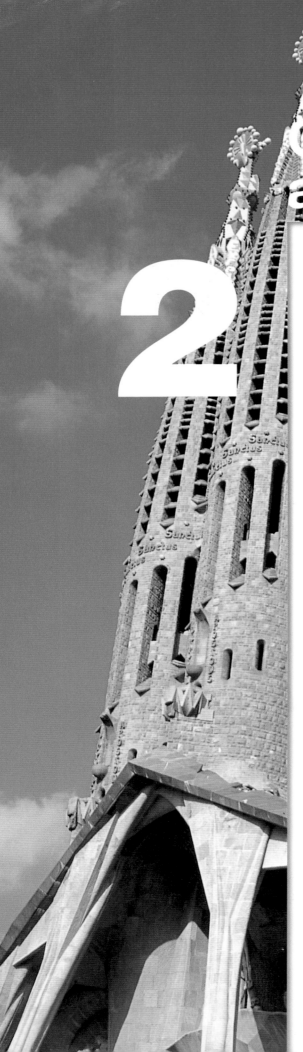

Como decíamos ayer...

2

Abrí los ojos y sentí un horrible dolor de cabeza. La noche anterior había asistido a una fiesta con mis amigos y había bebido demasiado. Decidí tomarme un café y una aspirina. Cuando entré en la cocina, vi una imagen dantesca: la lavadora vomitaba agua y ropa, la nevera jugaba al ping-pong con los yogures; la plancha tocando un violín, la tourmix con un tambor y la minipímer con una flauta desfilaban a ritmo marcial, seguidas por la tostadora, que tocaba los platillos.

La aspiradora disparaba todos los platos que lanzaba vertiginosamente el lavaplatos, y la moulinex bailaba ballet a ritmo de salsa en medio de aquella locura. Cerré los ojos, y cuando volví a abrirlos, estaba en mi cama con un espantoso dolor de cabeza. Fui a la cocina para prepararme un café. Encendí la luz y la cocina estaba "revolucionada"…

A veces, algunos electrodomésticos pueden resultar peligrosos.

⇨ Escribe en cinco líneas cómo crees tú que termina esta historia.

⇨ ¿Qué características propiamente humanas tienen los aparatos?

Moulinex, Tourmix y Minipímer: marcas comerciales de electrodomésticos.

1 Identifica todos los electrodomésticos que aparecen en el texto y haz una pequeña descripción de sus funciones principales.

2 Imagina cómo debe de ser el dueño de los electrodomésticos y el entorno en el que vive. ¿Qué impresión te da? Justifica tu respuesta.

▶ Es un ama de casa convencional.
▶ Es una persona joven y desorganizada.
▶ Es una persona joven y organizada.
▶ Vive solo y se preocupa mucho de su casa.
▶ Está psicológicamente como sus electrodomésticos.

La cultura del ocio

A mediados de los años cincuenta, en plena recuperación de las secuelas de la Segunda Guerra Mundial, y de la Guerra Civil en el caso de España, la producción a gran escala abarató los artículos de lujo y permitió a la clase media adquirir electrodomésticos, como aspiradoras y lavadoras, que facilitaban las faenas domésticas y con los que se ahorraba mucho tiempo. El tiempo libre propició el auge de la industria del ocio. Al mejorar la economía, y con ella el poder adquisitivo de la población, surgió un creciente mercado de prósperos consumidores dispuestos a gastar su dinero en una amplia gama de bienes y servicios, desde revistas del corazón y tocadiscos portátiles hasta vacaciones organizadas.

1. Según este texto, ¿cuál fue la causa que originó una producción a gran escala en España?

2. ¿Cómo incidió en la economía?

3. ¿Y en la población?

3 Piensa en una cocina actual y enumera, junto con tu compañero, todos los aparatos de menaje del hogar que actualmente tenemos y que eran impensables hace unos años. Di para qué sirve cada uno de ellos.

¿En tu país hay algún otro electrodoméstico distinto de los que se han mencionado hasta el momento? Coméntalo con tu compañero.

4 **Lee atentamente el texto.**

> *A Esteban le gusta mucho comer bien. No es vegetariano, pero le gusta tomar una dieta equilibrada. Por eso, todas las mañanas se hace un zumo en el chisme que permite sacar la pulpa y el jugo de la fruta por separado. Suele tomar uno de zanahoria y naranja, o de pomelo y manzana. Al mediodía prefiere tomar la carne en forma de albóndiga. Para ello, usa ese aparato que corta la carne muy menudita y la mezcla con ajos, perejil y jamón serrano. La salsa la prepara con su "tercer brazo". Así le queda más "fina". A veces hace bastante cantidad y la guarda, bien empaquetada, durante semanas en ese chisme lleno de cajones.*
>
> *Mientras tanto hace la colada en ese mamotreto, que se mueve y hace tanto ruido. Como su piso es pequeño, no tiene ese electrodoméstico que le permite tenerla lista en una hora. Por tanto, tiene que tenderla en la terraza.*
>
> *Por la noche, Esteban sólo toma una ensalada y algo de pasta gratinada con queso. Le encanta esa costra calentita que se forma cuando mete los "linguines a la carbonara" durante cinco minutos en esa cosa horrenda y negra que está empotrada en la pared. ¡Mira que es feo, pero muy útil!*

1. ¿Qué electrodomésticos ha usado Esteban? Subráyalos. ¿Conoces sus nombres? ¿Sabrías distinguir tipos diferentes (y nombres) en estos electrodomésticos?

2. ¿Qué otros electrodomésticos podría haber usado Esteban en casa un día normal?

5 **Fíjate en estos dibujos. ¿Cómo llamarías a estos aparatos? ¿Cuáles son sus funciones?**

6 **Jorge y Elisa son viajeros empedernidos. Están preparando sus próximas vacaciones. ¿Puedes ayudarlos a decidir qué medios de transporte pueden usar, saliendo de Madrid, en cada caso? Gana el equipo que más medios pueda escribir en un minuto después de haber señalado en el mapa dónde está ese destino.**

Cancún
Garachico
Museo de Bellas Artes de San Diego
Manila
Aconcagua
Medellín
Mercado de Valparaíso
Maracaibo
Titicaca
Camagüey

> ▶ **CONTRASTE DE LOS TIEMPOS DE PASADO**

Narrar

▶ Dentro de la unidad de presente del hablante ⇨ pretérito perfecto

▶ Dentro de la unidad de pasado del hablante ⇨ indefinido

▶ Dentro de la unidad de pasado y anterior
a otro pasado ⇨ pluscuamperfecto

Describir

▶ Personas y cosas

▶ Acciones habituales ⇨ imperfecto

▶ Circunstancias y contextos

CE 3 **7** **Completa este texto con la forma adecuada del pasado teniendo en cuenta lo que ya conoces sobre él. Después, continúa la historia.**

De pronto, en un banco, a la sombra de un sauce, *(ver)* ……… a dos hombres. Uno de ellos, joven, *(leer)* ……… un periódico. El otro, con los cabellos casi blancos, vestido de oscuro, *(alargar)* ……… de cuando en cuando el cuello hacia las páginas que su vecino *(ir)* ……… pasando.

Mario *(preguntarse)* ……… si aquel caballero no *(tener)* ……… en ese momento un poco de dinero para comprarse un diario y leerlo cómodamente, sin tener que asomarse por encima del hombro de su vecino para enterarse de las noticias.

En aquel instante, el hombre joven *(doblar)* ……… el periódico, lo *(dejar)* ……… a su lado, sobre el banco, y *(dirigirse)* ……… al bar de al lado. El caballero de edad, cuando lo *(ver)* ……… desaparecer, *(alargar)* ………… la mano hacia el diario, lo *(desplegar)* ……… y *(parecer)* ……… enfrascarse con interés en la lectura.

CE 10 **8** **Explica por qué no has realizado estas acciones.**

Ej.: *Comprar unos pantalones.*

Fui a comprarme unos pantalones pero ya habían cerrado la tienda.

⇨ Ver una película._____
⇨ Solicitar un puesto de trabajo._____
⇨ Llamar a mi mejor amigo._____
⇨ Ir de vacaciones a Egipto._____
⇨ Prestar un libro._____
⇨ Comer turrón en julio._____
⇨ Pedir una beca._____
⇨ Sacar el perro a pasear._____
⇨ Comprar las entradas para la ópera._____
⇨ Visitar a un amigo en el hospital._____

9 **Completa el siguiente texto con el tiempo adecuado de pasado.**

Esta tarde *(despedirme)* ……… de Rosemary. Ella *(procurar)* ……… contener el llanto, pero como no *(estar)* ……… muy segura de si *(ir)* ……… a conseguirlo, *(darse, ella)* ……… la vuelta y *(dirigirse, ella)* ……… hacia la puerta, y yo *(cerrar)* ……… los ojos para no ver cómo *(marcharse, ella)* ………, *(oír, yo)* ……… cerrarse la puerta de la habitación y luego la de la entrada y *(salir, yo)* ……… al jardín para ver si *(estar, ella)* ……… allí, pero no la *(ver, yo)* ……… por ninguna parte, y entonces no se me *(ocurrir)* ………, pero después *(pensar, yo)* ……… que seguramente *(irse, ella)* ……… al descampado donde *(tirar, nosotros)* ……… con la pistola de perdigones, allí donde *(romper, nosotros)* ……… tantas botellas y *(construir, nosotros)* ……… tantas ilusiones. (…) El miércoles *(ir, yo)* ……… a su casa, pero no *(haber)* ……… nadie; *(dejar, yo)* ……… un dibujo pero me *(olvidar)* ……… de poner alguna flor, *(apostar, yo)* ……… a que *(llorar, ella)* ……… El jueves *(madrugar, yo)* ……… para sacar la cometa y que Rosemary pudiera verla, y a la hora en que *(salir)* ……… el avión *(cortar, yo)* ……… el cordel con el hacha que *(usar, yo)* ……… para partir astillas, por un momento me *(sentir, yo)* ……… tan solo y tan desgraciado que ni siquiera *(llorar, yo)* ……… contemplando cómo *(escaparse, ella)* ………, libre por fin, y *(perderse)* ……… lejos, lejos, en el aire, en el cielo.

Martín Casariego, *Qué te voy a contar.*

10 **Lee cómo cuentan Silvia y Sergio la misma anécdota.**

No veas qué vergüenza pasé el sábado pasado, aunque al final resultó divertido. Estaba aburrida en casa y se me ocurrió ir al teatro. Estuve buscando y vi una obra que parecía interesante en una sala alternativa. Entré y, cuando la obra llevaba un rato empezada, los actores dijeron que necesitaban a alguien que saliera a escena con ellos para ayudarlos en la representación. Entonces uno de los actores bajó del escenario, se dirigió a mí y me llevó con él. Me sentí un poco incómoda porque soy muy vergonzosa. Dos de los actores se pusieron a hablar conmigo, me contaron lo que querían que hiciera y al momento allí estaba yo haciendo teatro, o más bien el ridículo, delante de un montón de gente. Todo el mundo se reía y algunos me animaban. Después me dieron las gracias, me senté y fueron a buscar a otra víctima. Me pareció Sergio, y sí, era él. Al final lo pasamos muy bien y nos divertimos mucho.

¿Sabes? El otro día fui a ver una obra de teatro a una sala alternativa en la que te puedes encontrar cualquier cosa. Cuando llegué me pareció que Silvia entraba también en la misma sala. Empezó la obra y al rato los actores pedían la colaboración del público en la obra. Vi cómo uno de ellos bajaba hasta donde estábamos sentados, se dirigía a la pobre Silvia y se la llevaba con él. Desde el sitio donde yo estaba me pareció que se sentía un poco nerviosa porque es muy vergonzosa. Observé cómo los actores hablaban con ella, le contaban algo que querían que hiciera y entonces se puso a hacer gestos y cosas raras como si estuviera actuando. Nos reímos muchísimo todos y la animamos lo que pudimos para que no se sintiera tan mal. Después se sentó y los actores se fueron a buscar a otro involuntario y vi cómo se dirigían hacia mí. Me lo pasé muy bien.

Como habrás podido observar, Silvia y Sergio utilizan el imperfecto para hablar de las cosas secundarias, y el indefinido cuando hablan de hechos principales. Junto con tu compañero, describe la situación que te proponemos desde dos puntos de vista. Podéis contar todo lo que se os ocurra.

> **Situación:** Se declara un incendio en casa de vuestra vecina.

CE 1, 2, 11, 12 **11** **Completa con el verbo en el tiempo adecuado de pasado.**

> **Acciones repetidas dentro de un periodo**
> Sin determinar el número de veces → imperfecto
> Determinando el número de veces → indefinido

1. A veces *(cantar)* .... por la calle sin ningún motivo.

2. Cuando era joven *(tocar)* .... la batería en un grupo de música pop.

3. Cada día *(salir)* .... de su casa a la misma hora.

4. Tres veces a la semana *(practicar)* .... natación en el colegio.

5. El verano pasado *(leer)* .... tres libros mientras estaba de vacaciones.

6. Todos los meses *(visitar)* .... a su sobrina Emilia.

7. En su época de artista comprometido *(hacer)* .... más de diez trabajos para diversas ONG.

8. Nos dijo que no tenía mucha hambre, pero *(comerse)* .... tres platos y el postre.

9. La semana pasada *(ir)* .... al cine dos veces y una al teatro.

10. De niño *(romperse)* .... el brazo dos veces.

11. De vez en cuando *(preparar)* .... algún plato especial para sus invitados.

12. Ayer tenía que ir al centro y para eso *(tomar)* .... dos autobuses y el metro.

13. En los cinco años que estuvo en la escuela de teatro *(dirigir)* .... diez obras de teatro.

14. Ahora no está en forma, pero antes *(participar)* .... en todas las carreras internacionales.

12 **Seguro que a lo largo de tu vida te has visto en alguna de las siguientes situaciones. ¿Qué hacías entonces?**

▶ Cuando eras niño y hacía mal tiempo los fines de semana.

▶ Vivías con tus padres y éstos recibían la visita de algún familiar un poco pesado.

▶ En la guardería, en el colegio, en el instituto.

▶ Cuando estabas de vacaciones en tu lugar favorito.

▶ Cuando empezaste a salir solo por la ciudad.

13 **Observa estos coches.**

Como puedes comprobar, los coches han cambiado. Compara los dos vehículos y di qué diferencias aprecias.

14 **Los automóviles nos pueden llegar a transmitir sensaciones intensas, pero quizás tú prefieras el barco, el avión, la moto, la bicicleta, etc. Cuéntanos algo acerca de cualquier otro medio de transporte parecido a lo que sugiere este anuncio.**

"El recogimiento del interior y el cuidado en el acabado de sus detalles (retrovisor panorámico, elevalunas eléctrico, cierre centralizado…) te invitan a proyectar largos viajes. TE TRASLADAN A LUGARES INSÓLITOS."

  15 **Escucha unos anuncios publicitarios sobre medios de transporte e identifícalos.**

Para fijar un suceso en un momento concreto del pasado:	
fecha + indefinido	*En 1996 llegué a Alcalá / Llegué a Alcalá en 1996.*
hace + cantidad de tiempo + **(que)** + indefinido	*Hace tres años que llegué a Alcalá.*
indefinido + **hace** + cantidad de tiempo	*Llegué a Alcalá hace tres años.*

Para hablar de la distancia entre el inicio de un suceso y el presente:	
desde + fecha + presente	*Desde 1996 vivo en Alcalá.*
desde hace + cantidad de tiempo + presente	*Desde hace tres años vivo en Alcalá.*
llevar (presente) + cantidad de tiempo + gerundio	*Llevo tres años viviendo en Alcalá.*
llevar (presente) + cantidad de tiempo + **sin** + infinitivo	*Llevo tres años sin salir de Alcalá.*

16 **Lee el texto.**

Desarrollo en seiscientos

A partir de 1953, España empezó a salir del aislamiento al que fue sometida desde el final de la Segunda Guerra Mundial. La inversión exterior reavivó la economía, que se reflejó en el auge de la industria automovilística. Los extranjeros también empezaron a acudir en masa a España atraídos por el sol y las playas. Hasta 1953, España dependía de los coches importados. Posteriormente, la empresa Seat fabricó el primer 1400. Pero el verdadero despegue se produjo cuatro años después, en junio de 1957, cuando el primer 600 salió de la cadena de montaje. Este auto se convirtió en el símbolo de la incipiente sociedad de consumo española, en la que la clase media podía aspirar a conducir su propio coche y a comprarse un televisor.

Ahora puedes contestar a estas preguntas.

▶ ¿Cuándo empezó España a salir del aislamiento?

▶ ¿Desde cuándo se encontraba en esta situación?

▶ ¿Cuándo se produjo la mayor afluencia de turistas extranjeros?

▶ ¿Hasta cuándo España sólo disponía de coches extranjeros?

▶ ¿A partir de qué fecha la familia media española pudo disponer de su propio coche y de un televisor?

CE 13.14 **17** **Transforma las frases siguiendo el ejemplo.**

Ej.: *Andrés estuvo cinco meses haciendo prácticas para una empresa y al final consiguió el trabajo* (llevar) (tardar).

▶ *A Andrés le llevó cinco meses de prácticas conseguir el trabajo.*

▶ *Andrés tardó cinco meses en conseguir el trabajo.*

1. Hicimos los exámenes de matemáticas el lunes y el profesor nos dio los resultados ayer jueves *(llevar) (tardar)*.

▶ _____

▶ _____

2. Salimos para París en el tren de las doce de la noche y no llegamos hasta las nueve de la mañana *(durar)*.

▶ _____

3. En 1996 vivía todavía en casa de mis padres; ahora comparto piso con unos amigos *(desde hace) (llevar)*.

▶ _____

▶ _____

4. Cuando tenía veinte años decidí dejar de comer carne; han pasado cinco años y no he cambiado de idea *(desde) (llevar)*.

▶ _____

▶ PARA EXPRESAR LA DURACIÓN DE UNA ACCIÓN

Con personas y animales:

Complemento indirecto + **llevar** + cantidad de tiempo + infinitivo
   A Pablo le llevó cinco años conseguir el diploma que quería.

tardar + cantidad de tiempo + **en** + infinitivo
   El arquitecto tardó dos meses en hacer los planos de la casa.

Con acciones:

durar + cantidad de tiempo
   El viaje en barco duró una noche entera.

durante + la fiesta, el congreso, la guerra… + imperfecto / indefinido
   Durante la reunión estuvo / estaba callado.

durante + cantidad de tiempo (*una hora, dos días, tres meses…*) + indefinido
   Estuvo callado durante una hora y media.

18 **Vas a conocer a Cuttlas. Tú no te acuerdas, pero has vivido grandes experiencias con él y ahora te las recuerda.**

Viajé con vosotros a la luna, montamos en globo, compartimos un trago en el Oeste, os confié mis secretos amorosos, navegamos por los siete mares en un barquito de papel…, pero lo mejor fue cuando quemamos 500 millones de dólares para asar unas patatas. ¿Os acordáis? La verdad es que lo hemos pasado bien juntos durante estos años. Ahora con vuestro permiso emprendo un largo viaje a un lugar del que nunca os he hablado, pero pronto me volveréis a ver. Besos y hasta siempre.

Ahora recuerda tú a tus compañeros cómo fueron estos viajes, cuánto tiempo duraron y cuánto tardaste en recorrer los lugares, con quién fuiste, qué pasó durante el viaje…

19 **LA COARTADA**

Se ha cometido un robo en el campus donde os alojáis. Ayer por la tarde, entre las siete y las diez, alguien entró en la secretaría y robó algunas cosas. Vosotros sois los principales sospechosos; tendréis que explicar dónde estuvisteis y qué estabais haciendo en el momento en que se produjo el robo. El profesor os dará instrucciones para que podáis preparar una buena coartada.

▶ ACCIÓN QUE COMIENZA

comenzar a (poco frecuente) / ***empezar a*** + infinitivo	- Los verbos mantienen su significación plena de inicio de la acción.	*Ha comenzado a llover. / Ha empezado a llover.*
ponerse a + infinitivo	Con sujeto de persona o animal expresa voluntad de realizar la acción, a no ser que se trate de una acción provocada por un sentimiento.	*Me puse a trabajar en un bar.* *Se puso a llorar desconsoladamente.*
	- También se utiliza como impersonal con *llover, nevar* y *granizar*.	*Se puso a llover.*
echar(se) a + infinitivo	- Su uso está limitado a algunos verbos: ***echar(se) a*** + *andar, caminar, correr, volar* (más frecuentes sin pronombre).	*(Se) echó a correr en cuanto vio a los policías.*
	echarse a + *temblar, reír, llorar.*	*Se echó a llorar desconsoladamente.*

20 **Completa el texto con algunos de los grupos verbales de la ficha.**

A mí me gustaba mucho escuchar a Silvia cuando .... a divagar, a contar episodios de su vida o cosas que pensaba, incluso cuando eran tristes.

Un día me dijo que le gustaría rebobinar la cinta de su vida, dar a la pausa en el momento que todo se estropeó, y partir de ahí. Lo malo era que no sabía cuándo había sucedido eso, cuándo su vida hizo "clic", cuándo los renglones .... a torcerse y las estrellas a perder brillo, a brillar desde más lejos. Me contó que cuando se iba a la cama .... a llorar y no paraba hasta que el sueño la vencía.

En otra ocasión me contó que un día que estaba muy furiosa se sentó en un descampado. Ante ella había chabolas y restos de cosas que nadie quería y, más allá, la ciudad, grande y cobarde al mismo tiempo. .... a llover, muy débilmente al principio y con más fuerza después. Silvia pensó que en ese momento podía pedir un deseo, y que ese deseo se convertiría en realidad. Pero se dio cuenta de que las cosas no son así y .... a correr para ponerse a salvo de no sabía qué.

▶ ACCIÓN ACABADA

acabar de + infinitivo	- Acción realizada muy recientemente. Generalmente se usa en presente e imperfecto.	*Acababa de comprarlo cuando nos encontramos.*
	- También puede mantener el verbo su significado pleno y equivaler a *terminar de* + infinitivo.	*Acababa de trabajar a las ocho.*
dejar de + infinitivo	- Cese o abandono del hábito o acción repetida.	*Ha dejado de fumar por recomendación del médico.*
	- También puede expresar interrupción de una actividad no habitual (= *parar de* + infinitivo).	*Cuando me ha visto ha dejado de hacer el tonto.*
llegar a + infinitivo	- Valor intensificador equivalente a *incluso* o *hasta.*	*Llegó a hablar mal de ti.*
	- Cuando el verbo mantiene su significado pleno equivale a *lograr* o *conseguir* y expresa la culminación deseada de un proceso.	*Llegó a hablar inglés perfectamente.*

21 **Completa el texto con los grupos verbales que acabas de estudiar.**

.... salir de la consulta del médico, cuando vi al otro lado de la calle a mi odiada amiga de la universidad. No sabía mucho de ella desde que se marchó de la ciudad y .... estudiar, pero hablando con otros compañeros de clase me enteré de que .... ser subdirectora de la empresa donde había comenzado como simple empleada. Cuando ella me vio .... hablar con la persona que la acompañaba y se dirigió hacia mí. Nos saludamos, nos hicimos las preguntas de rigor, nos pusimos al día de todo y nos despedimos con la promesa de vernos pronto.

22 **Utiliza un elemento de cada columna y construye todas las frases que puedas.**

la casa después de muchos años.

cuando la desconectamos.

pieles al ver el reportaje en la tele.

todo su dinero en la Bolsa.

tanto en él y ahora ayuda a los demás.

el coche y se fue a comer.

que todo el mundo estaba contra ella.

pantalones vaqueros para ir a trabajar.

Antonio
Mi padre
Mi abuela
La alarma
Sergio

acabó de
llegó a
dejó de

perder
pagar
pensar
llevar
lavar
sonar

23 **Unos cuantos compañeros y tú estuvisteis la semana pasada en un cursillo en el que os han enseñado normas de protocolo, y ahora tenéis que contar lo que habéis aprendido.**

Maneras y formas en:
✓ las comidas;
✓ la entrada y salida de los lugares públicos;
✓ ropa y calzado (situaciones);
✓ el hábito de fumar, beber, etc. (situaciones).

¿Cómo son las normas de protocolo en tu país?

Sugerencias:

► cómo sentarse
► cómo colocar la vajilla
► platos típicos

24 **Imagina que formas parte de una rueda de reconocimiento para encontrar al sospechoso de un robo cometido en una oficina bancaria de tu calle.**

Un periodista estaba realizando en ese momento un reportaje sobre el barrio y sus fotografías podrían ayudar a esclarecer los hechos. El problema es que no todas las fotos coinciden con lo que tú viste. Explícaselo a la policía.

▶ ACCIÓN EN CURSO O REPETIDA

estar + gerundio	- Hace hincapié en el desarrollo de la acción. En presente e imperfecto, según el contexto y los marcadores temporales, se refiere a la acción en curso en un momento concreto o en una acción repetida. Puede aparecer en indefinido o en los tiempos compuestos si se marcan unos límites temporales.	*Cuando volví a casa, Carlos estaba haciendo la cena.* *Cuando volvía a casa, Carlos estaba haciendo la cena.* *Estuve toda la semana pensando en ti.*
seguir, continuar + gerundio	- Los verbos *seguir* y *continuar* mantienen su valor de continuación de una acción ya empezada.	*Siguió / Continuó caminando como si nada hubiera ocurrido.*
ir + gerundio	- Acción en curso hacia adelante, que progresa hacia el futuro a partir del tiempo en el que se encuentra *ir*. Muchas veces tiene un matiz de lentitud o esfuerzo.	*Va aprendiendo a hablar mucho mejor.*
llevar + gerundio	- Acción que progresa o se repite durante cierto tiempo, por lo que necesita un marcador que indique cantidad de tiempo. Sólo puede emplearse en presente o imperfecto.	*Lleva dos horas hablando por teléfono.*

25 Completa las frases con el verbo adecuado.

1. Estuvo viviendo tanto tiempo en China que cuando volvió .... comiendo el arroz con palillos.
2. Los alumnos principiantes .... entendiendo cada vez mejor las clases de español.
3. Llamamos a los pintores y .... dos semanas esperando que vengan a hacer su trabajo.
4. Te esforzabas tanto en lo que hacías que pensé que muy pronto .... trabajando con los mejores.
5. Hasta ahora (nosotros) .... utilizando el mismo coche sin problemas.
6. (Él) .... durmiendo hasta las diez y por eso llegó tarde a la reunión.
7. Ese tipo .... varios años diciendo que el fin del mundo está cerca y ya nadie le hace caso.
8. Fernando .... soportando toda clase de rechazos desde que perdió su trabajo.
9. Cuando nos marchamos de la fiesta, todavía (ellos) .... hablando de política.
10. He madrugado tanto esta semana que hoy que es viernes .... pagando las consecuencias.
11. El médico le dijo que comiera más verdura y más pescado, pero él .... comiendo mucha carne y no hizo caso de nadie.
12. Los actores .... ensayando todo el año y ya estaban preparados para estrenar en cuanto consiguieran un local.
13. Fui a comprar, limpié un poco la casa, preparé la comida, y cuando llegó mi familia ya .... poniendo la mesa para comer.
14. Cuando volvieron de la excursión en bicicleta, (nosotros) .... bastante tiempo esperando en el albergue de la montaña.
15. Poco a poco .... dándose cuenta de que estaba muy equivocado en sus opiniones.

CE 24, 25 **26** **Observa el dibujo y construye frases con sentido completo.**

Ej.: *El pájaro (estar).* → *El pájaro está cantando en la jaula todo el día.*

1. El niño *(continuar)* _____
2. Poco a poco *(ir)* _____
3. A las siete de la mañana *(estar)* _____
4. Mientras preparo algo de comer *(ir)* _____
5. Nuestro equipo de fútbol *(llevar)* _____
6. Después de oír la noticia *(seguir)* _____
7. Mi vecina *(llevar)* _____
8. Cuando llegué de vacaciones *(continuar)* _____
9. Los demás ya habían terminado de comer y él *(seguir)* _____

27 En los almacenes **La Compra Barata** existe una oficina de atención personalizada. Allí los clientes pueden consultar los sueños que han tenido y que no han sabido interpretar. Los sueños más originales son premiados con un cheque-regalo por valor de 30 €. Pero hay que saber descifrarlos. **¿Sabrías decir qué significan?**

1. Tengo 45 años. Mido 1,80 y peso 100 kilos. Soy moreno y tengo barba. Desde hace varios meses he soñado todas las noches que me encontraba en medio de un teatro bailando ballet (*El lago de los cisnes*, concretamente) y vestido con tutú rosa. La idea me gustaba y en absoluto me sentía incómodo ante aquella situación. ¿Qué significa?

2. Me llamo Marta y desde hace un año aproximadamente sueño todas las noches lo mismo. Me encuentro en un lugar calentito, rodeada de lenguas de fuego y se me acerca un señor con gafas y tridente en la mano, que me llama: "¡M.ª Dolores, M.ª Dolores!". ¿Qué puede significar?

3. Soy una chica de ciudad a la que le gustan mucho los animales. Sin embargo, anoche soñé que me convertía en un perro de raza Basset Haund, y que un chico se me acercaba y me acariciaba las orejas y me "achuchaba". Cuando miré sus manos vi pintadas en ellas unas "efes" azules. ¿Hay alguna explicación?

4. Anoche soñé algo sorprendente. Estaba discutiendo con mi marido, que se llama Gustavo, y de pronto empecé a llamarlo M.ª Ángeles. ¿Qué puede significar?

1. En parejas. Comenta con tu compañero los posibles significados de estos sueños.

2. Narrad en pasado un sueño sorprendente que hayáis tenido en las últimas semanas.

3. ¿Soñáis en blanco y negro o en colores?

4. ¿Pueden los sueños hacer cambiar nuestra vida?

28 **A la pobre Silvia le siguen sin ir muy bien las cosas. Últimamente sueña mucho por las noches, pero cuando se despierta no se acuerda de nada. En grupos, imaginad de qué tratan sus sueños.**

▶ Anoche tuvo un sueño romántico.

▶ Pero la noche anterior tuvo uno terrorífico.

▶ Hace unos días, en cambio, fue fantástico.

▶ Entre estos sueños tuvo uno que la dejó muy triste.

▶ Y también otro que la tuvo contenta toda la semana.

REGLAS DE ACENTUACIÓN

Se debe poner tilde o acento ortográfico:

1. En todas las palabras agudas de más de una sílaba que acaben en vocal, en *n* o en *s*: *café, capitán, sofá, canapé*.
2. En todas las palabras llanas que no acaben en vocal, *n* o *s*: *cárcel, difícil, azúcar, mármol*.
3. En todas las palabras esdrújulas o sobresdrújulas (acento en la sílaba antepenúltima): *músico, cómicas, físico, rápidamente*.

Recordemos que el **diptongo** es la unión en una misma sílaba de una vocal abierta *(a, e, o)* con una vocal cerrada *(i, u)* o de dos vocales cerradas, aunque no siempre estas secuencias vocálicas constituyen un diptongo. El **triptongo** es la unión en una misma sílaba de tres vocales: la del medio es abierta y la primera y la tercera siempre son cerradas.

Si las dos vocales del diptongo son cerradas, el acento irá en la segunda vocal: *casuística*.

Cuando la sílaba tónica con diptongo o triptongo debe llevar acento ortográfico, éste se coloca sobre la vocal abierta *(a, e, o)*: *camión, avión, diferenciáis*.

Siguen la regla general los **hiatos** formados por:

1. Dos vocales abiertas: *caótico, aldea*.
2. Dos vocales cerradas: *huid, argüí*.
3. Cerrada + abierta tónica: *fiar, confié*.

Llevan siempre acento ortográfico, sobre la vocal cerrada, si están formados por vocal abierta + cerrada tónica, o viceversa: *baúl, búho, María, raíz*.

Las mayúsculas llevan tilde si les corresponde según las reglas dadas.

Tilde diacrítica

Es aquella que permite distinguir palabras pertenecientes a diferentes categorías gramaticales con idéntica forma.

- *el / él* ⇨ *el*: artículo masculino / *él*: pronombre personal.
- *tu / tú* ⇨ *tu*: posesivo / *tú*: pronombre personal.
- *mi / mí* ⇨ *mi*: posesivo / *mí*: pronombre.
- *te / té* ⇨ *te*: pronombre / *té*: bebida.
- *mas / más* ⇨ *mas*: conjunción adversativa / *más*: adverbio.
- *si / sí* ⇨ *si*: conjunción condicional / *sí*: adverbio de afirmación y pronombre personal.
- *de / dé* ⇨ *de*: preposición / *dé*: verbo *dar*.
- *se / sé* ⇨ *se*: pronombre / *sé*: verbo *ser* y *saber*.
- *solo / sólo* ⇨ *solo*: adjetivo / *sólo*: adverbio; cuando se pueda producir ambigüedad llevará acento ortográfico en su uso adverbial.
- *aun / aún* ⇨ *aun*: adverbio, equivale a *hasta, también, incluso* / *aún*: adverbio temporal con el significado de *todavía*.

 29 **Escucha las siguientes palabras y marca la sílaba que lleva el acento de intensidad.**

quizas	America	solida
medico	tenia	triangulo
reloj	dia	dosel
pared	mantel	averigüeis
leyes	cuento	fluor

Ahora coloca el acento ortográfico donde corresponda. Razona tu respuesta.

  30 **Escucha los siguientes pares de palabras y repítelos. Presta atención al contraste entre las palabras agudas y las llanas.**

camión	camiones
inglés	ingleses
calcetín	calcetines
cojín	cojines
francés	franceses

colchón	colchones
cucharón	cucharones
sartén	sartenes
cinturón	cinturones
tazón	tazones

NARRACIÓN LITERARIA

Relatar o narrar es contar unos hechos que nos han ocurrido a nosotros o a los demás, y que se han producido a lo largo del tiempo. Cuando la narración es extensa suele incluir descripciones y diálogos.
Los elementos son la acción, los personajes y el contexto donde se desarrolla la acción.

Procedimientos lingüísticos

1. Las formas verbales: lo normal es que predominen los verbos sobre otro tipo de palabras; entre los tiempos verbales se prefiere el indefinido y, en menor medida, aparecen el imperfecto y el presente.
2. Los personajes hablan en estilo directo o estilo indirecto (o incluso en el llamado estilo indirecto libre, una mezcla de ambos).
3. Las estructuras sintácticas son muy variadas (coordinación, subordinación, yuxtaposición).
4. El uso de figuras literarias no es muy frecuente, aunque podemos encontrar polisíndeton, asíndeton, paralelismo sintáctico, etc.

DESCRIPCIÓN LITERARIA

Describir consiste en explicar unas características o cualidades de cualquier cosa que se perciba, de tal manera que el lector vea mentalmente la realidad descrita. El proceso consta de tres etapas que son imposibles de aislar: la observación, la reflexión y la expresión.

Procedimientos lingüísticos

1. Las formas verbales más utilizadas son el presente y el imperfecto, con frecuencia de forma combinada.
2. Predominan los sustantivos y los adjetivos sobre los verbos. El adjetivo puede completar la información que el sustantivo ofrece, dando mayor expresividad.
3. Las estructuras sintácticas más frecuentes son las estructuras coordinadas y las yuxtapuestas.
4. Las figuras literarias son muy frecuentes en general.

 31 **De estos libros sólo conocemos el título que aparece en la portada. Inventa tú un argumento para ellos.**

32 **Escucha estas palabras y fíjate en los diptongos y triptongos. Después, léelas tú mismo.**

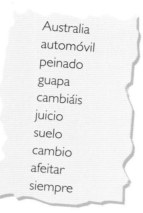

Australia
automóvil
peinado
guapa
cambiáis
juicio
suelo
cambio
afeitar
siempre

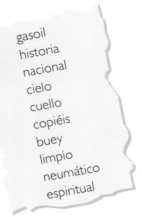

gasoil
historia
nacional
cielo
cuello
copiéis
buey
limpio
neumático
espiritual

33 **Escribe palabras que contengan las siguientes combinaciones vocálicas.**

ia	au	iei	ue	ua	ie
io	ei	eu	iai	oi	ae

Construye frases con éstas y algunas de las palabras que puedan llevar tilde diacrítica.

  34 **Escucha y repite las siguientes frases. Después coloca el acento ortográfico en las palabras que lo necesiten.**

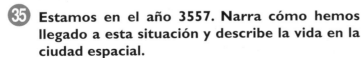

1. El dia anterior a su viaje se despidio de todos sus amigos hasta diciembre.

2. El autor galardonado en el certamen de ayer renuncio a su premio por toda la polemica que causo.

3. Hoy, en la portada de todos los periodicos, se hace referencia al espectacular accidente de camiones ocurrido ayer.

4. La ultima novela de Juan Perez transcurria en Inglaterra durante el siglo XIX y finalizaba en la epoca actual.

5. Luis parecia algo confuso en sus explicaciones para convencer a todos de su inocencia aun cuando llevaba razon.

6. Si supiera algo de mecanica podria cambiar las bujias al coche yo mismo y no tendria que llevarlo al taller cada poco tiempo.

7. Maria es una autentica experta en el area de la comunicacion y la informatica.

8. Pedro se llevo una gran desilusion cuando descubrio que no quedaban entradas para su obra de teatro favorita.

9. Para serle util, mientras ella iba preparando el postre en el horno, yo prepare una ensalada especial que hacia mi madre.

10. Habiamos recorrido unos doscientos kilometros en moto cuando se nos pincho la rueda de atras y tuvimos que ir andando hasta el autoservicio más cercano.

35 **Estamos en el año 3557. Narra cómo hemos llegado a esta situación y describe la vida en la ciudad espacial.**

LA COMIDA: RITO SOCIAL EN ESPAÑA E HISPANOAMÉRICA

Comer es un fenómeno social y cultural. La comida constituye un medio universal para mostrar sociabilidad y hospitalidad. La proximidad o estrechez de las relaciones sociales puede expresarse mediante los tipos de alimentos y comidas que se toman en compañía, así como con la frecuencia de esas comidas.

La comida se ofrece como un gesto de amistad, y cuanto más elaborada es, tanto mayor será el grado de estima, o también de interés. En este sentido, si bien la calidad y elaboración de los alimentos ofrecidos puede expresar el grado de intimidad en la amistad, también es cierto que puede ocurrir justo lo contrario: sólo a las personas de mucha confianza, parientes cercanos o amigos íntimos, puede ofrecérseles "cualquier cosa". Este gesto se apreciará como una muestra de esa confianza, de sinceridad en las relaciones. Es muy común, sobre todo en España, tener siempre en casa algún tipo de alimentos y de bebidas, generalmente vinos dulces, licores y pastas, para ofrecer a los visitantes ocasionales.

La alimentación es un componente importante de las fiestas, de los ritos y de las ceremonias en general. La fiesta exige una alimentación determinada. La palabra fiesta se refiere a una ocasión especial, generalmente de carácter público, pero también hablamos de fiestas familiares, durante las cuales la comida se consume, tanto en calidad como en cantidad, de manera diferente que en los días ordinarios. Nos reunimos en torno a la mesa para celebrar fiestas religiosas como la Navidad, y también para festejar nacimientos, bodas, aniversarios y otros ritos sociales.

De igual manera, la sobremesa es un elemento importante. La conversación que puede surgir después de una comida y, sobre todo, con una buena compañía, se puede alargar de manera indefinida; de ahí viene nuestro verbo comer, del latín *comedere: cum* (con) y *edere* (comer), es decir, "comer con", compartir el tiempo de la comida y algo más con los demás, no sólo satisfacer la necesidad física de ingerir alimentos.

En España, por ejemplo, tomar café constituye una muestra de lo que queremos expresar, de la misma manera que ocurre con el mate en algunos países hispanoamericanos. El café no se consume sólo como estimulante, por su cafeína, sino también, paradójicamente, como un relajante que acompaña los momentos de sociabilidad y convivencia: las pausas en el trabajo, la recepción de las visitas, etcétera. Así parece atestiguarlo, por otra parte, la publicidad más reciente del café, que no pone el acento en sus propiedades estimulantes, sino en el sabor y en los aspectos de la convivencia…

1. Destaca las ideas principales del texto.

2. ¿Ocurre lo mismo en tu país? Coméntalo con tus compañeros.

3. Describe alguna costumbre propia de tu país relacionada con la comida.

1 **Completa con la forma adecuada del pasado.**

1. Antes no *(trabajar, yo)* .... y *(tener, yo)* .... mucho tiempo libre.

2. Cuando *(vivir, yo)* .... en Madrid *(ir, yo)* .... todos los domingos a pasear por el Retiro.

3. Ayer no *(ir, él)* .... a clase porque le *(doler)* .... el estómago.

4. La película que *(ver)* .... el sábado nos *(encantar)* ....

5. *(Estar, yo)* .... una vez en Australia.

6. Todos los años, cuando iba de vacaciones, sus padres ya *(alquilar)* .... el apartamento.

7. Los domingos a las doce de la mañana todavía no *(levantarse, ellos)* ....

8. A los doce años *(tenerse, ella)* .... que poner gafas, pero a los veinte *(usar)* .... lentillas.

9. Después de cumplir el servicio militar *(casarse)* .... con su novia de toda la vida.

10. Dos veces al año *(ir, ella)* .... a la revisión médica.

2 **Contesta a las preguntas que te hace un amigo español que has conocido recientemente y que quiere saber un poco más acerca de ti.**

1. ¿Cuánto tiempo llevas en España? ▶ _____

2. ¿Y estudiando español? ▶ _____

3. ¿Tu ciudad está muy lejos? ▶ _____

4. ¿Cuánto tiempo duró el viaje? ▶ _____

5. ¿Cuánto tiempo te vas a quedar aquí? ▶ _____

3 **Completa con el verbo adecuado y añade alguna partícula si es necesario.**

> estar llevar ponerse dejar acabar continuar

1. Cuando decidió marcharse al extranjero .... haciendo un proyecto muy importante que .... preparando durante mucho tiempo.

2. En la universidad formaba parte del equipo de atletismo y .... ganando muchos premios importantes, igual que había hecho en el instituto.

3. En cuanto terminé mi especialidad en la universidad me .... trabajar inmediatamente.

4. En la época en la que sufrió su enfermedad .... estar tan inspirado para escribir como antes.

5. Cuando me dieron la noticia .... llegar de mi viaje de negocios.

4 **Coloca el acento en las palabras que lo necesiten.**

Preparate a vivir intensamente. Sube al nuevo coche y sentiras al autentico significado de la palabra accion. La fuerza deportiva que te ofrece su nuevo motor ecologico de 16 valvulas. La tecnologia, potencia, fiabilidad en perfecta union. Unas prestaciones que te llevaran al limite. Saca partido a su gran equipamiento de serie: faros de largo alcance y antiniebla, volante y palanca de cambio de marchas en cuero, cierre centralizado, elevalunas electricos, suspension deportiva con barra estabilizadora delantera y trasera, tapiceria exclusiva, asientos deportivos...Y opciones tan interesantes como llantas de aleacion y techo solar. Solo tu puedes marcar su limite.

Nuestro personaje ha llegado de otra época y ha hecho lo que aquí te mostramos de manera desordenada. Reordena los hechos y explica las circunstancias en que se produjeron.

Apareció en España. Se cayó en una zanja abierta en la calle. Salió de la máquina del tiempo para conocer los alrededores. Se cambió de ropa. Observó el comportamiento de los habitantes del siglo XX. Fumó un cigarrillo. Intentó hablar con alguna persona. Tomó unos churros en un bar. Entró en una tienda de electrodomésticos y compró un televisor. Entró en una frutería y compró un kilo de manzanas. Volvió a la máquina y puso el televisor. Entró en un banco y no pudo comprar dinero.

 ¿Qué será?

1. Sirve para extraer el zumo de las frutas.
2. Conserva calientes alimentos como café, sopa, etc.
3. Puede estar en la casa y también en un grupo musical.
4. Nos permite abrir las latas de conserva.
5. De ella sale mucho vapor y no es un barco.
6. El café, en la cafetera. ¿Y el té?

 Los verbos del siguiente texto están mal empleados. ¿Puedes corregirlos?

La semana pasada me ocurría una cosa muy extraña. Caminé por un parque que hay cerca de mi casa, y de repente sentía cómo alguien me llamaba desde lo lejos. Volvía la espalda y no veía a nadie, entonces había seguido caminando. De nuevo oía la misma voz, de nuevo me he vuelto, pero no veo a nadie. Después de diez minutos había descubierto que la voz fue de mi madre, que me llamó porque he llegado tarde a clase.

 Corrige los posibles errores de estas frases.

1. Nuestro coche no está muy grande, pero algunas de las cosas las podemos llebar en la vaca.
2. Enrique contaba un chiste muy bueno y todos nos acabamos de reir.
3. Cuando mis padres volbieron de las vacaciones ya pintamos toda la casa.
4. –¿Quieres un cafe o un te?
   –Un cafe, gracias.
   –¿Con azucar?
   –Si, por favor.
5. Me dijo que iba un momento a la tienda y duró tres horas en volver.
6. –Estoy totalmente en contra de las opiniones que se han expuesto en la conferencia.
   –Si, yo estoy de la misma opinión.
7. Esta mañana no había podido llegar a tiempo a la entrevista con el nuevo director y me echaba la bronca.
8. Estaba muy aburrido de ver la televisión y me eché a hacer un puzzle.
9. La sopa está un poco caliente, tomala con cuidado. No, para mi es bien.
10. El avion para Paris salio con bastante retraso y Miguel tubo que cancelar lo que tenia previsto hacer en cuanto llegara.

 Te presentamos a la oruga Sinfín; en ella están escritas algunas palabras relacionadas con el léxico aprendido. La sílaba final de cada palabra es el principio de la siguiente. ¿Puedes continuar tú?

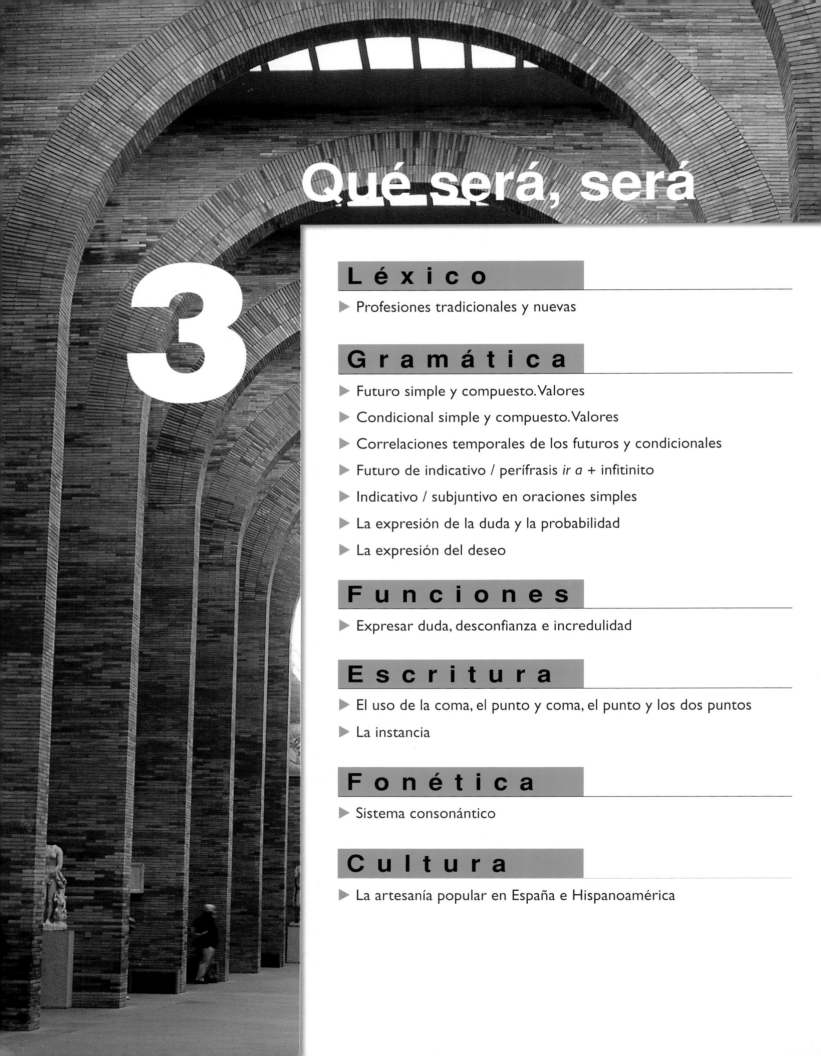

Qué será, será

3

Político

Ésta es una carrera en la que uno trabaja lo que le da la gana. Como en el caso del militar, podrían presentarse problemas ideológicos, pero no es el caso en los tiempos que vivimos.

Existen varios niveles de participación. En el medio rural, se puede trabajar a nivel de ayuntamiento. Son agradecidas las etapas de reflexión durante las cosechas. Con qué alegría se recibe desde los balcones del ayuntamiento a los vendimiadores que regresan cantando en los camiones tras la dura jornada.

Si usted reside en el medio urbano, la cosa es más difícil porque la competencia será mayor. En cualquier caso éste es un empleo a mencionar aunque sea inaccesible por su espléndida retribución, siempre negociable (es bonito asignarse el propio sueldo a través de una votación).

Funcionario

El funcionario es el puesto civil más acorde a las aspiraciones del vago. Una vez que se obtiene la plaza se le paga por asistir. El rendimiento es optativo puesto que el contrato no exige un mínimo de productividad.

Otra ventaja de esta alternativa laboral es que el vago se encontrará comprendido, pues hallará muchos colegas entre sus compañeros de trabajo.

Las posibilidades de ascenso son limitadas y los sueldos no son demasiado altos, pero dadas las exigencias de rendimiento, la relación calidad-precio es más que aceptable.

El Gran Wyoming, *Un vago, dos vagos, tres vagos.*

⇨ ¿Cuál es la actitud del autor ante estas dos profesiones?

⇨ Y tú, ¿qué opinión tienes? Describe con tus propias palabras estas profesiones.

⇨ ¿Qué significa *puesto civil* en el texto?

⇨ ¿Qué crees que quiere decir el autor cuando afirma que los políticos pueden tener problemas ideológicos?

1 Anota rápidamente lo que te sugieren las profesiones que nombrará tu profesor. Después, practica con tu compañero: uno nombra y el otro anota.

2 ¿Qué profesiones relacionarías con estos objetos y herramientas de trabajo?

3 Cada una de las siguientes áreas de trabajo tiene numerosas salidas profesionales. Coméntalas con tu compañero y escribid en cada cuadro todas las que encontréis.

SALUD	HOSTELERÍA Y TURISMO	TRANSPORTE Y COMUNICACIONES	EMPRESA

4 Localiza en el dibujo los lugares donde puede haber gente trabajando y anota el nombre de sus profesiones.

Ej.: *Hay un hospital; ahí habrá muchos médicos trabajando, enfermeras, ...*

CE 5 **5** Completa el texto con los nombres de las profesiones representadas en los dibujos.

Cuando era niño, Luis soñaba con que sería .... Siempre le gustaba solucionar los problemas de los demás. Después tuvo la oportunidad de realizar un trabajo muy especial y pensó que sería o .... o .... Así también ayudaría a la gente. Al llegar al instituto descubrió que los .... contribuían a mejorar el conocimiento de los alumnos y a hacerles comprender mejor su visión del mundo, y pensó que llegaría a ser el mejor .... Después de unos años empezó a trabajar en una empresa como .... y se afilió a un sindicato; sería la forma de ayudar a la gente de su fábrica. Al cumplir los cuarenta, decidió que era hora de pensar en sí mismo; ya estaba un poco harto de mirar por los demás, y así, finalmente, se metió a ....

▶ FUTUROS Y CONDICIONALES

Futuro simple (*cantaré*)

- Acción futura.
  Mañana iré a Madrid.
- Duda, probabilidad en el presente.
  No ha venido Tere. Estará en su casa.
- Concesión, oposición en el presente.
  Estudiará mucho, pero nunca aprueba.
- En oraciones condicionales de cumplimiento posible.
  Si veo a Juani le daré tu recado
- Sorpresa, extrañeza (en oraciones interrogativas y exclamativas).
  ¿Será verdad que ha dejado su trabajo?
- Orden, mandato.
  Te quedarás en casa y estudiarás.

Futuro compuesto (*habré cantado*)

- Acción futura anterior a otra también futura (pasado del futuro).
  Cuando volvamos a casa ya habrán terminado las obras.
- Duda, probabilidad en el pasado cercano.
  No está Javi. Se habrá ido a su casa.
- Concesión, oposición en el pasado cercano.
  Habrá estudiado mucho esta semana, pero no ha aprobado.

Condicional simple (*cantaría*)

- Futuro en relación con un pasado.
  Ayer vi a Pedro y me dijo que vendría hoy.
- Duda, probabilidad en el pasado.
  Por aquella época tendría 25 años.
- Concesión, oposición en el pasado.
  Estudiaría mucho, pero nunca aprobaba.
- En oraciones condicionales de cumplimiento poco probable.
  Si viera a Juani le daría tu recado.
- Cortesía.
  ¿Podría decirme qué hora es, por favor?

Condicional compuesto (*habría cantado*)

- Acción futura anterior a otra futura en el pasado.
  Ayer pensé que a las diez ya habrían terminado.
- Duda, probabilidad en el pasado (anterior a otro pasado).
  Fui a ver a Ana, pero no estaba; habría salido.
- Concesión, oposición en el pasado (anterior a otro pasado).
  Habría tenido muchos problemas, pero nunca nos dijo nada.
- En oraciones condicionales de cumplimiento imposible en el pasado.
  Si me hubiera tocado la lotería me habría comprado un coche.

  6 **¿Cómo imaginabas que sería el siglo XXI? Escribe algunas ideas.**

Siempre pensé que en el siglo XXI las cosas serían diferentes:

la comida…
la sanidad…
las casas…
los coches…
la gente…

 7 ***El patito feo.* Lee este texto.**

Isabel no estaba muy contenta con su aspecto, por lo que pensó en ir al programa de televisión *El patito feo* y someterse a un cambio de imagen. Todas sus amigas la animaban porque creían que sería una buena idea. Pero después de pensarlo mucho, su timidez la venció y, finalmente, no se presentó al programa.

Si Isabel hubiera ido al programa, ¿qué podría haber pasado?, ¿cómo hubiera cambiado su vida? Observa estos dibujos y cuenta su historia. Añade todos los detalles que se te ocurran.

CE 3 **8** **Silvia tiene que hacer un viaje de negocios a Barcelona y su jefe le está dando las instrucciones necesarias. Lee el texto y completa la agenda de Silvia.**

Saldrás a las ocho de la mañana e irás al aeropuerto. A las nueve y media subirás al avión. Claro, antes habrás tenido que facturar el equipaje, no hace falta que te lo diga. Llegarás a tu destino a las diez y media e irás al hotel, que es la sede de la convención. A las doce empezará la primera conferencia. Para esa hora ya habrás conocido al Sr. López, que es la persona que te recogerá en el aeropuerto.

A las cuatro asistirás a la segunda conferencia y a las seis a la tercera (supongo que, como el Sr. López te acompañará todo el día, antes de la segunda conferencia habrás ido a comer con él a un restaurante muy famoso que hay en el hotel: ¡ya verás, ya verás!).

Después de las conferencias tienes tiempo libre. Pasado mañana regresarás a primera hora y por la tarde prepararás el informe del viaje. Y nada más, creo.

En fin, buen viaje y hasta pronto.

CE 4, 6, 7 **9** **Completa las frases con uno de estos verbos.**

> estar - costar - pasar - publicar - tener - estrenar - ser - llegar - lucir - referirse - llamarse - tratarse - faltar - cumplir - venir

1. ¿Qué le .... diciendo el chico nuevo al jefe que tiene ese gesto de enfado?

2. ¿Qué hora es?

   .... las seis y cuarto, porque la sesión empieza a las seis y la película lleva un rato… Pero no te lo puedo decir exactamente; no veo el reloj en la oscuridad.

3. .... muchos amigos, si tú lo dices, pero cuando tiene problemas siempre acude a ti.

4. ¡Qué raro! Andrea lleva dos días sin venir a clase. .... enferma; si no, no me lo explico.

5. ¿Qué le .... a la planta que se le están cayendo las hojas y se está secando?

   Le .... agua o luz.

6. La edad media de mis compañeros de clase .... de 20 años. No lo sé exactamente, pero a ojo me da esa impresión.

7. ¿Quién era el chico con el que vimos paseando ayer a Alberto?

   .... su primo, el que vive en Alemania; me comentó que .... uno de estos días.

8. ¿Dónde está tu madre?

   .... todavía en el despacho. Hasta las cuatro no suele salir del trabajo.

9. ¿Cómo se llama el hijo de tu amiga?

   No lo sé, pero, por seguir la tradición, ... Manuel, como su padre y su abuelo.

10. Mañana nos vamos a Tenerife. ¿Qué tiempo crees que hará?

    .... el sol, seguro. En Canarias siempre hace buen tiempo.

CE 9 **10** **En parejas. ¿Qué cuestiones crees que pueden surgir en una entrevista de trabajo? Coméntalas con tu compañero y clasificadlas por orden de importancia. Podéis añadir otras.**

⇨ Preguntar al candidato por su estado civil.
⇨ Hacerle preguntas sobre el currículum.
⇨ Explicar cómo funciona la empresa.
⇨ Describir el puesto vacante.
⇨ Tomar notas.
⇨ Preguntar al candidato si está de acuerdo con el sueldo.
⇨ Preguntar por su expediente.
⇨ Hablar de las tendencias políticas y religiosas.
⇨ Preguntar por las aficiones.
⇨ Decir que se dará una respuesta en un breve espacio de tiempo.
⇨ Hablar de posibles trabajos anteriores.
⇨ Hablar sobre la familia.
⇨ Agradecer su presencia al candidato.

1. Estas personas tienen que superar una entrevista de trabajo. Dadles algunos consejos.

Ejs.: *Sería mejor que fueras bien aseado.*
Podrías ir mejor vestida.
Te aconsejaría que hablaras con naturalidad…

secretaria de dirección   guardia de seguridad   modelo de alta costura   conserje

2. Imagina que tu profesor de español va a tu país a buscar trabajo, ¿qué le recomendarías?

11 **En círculo, comentad éstas y otras situaciones que se os ocurran.**

Ej.: *Soy astronauta.*
Serás astronauta, pero tu vida es aburrida.

12 **Forma parejas con estos profesionales. Justifica las respuestas.**

azafata
secretaria
abogada
arquitecta
campesina
ATS
maestra

pescador
político
albañil
ingeniero
médico
masajista
piloto

▶ LA EXPRESIÓN DEL FUTURO

Futuro (*iré*)	**Ir a + infinitivo** (*voy a ir*)
- Enunciación de una acción futura. Acción futura en su estado puro. Presenta la inseguridad propia del futuro. *El lunes me darán el coche.* - Es muy frecuente su aparición con expresiones o verbos de duda y probabilidad del tipo *no sé, quizás, tal vez, imagino, supongo*, etc. *–¿Qué vas a hacer el próximo fin de semana?* *–No sé, supongo que saldré de excursión.* *Tal vez saldré de excursión.* *Pues, creo que saldré de excursión.*	- Enunciación de una voluntad y decisión referidas al futuro. *Voy a ir de excursión.* - Es incompatible su aparición con expresiones de duda y probabilidad del tipo *quizás, tal vez,* y con subjuntivo. *–¿Qué vas a hacer el próximo fin de semana?* *–*Tal vez vaya a ir de excursión.*

 13 Escucha y completa el parte meteorológico.

.... los cielos casi despejados la mayor parte del día en toda la zona; sólo .... algo de nubosidad en el área de la sierra; por la tarde .... intervalos parcialmente nubosos. Los vientos .... en calma. .... heladas de madrugada y .... hielo en las carreteras de la sierra, especialmente en zonas húmedas y en sus laderas norte. Las temperaturas .... sin cambios. Para mañana .... el ambiente soleado en toda la zona, con heladas de madrugada y temperaturas diurnas en ligero ascenso. Esta situación .... hasta el próximo fin de semana.

  15 Silvia y Sergio van a ir de viaje a Segovia este fin de semana. Lee este itinerario y haz una relación de las cosas que harías y de las que tienes intención de hacer.

Algunos lugares de interés

Acueducto (s. I d. C.; 15 km)

Casa de los Picos (renacentista)

Alhóndiga (edificio gótico industrial)

Iglesia de San Martín (románica)

Museo de Arte Contemporáneo Esteban Vicente

Catedral (última de estilo gótico en España)

Alcázar (del Románico al Renacimiento)

Casa Museo de Antonio Machado

Iglesia de San Esteban (románica)

Torre de Hércules (convento del s. XIII)

Iglesia de San Juan de los Caballeros (románica de los ss. XI-XII)

Convento del Corpus Christi (antigua sinagoga)

Cementerio judío

Iglesia de la Veracruz (fundación templaria del s. XIII)

14 En parejas. Habéis alquilado un local para montar un negocio. Solicitad el permiso de obras al Ayuntamiento.

SOLICITUD DE OBRAS

Nombre del solicitante:_____

Dirección:_____

Nombre del negocio:_____

Dirección del negocio:_____

Descripción de las obras:

En el interior..._____

_____

En la fachada..._____

_____

Firma

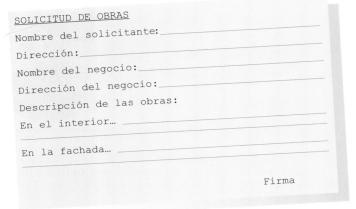

EXCURSIÓN A SEGOVIA

SÁBADO 10
  9:00 h. **Salida desde la Puerta del Sol de Madrid.**
  11:30-12:30 h. **Visita guiada al Monasterio de El Escorial.**
  14:00 h. **Llegada a Segovia.**
  14:30 h. **Alojamiento y comida en el Parador Nacional.**
  16:00-18:00 h. **Visita del casco histórico.**
  Tiempo libre.

DOMINGO 11
  8:00-9:00 h. **Desayuno y traslado de maletas al autobús.**
  9:30 h. **Visita del Alcázar.**
  11:00 h. **Visita de la Catedral.**
  Tiempo libre.
  18:30 h. **Encuentro bajo el acueducto para ir con el autobús a la iglesia de la Veracruz.**
  19:30 h. **Regreso a Madrid.**

16 **¿Qué otras profesiones podrían haber ejercido estos personajes? Sigue el ejemplo.**

Ej.: *Sean Connery habría sido un buen político, porque tiene imagen de hombre íntegro.*

    ⮑ Nelson Mandela   ⮑ Agatha Christie   ⮑ Luis Buñuel   ⮑ Luciano Pavarotti   ⮑ Cindy Crawford

          ⮑ Mike Tyson   ⮑ Elizabeth Taylor   ⮑ Los hermanos Marx   ⮑ Emma Bonino

17 **Seguro que en algún momento de tu vida te has planteado la posibilidad de hacer cambios con respecto a tu futuro. Cuéntanos algunos de ellos.**

Ej.: *Para este nuevo año he pensado que voy a hacer más deporte.*

- En las vacaciones…
- Cuando empiece el nuevo curso…
- El mes que viene…
- En mi nuevo trabajo…

- En Navidad…
- Después de mi cumpleaños…
- Cuando vuelva a mi país…
- Antes del verano…

18 **Tu destino puede estar escrito en estas cartas. Elige una de ellas y coméntala con tu compañero.**

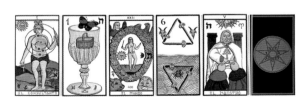 

19 **Armonía es un país en el que se ha decretado que todos sus habitantes se dediquen solamente a siete profesiones. Esta mañana se han reunido para determinar qué profesiones tienen que desaparecer y cuáles permanecer. ¿Tú qué opinas?**

▶ **EXPRESIÓN DE LA DUDA O LA PROBABILIDAD**

a lo mejor *lo mismo* *igual* *seguro que* *estar seguro de que*	**+ indicativo**
puede (ser) que *es probable que* *es posible que*	**+ subjuntivo**
quizá(s) *tal vez* *acaso* *seguramente* *probablemente* *posiblemente*	**+ indicativo** (obligatorio si el verbo va delante) **subjuntivo**
futuro y condicional	

Estar seguro de y *seguro que* unas veces expresan seguridad y otras probabilidad:

–¿*Seguro que dejaste la carta encima de la mesa?*

> *Sí, ya te lo he dicho, estoy segura de que / seguro que la dejé aquí (seguridad).*

–*Estoy preocupada; son las ocho y Pablo aún no ha llegado.*

>*Tranquila, estoy segura de que está con algún amigo jugando por ahí (probabilidad).*

Seguramente expresa siempre probabilidad:
Aunque no contestó al teléfono, seguramente estaba en casa.

---

 20 Lee esta noticia.

Pilarín Domínguez López, natural de Águilas, Murcia, ha aparecido hoy en lo más alto de la Torre Eiffel. Cuando la policía llegó para detenerla, confesó que una extraña pareja le había comentado que si subía allí encontraría un maravilloso tesoro, que ella había visto en un sueño anteriormente. La familia, consternada, ha abandonado su pueblo y simplemente ha declarado que imaginaba que más tarde o más temprano ocurriría algo así.

Explica a qué se refería la familia utilizando las expresiones de la ficha gramatical.

21 Reacciona ante las siguientes afirmaciones utilizando expresiones de duda o probabilidad.

1. La cantante del grupo de rock dedica su tiempo libre a dar clases de ballet clásico.
2. El fisioterapeuta ha engordado muchísimos kilos.
3. La directora del banco no ahorra mucho dinero a fin de mes.
4. El carpintero no tiene ventanas de madera.
5. El informático escribe siempre sus cartas personales a mano.
6. El cardiólogo ha dejado de fumar.
7. Los pediatras de mi ambulatorio no tienen ningún hijo.
8. El sindicalista se ha fugado con la directora general.

 22 Completa con las expresiones estudiadas.

Estoy sentada aquí, entre todas las demás candidatas para este papel y todavía dudo en si he hecho bien en presentarme a esta prueba para la película. .... no (servir) .... de nada todo lo que he estudiado y .... mi preparación (ser) .... insuficiente, pero tengo unos enormes deseos de triunfar y quisiera que me dieran este papel. Mis compañeras .... (ser) .... muy buenas también y .... (reunir) .... los requisitos, pero .... el productor (estar) .... buscando a alguien especial, diferente, que encaje mejor con mi físico. .... no nos (hacer) .... ninguna prueba, sino que sólo leen los currículos. .... ya (tener) .... candidata y que todo esto sólo (ser) .... un "paripé", pero también .... (tener) .... alguna oportunidad. .... ahora nos van a dar información, porque ha salido la secretaria de su despacho. .... nos (seleccionar) .... antes de pasar la prueba, o .... ya lo (decidir) ....

–Elena Tejada, por favor.

–Soy yo.

–Ha sido usted elegida para el papel. Estoy segura de que éste es un momento importante de su vida, ¿verdad?

23 **Reacciona ante estos titulares de prensa siguiendo el ejemplo.**

Ej.: *Julio Iglesias ha dejado de cantar. Quizás quiera tener más hijos. A lo mejor está cansado de los periodistas…*

LA MULTINACIONAL McDONAL CIERRA TODOS SUS ESTABLECIMIENTOS

EN CHINA SE HA DECIDIDO POR REFERENDUM QUE LA GENTE DEJE DE COMER CON PALILLOS.

UN VECINO DE LA LOCALIDAD HA PEDIDO QUE LO VIGILEN CUANDO HAY LUNA LLENA.

RICKY MARTIN ¡Se retira a una isla desierta!

LA ALCALDESA DE LA CIUDAD DE CORREVEIDILE HA ORDENADO A SUS HABITANTES QUE DEJEN DE HABLAR DURANTE DOS HORAS AL DÍA.

24 **¿Qué habrá pasado? En grupos, discutid las posibilidades.**

25 **¿Qué crees que serán estos niños en el futuro? ¿A qué se dedicarán? ¿Cómo será su vida?**

1. ¿Qué profesión querías tener cuando eras niño?
2. ¿Qué profesión querrás ejercer en el futuro?
3. ¿Cómo imaginas que será tu vida profesional en cinco años?

26 **Cada uno tiene que entregar un objeto personal al profesor sin que el resto de la clase lo vea; después, debéis averiguar a quién pertenece cada objeto.**

▶ **EXPRESIÓN DEL DESEO (con subjuntivo)**

ojalá (que)	- Presente (presente o futuro; posible).
	    Ojalá esté bien. Ojalá se ponga bien.
	- Imperfecto (pasado, presente o futuro; poco probable o imposible).
	    Ojalá llegara ayer a tiempo. Ojalá estuviera ahora aquí. Ojalá llegara mañana.
	- Pretérito perfecto (pasado relacionado con el presente del hablante; posible).
	    Ojalá haya llegado a tiempo.
	- Pluscuamperfecto (pasado; imposible).
	    Ojalá hubieras estado allí.

que	- Presente (presente o futuro; posible).
	    ¡Que esté bien, Dios mío! ¡Que te diviertas!
	- Imperfecto y pretérito perfecto (pasado; poco probable).
	    ¡Que llegara a tiempo, Dios mío! ¡Que haya llegado a tiempo!

quién / (ah), si	- Imperfecto (presente y futuro; imposible).
	    ¡Quién fuera él! ¡Ah, si yo fuera él!
	- Pluscuamperfecto (pasado; imposible).
	    ¡Quién hubiera estado allí! ¡Ah, si hubiera estado allí!

así	- Presente (presente y futuro; posible; generalmente para expresar maldiciones). *Así esté sufriendo lo mismo que él me ha hecho pasar a mí.*

27 **¿Qué cosas son las que más deseas ahora mismo? Escribe cinco deseos que sean posibles, cinco poco probables y cinco imposibles. Usa las expresiones del cuadro anterior.**

28 **Explica si los siguientes deseos son posibles, poco probables o imposibles.**

1. Ojalá nos hubiera casado aquel sacerdote. La boda no hubiera sido tan aburrida.
2. ¡Que se haya acabado el conflicto de los controladores!
3. ¡Quién fuera millonario para pasar allí las vacaciones!
4. ¡Ah, si yo fuera azafata! Conocería todo el mundo y gratis.
5. ¡Quién tuviera un marido masajista!
6. Ojalá terminaran hoy los albañiles esta maldita obra.
7. ¡Que terminen hoy los albañiles!
8. Ojalá hubieras preguntado a la telefonista esta información.

29 **Escribe los verbos que faltan.**

1. Si alguien está enfermo y queremos darle ánimos, podemos decirle: ¡Que ....!
2. Si un amigo está invitado a ir a una fiesta, podemos decirle: ¡Que ....! o ¡Que .... bien!
3. Si alguien tiene que hacer un examen, podemos decirle: ¡Que .... suerte!
4. Si entramos en un lugar donde hay gente comiendo, diremos: ¡Que ....!
5. Si una persona tiene que hacer algo que no le gusta, podemos decirle: ¡Que .... leve!

30 **Reacciona ante estas fotografías utilizando las expresiones estudiadas.**

31 Os encontráis en un lugar mágico que tiene la capacidad de concederos los deseos que expreséis. Éstas son las posibilidades que tenéis.

Tres deseos para ti mismo.
Tres deseos para un buen amigo.
Tres deseos para tu ciudad.
Tres deseos para tu país.
Tres deseos para el mundo.

32 Fíjate en estas expresiones.

✔ Expresar duda:
No sé; quizás; tal vez; supongo; imagino...

✔ Expresar desconfianza:
No sé yo; no me lo creo; no creo; ¿tú crees?; no sé, no sé...; ¿seguro?

✔ Expresar incredulidad:
¿Eso puede ser?; es increíble; parece mentira; no puede ser verdad; no puede ser cierto; no doy crédito; no puede ser.

Escucha los enunciados y reacciona con una expresión de duda, de desconfianza o de incredulidad. Justifica tus reacciones.

33 Escucha y completa con algunas de las expresiones que has aprendido.

1. *Luis:* Me han dicho que con las pastillas de ese curandero adelgazas 2 kilos en una semana.
   Pedro: _____

2. *Daniel:* Mi profesor de matemáticas es muy moderno. Se fía de nosotros para estudiar y nunca nos manda trabajo extra.
   Rosa: _____

3. *Vega:* Ese ingeniero no gana mucho dinero.
   Fátima: Todos los ingenieros ganan mucho dinero.
   Vega: _____

4. *Juan:* Tras cinco años consecutivos de paros intermitentes, los controladores aéreos no harán huelga este verano.
   Ismael: _____

5. *Sofía:* Mi dentista es excelente. No te hace daño a pesar de no utilizar anestesia.
   Alba: _____

34 A debate.

1. ¿Cómo ha cambiado la situación laboral de la mujer en vuestros países? ¿Y en el mundo en general?

2. ¿Qué se necesitaría para que la situación del empleo femenino cambie positivamente?

3. ¿Qué profesiones crees o consideras que han sido las pioneras del cambio en la situación laboral de las mujeres?

LA COMA

La coma se usa:
- Para separar miembros gramaticalmente equivalentes dentro de un mismo enunciado.
  Antes de irte, corre las cortinas, cierra las ventanas, apaga las luces y echa la llave.
- En las enumeraciones de elementos de la misma clase.
  Los reinos, el poder, la nobleza, la riqueza son de carácter fortuito.
- Cuando se intercalan datos explicativos dentro de una oración.
  Aquel río, el que pasa por la ciudad, está bastante limpio.
- Cuando se interrumpe el sentido de la oración y se intercalan palabras.
  Cuando llegaron al cine, explicó Ana, ya había comenzado la película.
- Para separar las expresiones adverbiales del tipo: *es decir, efectivamente, por último, en fin, sin embargo, no obstante, entre tanto, sin duda…*

EL PUNTO Y COMA

El punto y coma indica una pausa superior a la marcada por la coma e inferior a la señalada por el punto. Se utiliza:
- Para separar los elementos de una enumeración cuando se trata de construcciones que incluyen comas.
  Si llueve esta tarde, iremos al cine; si sale el sol, iremos al campo.
- Cuando, tras una serie de enunciados separados por comas, aparece una oración que resume todo el conjunto.
  Los muebles estaban destrozados, la ropa tirada por el suelo, los cristales de las ventanas rotos; todo quedó destrozado tras la explosión.
Tras punto y coma se escribe minúscula.

EL PUNTO

El punto señala la pausa que se da al final de un enunciado. Después de punto siempre se escribe mayúscula. No se pone punto tras los signos (?) (!).
- El **punto y seguido** separa enunciados que integran un párrafo. Después se continúa escribiendo en la misma línea. Si el punto está al final de renglón, se empieza en el siguiente sin dejar margen.
  Salieron a recorrer las calles del pueblo. La tarde era muy agradable.
- El **punto y aparte** separa dos párrafos distintos, que suelen desarrollar, dentro de la unidad del texto, contenidos diferentes. Después de punto y aparte se escribe en una línea distinta. La primera línea del nuevo párrafo debe tener sangrado.
- El **punto final** es el que cierra un texto.

LOS DOS PUNTOS

Después de los dos puntos se comienza a escribir con minúscula a no ser que introduzca estilo indirecto.
Aparecen:
- Tras el encabezamiento de una carta, instancia, solicitud o discurso.
  Muy señor mío: por la presente le comunico…
- Cuando se citan palabras textuales o se transcriben frases de otro texto.
  Siempre me repetía lo mismo: "No creas a los políticos".
- Para dar paso a una enumeración.
  Tengo clase de piano tres días a la semana: los lunes, miércoles y viernes.

---

35 Puntúa según las reglas del esquema anterior.

1. Necesitamos para nuestra nueva clínica un otorrino una enfermera un fisioterapeuta y cinco ATS

2. No sé quizás esté esperando el autobús

3. Supongo que habrá salido a cenar como no está

4. He decidido lo siguiente el que quiera esperar que espere y el que no que se vaya

5. De una manera breve que es la mejor manera de definir las cosas diremos que es simplemente genial

  36 Escucha y puntúa.

En el círculo aristocrático de Vetusta a que pertenecían naturalmente las señoritas de Ozores no se hablaba más que de la abnegación de estas santas mujeres Glocester o sea don Restituto Moruelo canónigo raso a la sazón decía con voz meliflua y misteriosa en la tertulia del marqués de Vegallana señores ésta es la virtud antigua no esa falsa y gárrula filantropía moderna las señoritas de Ozores están llevando a cabo una obra de caridad que si quisiéramos analizarla detenidamente nos daría por resultado una larga serie de buenas acciones

Leopoldo Alas Clarín, *La Regenta*.

LA INSTANCIA

Es un escrito que va dirigido a una persona de rango superior, o bien a un organismo oficial o entidad, para realizar una petición o una reclamación.

Se redacta en tercera persona y con lenguaje claro y preciso.

Tiene que seguir un esquema determinado.

37 **Coloca los elementos de esta instancia en el lugar que les corresponde.**

Se revise su expediente y se modifique la nota final referida a su octavo curso.

- Que ha acabado satisfactoriamente los estudios de octavo de piano en el pasado curso y que reúne las condiciones necesarias para poder participar en las pruebas de selección del Real Conservatorio Superior de Música.
- Que hay un error en su expediente con respecto a la nota final del octavo curso que le impide inscribirse en noveno, por lo cual

Fdo.: María Fernanda Gutiérrez Mastro.

Zamora, 28 de septiembre de 2001

M.ª FERNANDA GUTIÉRREZ MASTRO, natural de Matillas, provincia de Guadalajara, nacida el 5 de noviembre de 1969, con domicilio actual en Zamora, Calle El Milagro de P. Tinto, 24, con D.N.I.: 8756489, respetuosamente.

ILMO. SR. DIRECTOR DEL REAL CONSERVATORIO SUPERIOR DE MÚSICA DE ZAMORA

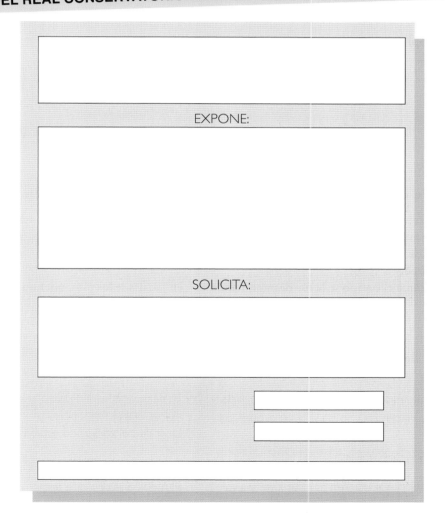

EXPONE:

SOLICITA:

38 **¿Cómo van las obras de tu negocio? Es el momento de solicitar al Ayuntamiento la licencia de apertura. Redacta una instancia según el modelo anterior.**

⇨ En español, en general, a cada letra le corresponde un único sonido, independientemente del lugar donde aparezca.

No obstante, hay casos en los que esto no se cumple:

$$c + e, i$$
$$z + a, o, u \Big\rangle /\theta/$$

$$k$$
$$qu + e, i \Big\rangle /k/$$
$$c + a, o, u$$

$$gu + e, i$$
$$g + a, o, u \Big\rangle /g/$$

$$g + e, i$$
$$j + a, e, i, o, u \Big\rangle /x/$$

$$b$$
$$v \Big\rangle /b/$$

⇨ Ten en cuenta que:

- /p, t, k/ y /b, d, g/ se diferencian en que las primeras son sordas y las segundas sonoras.
- /b/, /d/, /g/ se pronuncian con mayor relajación cuando aparecen entre vocales u otras consonantes que no sean *n* o *m*.

- La letra *r* representa la consonante simple (/r/) en posición intervocálica, y la múltiple (/r̄/) en posición inicial o tras *n*, *s* o *l*.
  La letra *rr* (sólo en posición intervocálica) representa siempre /r̄/.
- La letra *h* carece de sonido.
- Las letras *y* - *ll* tenían diferente pronunciación, pero hoy día casi ha desaparecido la pronunciación característica de la segunda.
- La diferencia entre /s/ y /θ/ sólo se da en el centro y el norte de España.

¿Cuáles son tus mayores dificultades? Haz una lista y coméntala con tus compañeros y tu profesor.

 39 Escucha y repite estos pares de palabras.

pino / vino	tos / dos	casa / gasa	pero / perro
pato / bato	tato / dato	coma / goma	para / parra
pelo / velo	toma / doma	casta / gasta	mira / mirra
polo / bolo	tela / dela	cama / gama	caro / carro
pulo / bulo	tina / dina	cata / gata	cero / cerro

 40 Escucha este texto y practica los sonidos /s/ y /θ/. Escribe la grafía que corresponda.

El nuevo _igarrero del _aguán –flaco, astuto– lo miró burlonamente al venderle el atado. Juan entró en su cuarto, se tendió en la cama para descan_ar en la oscuridad y en_endió en la boca un _igarrillo. Se _intió furiosamente chupado. No pudo re_istir. El _igarro lo fue fumando con violen_ia; y lan_aba espanto_as bocanadas de peda_os de hombre convertidos en humo.
En_ima de la cama el cuerpo se le fue desmoronando en _eni_a, desde los pies, mientras la habita_ión se llenaba de nubes violá_eas.

Enrique Anderson Imbert, El cigarrillo.

 41 Escucha las siguientes frases y después léelas tú.

1. La puerta del garaje está atascada y necesitamos arreglarla.
2. Los zapatos nuevos me hacen mucho daño y creo que voy a ir a cambiarlos.
3. El cerro cercano al pueblo tiene una vista maravillosa de todo el entorno.
4. Los niños pequeños lo único que quieren es jugar, jugar y jugar.
5. Ramón recorrió muchos kilómetros cuando hizo el Camino de Santiago el año pasado.
6. El desayuno, el almuerzo y la cena son las comidas más importantes del día.
7. La jirafa del zoológico estaba triste y tuvieron que buscarle compañía.
8. Tres tristes tigres comían trigo en un trigal.
9. El médico le dijo que tomara unas pastillas y, como no quiso, le recetó un jarabe.
10. Era un hombre que cada dos por tres... seis.

Aunque la actividad artesana se ha desarrollado en todo momento en España e Hispanoamérica, no siempre ha tenido el reconocimiento que se merecía. Los artesanos, además, han trabajado siempre para empresarios, que no pagaban suficientemente la labor realizada, entre otras razones porque la relación calidad-precio no se tenía en cuenta.

La actividad artesanal ocupa demasiadas horas y nunca se paga lo suficiente el trabajo que conlleva. Sin embargo, en los últimos años se ha desarrollado un interés creciente por todos los productos realizados de manera artesanal, de modo que se ha producido un crecimiento tanto de talleres artesanales como de centros de formación de esta actividad. Y así, el trabajo de la lana en Perú, de las miniaturas de barro y de la plata en México, de los instrumentos de percusión en Cuba, del cuero en Argentina, de las pequeñas cerámicas en Puerto Rico, de la creación de bisutería en toda América han pasado a ser objetos de primera condición en ferias internacionales y a ser utilizados por los decoradores más importantes.

Entre 1990 y 1997 los talleres artesanos aumentaron un 12,9%. Sólo en el municipio de Madrid se localiza el 61% de los talleres artesanos, y una gran parte de ellos se creó a partir de 1981. Otro rasgo que nos muestra el dinamismo de esta actividad es que la edad de los artesanos oscila entre los 16 y los 50 años, es decir, se trata de personas jóvenes que cada vez más ven una salida a expectativas de trabajo en el desarrollo de este tipo de labores. Además, se suma el hecho de que en el trabajo artesanal hay un componente de creatividad y arte que hasta ahora no se le había reconocido.

Pero este trabajo conlleva una dificultad añadida: la exportación de los productos, que no consiguen llegar muy lejos del lugar en el que se han fabricado. Sólo un 1,08% logra llegar a los mercados exteriores.

Son más de cien oficios los recogidos en este apartado de la artesanía, y así tenemos los plateros, ebanistas, restauradores, joyeros, encuadernadores, sastres taurinos, ceramistas, marroquineros, vidrieros, esmaltistas, fundidores y torneros, entre los más sobresalientes. Como dato curioso hay que señalar que en Madrid todavía existe un taller en el que se fabrica el pan de oro, prácticamente desaparecido en el resto del mundo.

También hay que destacar la enorme fama que los guitarreros de Madrid tienen en todo el mundo. En toda la comunidad madrileña hay 753 talleres que se dedican a los muebles de madera, 332 a joyas, 158 al trabajo de la piel y el cuero y 152 al metal.

La Gaceta Local, n.º 1, Año I, Alcalá de Henares, 29 de junio de 1999 (texto adaptado).

1. ¿Cuáles son, según el texto, los talleres más numerosos en la Comunidad de Madrid? ¿A qué se dedican?

2. Nombra tres países hispanoamericanos y los objetos artesanos que se fabrican en ellos.

3. ¿Por qué decimos que el trabajo de los artesanos nunca está pagado?

4. ¿En qué porcentaje aumentaron los talleres artesanos entre 1990 y 1997?

5. ¿Cuál es la artesanía típica de tu país? ¿Cómo están considerados los artesanos allí?

1 **Sustituye las palabras subrayadas por un futuro o un condicional.**

Ej.: _Tengo motivos para creer que ayer salieron de casa a las nueve y media._
   Saldrían de casa a las nueve y media.

1. Es probable que haya tenido algún problema, porque viene todas las tardes y el otro día no vino.

_____

2. Seguramente le pusieron el nombre de su famosa tía.

_____

3. Lo más seguro es que haya vuelto a casa sobre las diez; es su hora habitual.

_____

4. Estoy casi segura de que el chalé que se ha comprado es carísimo.

_____

5. Sospecho que no está en la ciudad; si no, no me explico por qué no tengo noticias de él.

_____

2 **Completa el siguiente diálogo.**

José: ¿Qué vas a hacer el próximo fin de semana?

Miguel: No sé, a lo mejor _(hacer)_ .... una escapadita al mar.

José: Eso está muy bien.

Miguel: Aunque tal vez no _(poder)_ ...., porque ahora tengo mucho trabajo.

José: Pero podrías quedarte por aquí y hacer algo.

Miguel: Sí, si me quedo quizá _(ir)_ .... al cine o al teatro, que hace mucho que no voy.

José: También puedes ir a ver alguna exposición.

Miguel: Pues no sé, tal vez _(decidirme)_ .... a ir.

José: Tienes que pensarlo.

Miguel: Seguro que al final _(quedarme)_ .... en casa.

3 **Señala si las siguientes frases son posibles, poco probables o imposibles.**

	posible	poco probable	imposible
1. Ojalá acabe pronto la huelga de controladores.	❏	❏	❏
2. Ojalá hubiera llamado a la telefonista antes de venir aquí.	❏	❏	❏
3. ¡Quién fuera azafata para recorrer el mundo!	❏	❏	❏
4. Si yo fuera él habría sido sindicalista.	❏	❏	❏
5. ¡Quién hubiera estado allí!	❏	❏	❏

¡Ojalá acabe esta huelga pronto!

4 **Completa las siguientes frases con futuro o condicional.**

1. El oculista no está en su consulta. *(Marcharse)* .... a su casa ya.
2. No hemos encontrado al secretario. Probablemente *(dormirse)* ....
3. ¿*(Poder)* .... decirme a qué hora sale el tren para Santander?
4. Me dijo que hoy, cuando saliéramos de trabajar, ya *(terminar)* .... la obra.
5. En esa foto *(tener)* .... unos 30 años.
6. Tu hermano *(ser)* .... el mejor piloto del mundo, pero trabaja demasiado.
7. Si viera a la telefonista *(decir a ella)* .... que has dejado un mensaje para ella.
8. Tus abuelos *(educarse)* .... en los mejores colegios, pero su educación no es comparable a la actual.
9. Si me hubiera tocado la lotería me *(comprar)* .... una casa en la playa.
10. Como no estudies más no *(comprar, yo a ti)* .... el coche que tanto quieres.

5 **¿Qué trabajos artesanales podemos encontrar en los siguientes países?**

Perú: _____

Argentina: _____

México: _____

Puerto Rico: _____

Cuba: _____

6 **Una de las siguientes palabras no tiene relación con las demás. ¿Cuál es?**

1. carpintero, ebanista, albañil, leñador
2. escultor, fontanero, pintor, plomero
3. zapatero, bombero, panadero, soltero
4. veterinario, pediatra, dentista, geriatra

7 **Continúa las siguientes frases.**

Si yo fuera rico _____

Si yo hubiera ganado el premio _____

Si yo hubiera viajado a _____

Si yo trabajara en _____

Si yo viviera en _____

Si yo hubiera estudiado con _____

Si yo escribiera como _____

Si yo dibujase con _____

8 **Elige la opción correcta.**

1. La semana que viene a lo mejor .... a cenar al nuevo restaurante japonés.
   a) vaya   b) venga   c) voy   d) iba
2. Me dijo que cuando .... a la ciudad me visitaría.
   a) vendrá   b) habría venido   c) habrá venido   d) viniera
3. Mira qué seco está el césped, ojalá .... hoy mismo.
   a) lloverá   b) llueva   c) habría llovido   d) habrá llovido
4. No sé por qué no ha vuelto ya de clase; .... que hacer alguna cosa.
   a) habría tenido   b) tendría   c) tuviera   d) habrá tenido
5. Si .... menos no estaría tan cansada.
   a) trabajaba   b) habrá trabajado   c) trabajará   d) trabajara

Los tiempos cambian

4

Dicen que el tiempo está loco. El frío es más frío, el calor más caluroso, la lluvia más fuerte y la sequía más pertinaz. ¿Está cambiando realmente el clima? Que el clima está alterado es una realidad patente, aunque en algunos lugares no se sabe bien hacia dónde está cambiando. Olas de calor, inundaciones, olas de frío… Cualquiera de estas circunstancias son cada vez más frecuentes en cualquier parte del mundo. Todos los expertos hablan del cambio climático ya sea como consecuencia del efecto invernadero, o por el agujero de la capa de ozono, o incluso por la evolución natural del clima. El tiempo se ha desbrujulado. Las estaciones ya no son lo que eran. La nieve es cada vez más tardía, cuando la hay, las lluvias más escasas y más torrenciales. El invierno más corto y el verano más largo. Los árboles florecen en febrero y no pierden las hojas hasta noviembre. Y, por si fuera poco, la sequía. Podría decirse, en definitiva, que estos cambios son los predictores del cambio climático que nos acecha.

Si bien es cierto que el clima presenta ciclos de evolución, existe un alto grado de consenso a la hora de responsabilizar al ser humano del cambio climático. Pero ¿qué está haciendo el hombre para generar este cambio tan importante? Todos conocemos la respuesta: contaminación atmosférica, devastación de la masa forestal, despilfarro de los recursos acuíferos…

El efecto invernadero constituye la causa principal del cambio climático que, en principio, debe llevar a un calentamiento de la atmósfera. Las previsiones de los expertos hablan de un aumento de un grado más de temperatura durante el siglo XXI. Pero se especula con la posibilidad de que este incremento del calor llegue a los cinco grados, siempre y cuando el ser humano no corrija su actitud contaminante.

El Mundo, texto de Luis Medina.

⇨ ¿Cuál crees que es la intención del texto?

⇨ ¿Te parece un texto demasiado fatalista? ¿Crees que responde a la realidad?

⇨ ¿Qué quiere decir la expresión "el tiempo se ha desbrujulado"?

⇨ Si la temperatura global del planeta sigue aumentando, ¿qué piensas que ocurrirá con el hielo de los polos? ¿Y con el nivel del mar?

1 ¿Quién es el principal responsable de las catástrofes citadas en el texto? ¿Por qué?

2 ¿Qué nombre reciben los efectos devastadores de estos fenómenos meteorológicos?

lluvia   viento   calor   nieve

3 Escribe el adjetivo que corresponda a las siguientes descripciones.

1. Cuando hay muchas nubes en el cielo, decimos que está…

2. Por el contrario, cuando no hay ninguna nube decimos que está…

3. Si hace un sol espléndido, el día está…

4. Cuando hay una racha de lluvias es un tiempo…

5. Y cuando a la lluvia le acompaña una tormenta es…

4 **Lee este texto.**

Ya no hay primavera ni otoño, ¿se han acabado las estaciones? En los últimos años los almendros florecieron en febrero, pero incluso amagaron la floración en enero, en medio de inviernos en los que apenas hay un par de ráfagas de frío intenso. El verano se prolonga hasta finales de octubre. Lo que queda de otoño se apropia de gran parte del invierno. Y, finalmente, la primavera se torna calurosa en los despertares del mes de mayo. ¿Qué ha ocurrido con las estaciones? Simplemente, que se han suavizado las diferencias entre unas y otras, lo que responde, quizás, al cambio climático que se registra en todo el planeta.

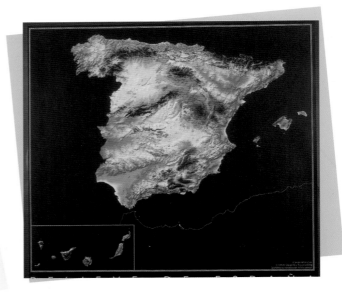

1. ¿Estás de acuerdo con lo que se dice en el texto?
2. ¿Ocurre igual en tu país?

5 **En España tenemos un clima mediterráneo con dos zonas diferenciadas: una seca en el sur y otra húmeda en el norte. ¿Cuál es el clima de tu país?**

En el lugar donde vives, ¿qué temperaturas máximas y mínimas se suelen registrar?

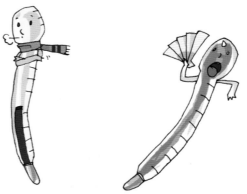

6 **¿Cuáles son los fenómenos meteorológicos comunes en las distintas estaciones?**

primavera

otoño

verano

invierno

CE 1.2 **7** **Vamos a ser positivos. Anota las posibles soluciones a los problemas meteorológicos planteados en el ejercicio 2 y piensa en cómo será nuestro mundo futuro.**

► EL / UN / Ø

el ⟶ conocido o específico, generalización
un ⟶ desconocido o inespecífico
Ø ⟶ perteneciente a una clase

Sujeto
⟹ contable

el: *El niño jugaba en la calle.*
un: *Un niño jugaba en la calle.*
Ø (sólo con plural, pospuesto al verbo): *Jugaban niños en la calle.*

⟹ medible

el: *El agua está fría.*
Ø (sólo con verbos como *entrar, salir, caer...*; normalmente pospuesto al verbo):
Sale agua de la tubería.

Complemento directo
⟹ contable

el: *Trajo los libros.*
un: *Trajo unos libros.*
Ø (sólo con plural): *Trajo libros.*

⟹ medible

el: *Trajo el vino.*
un: *Trajo un vino.*
Ø: *Trajo vino.*

8 **Explica el valor de *el* / *un* / Ø en estas frases.**

1. El perro es el mejor amigo del hombre.
2. Seremos felices y comeremos perdices.
3. Vino a verme un amigo mío.
4. Trajo leche, pan y galletas.
5. Nos enseñó fotos antiguas.
6. Trae el agua para tu padre.
7. Necesito sal para el cocido.
8. Esta semana tengo un cumpleaños.
9. Construye frases con artículo.
10. Hacen falta policías en las calles.

9 **Lee estos anuncios de prensa y redáctalos convenientemente con los pronombres y artículos necesarios.**

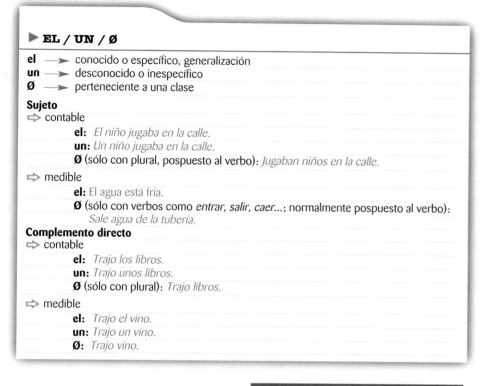

ALQUILERES Y VENTAS !!

■ Zona Blasco Ibáñez. Apartamentos, todo a estrenar, desde 57.096,15 €
■ Aranzueque, verdadera ganga, planta de garaje, 317 metros con 11 plazas. Total 156.263,15 €

Videncia-tarot.
¿Tienes problemas? Llama a partir de las 22.00 h.
(Sólo pagas llamada.)

906 33 33 33
Mayo 18 desde 0,72 €/min.

bUENOS AiRES/CATARATAS dEL iguAzú
8 DÍAS DESDE
1.099,85 €

902 33 33 33
SOLICITE FOLLETO.
Salidas en avión desde Madrid.
Plazas limitadas. Precios persona habitación doble.
Suplemento individual. Tasas no incluidas.

OCASIONES

■ Seat Ibiza 1.5. Rojo. Matrícula GU 2525 LC. Cierre centralizado, cinco puertas. Buen estado I.T.V. hasta 2002

CE
3, 4, 5, 6,
7, 8, 9

10 **Completa este texto con los artículos e indefinidos que faltan. Si hay varias posibilidades, indícalo.**

Érase vez príncipe que tenía caballo blanco que no sabía relinchar. Magia de caballo era que hablaba pero nadie lo sabía. Príncipe tuvo sueño noche y en él descubrió que caballo no era otro sino Miguel, su mejor amigo de infancia, que fue encantado por bruja fea y mala por listo que era. Buscó libros, contrató a mejores sabios de reino, aprendió a relinchar con otros caballos... Todo fue en vano.

Pero día se presentó en castillo niña de trenzas pelirrojas y ojos brillantes. Dijo a príncipe que ella hablaría con caballo, a cambio de oro de reino. Príncipe accedió, por gran amor que sentía por su amigo Miguel. Niña habló a Miguel con palabras muy suaves, pero incomprensibles. De pronto, caballo dio fuerte coz a niña. Todos fueron a sujetarlo y a auxiliarla, pero... ¡Oh, sorpresa! Niña se convirtió en fea y mala bruja y caballo, ya convertido en apuesto Miguel, explicó que intentó advertir a gente de que detuvieran a bruja, pero como nadie lo entendía, se vio obligado a intervenir.

Dos amigos se fundieron en abrazo y cortesanos respiraron aliviados.

▶ VERBOS QUE CAMBIAN DE SIGNIFICADO SEGÚN LLEVEN O NO PRONOMBRE

• *acordar* 'decidir, llegar a un acuerdo'	• *acordarse de* 'recordar'
• *creer* 'pensar, opinar'	• *creerse* 'tener una opinión sobre sí mismo que no responde a la realidad; considerar verdaderas cosas que difícilmente pueden serlo'
• *encontrar* 'hallar después de buscar'	• *encontrarse con* 'hallar por casualidad'
• *fijar* 'establecer'	• *fijarse* 'prestar atención'
• *llamar* 'pronunciar un nombre', 'telefonear'	• *llamarse* 'tener un nombre'
• *negar* 'decir que algo no es verdad'	• *negarse a* 'rechazar algo'
• *parecer* 'creer, pensar'	• *parecerse a* 'ser similar'
• *ocupar* 'tener un lugar'	• *ocuparse de* 'tratar un asunto'
• *quedar* 'tener una cita', *quedar en* 'acordar'	• *quedarse* 'permanecer'; seguido de adjetivo 'alcanzar un estado'
• *temer* 'tener miedo'	• *temerse* 'sospechar algo negativo'

11 **Elige la opción correcta.**

1. Se *parece / parece* que el tiempo va a cambiar.
2. Me *encontré con / encontré* mi profesor en la esquina del ayuntamiento.
3. Como tiene tres años *cree / se cree* que las hadas existen.
4. Los vecinos *acordaron / se acordaron* poner una denuncia.
5. Los alumnos *fijaron / se fijaron* para poder hacerlo ellos solos.
6. Al fin, a las cuatro *encontraron / se encontraron* el mechero debajo de la mesa.
7. Aunque le dijeron que era lo mejor, *negó / se negó* a hablar con la policía.
8. No es que lleve el pelo corto, es que *se quedó / quedó* calvo a los veinte años.
9. Belén se *llamó / llamó* a las dos y media para preguntar por ti.
10. La estantería no cabe aquí, se *ocupa / ocupa* más de un metro y medio.

CE 15 **12** **Completa con los siguientes verbos.**

acordar(se), creer(se), encontrar(se), fijar(se), llamar(se), negar(se), parecer(se),
ocupar(se), quedar(se), temer(se)

1. –¿Qué lugar .... Carlos?
   –.................. (yo) que el octavo, porque .... con su novia el otro día por casualidad, ... que llevaba un diploma y leí algo de octavo.

2. –Al final de la reunión (nosotros) .... ir a la huelga la próxima semana.
   –Es un poco arriesgado; .... a admitir que tenemos razón porque .... que los trabajadores no tenemos derecho a quejarnos.
   –Sí, eso es, pero .... que no tengamos otra opción.

3. –En el colegio (a Miguel, nosotros) .... "el respondón" porque el profesor preguntaba y él siempre respondía. Todos .... callados para que él respondiese.
   –¿Y el resto nunca decíais nada?
   –¡Qué va!, si a Miguel no le importaba tener que contestar, al contrario, nunca .... a hacerlo. Incluso si a él no le preguntaban expresamente. Todos .... que Miguel .... a un robot que se llamaba Respondón que salía en un programa de la tele.

13 En parejas, elegid alternativamente un verbo, con pronombre o sin él, de la lista anterior, y construid una frase. **Si es correcta, se anota un punto; si no lo es, no hay puntuación, y si no hay frase, se descuenta un punto.**

YO	MI COMPAÑERO

14 Tenemos que defender el fuerte. Responde cuando oigas el nombre del objeto que tú hayas elegido siguiendo el ejemplo.

Ej.: *Sí, mi capitán, ... había; lo que no había era ....*

15 En grupos. Para repasar lo estudiado en clase sobre el artículo, escribid diez frases, algunas con errores. El equipo contrario tendrá que encontrarlos y corregirlos.

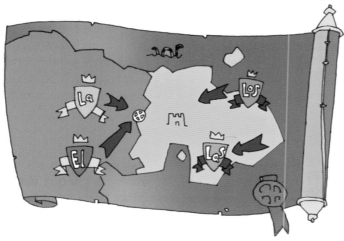

PRONOMBRES PERSONALES

16 Escucha e identifica el uso de los pronombres según los siguientes criterios (hay un ejemplo para cada caso).

La presencia del pronombre sujeto es bastante frecuente, sobre todo en la lengua oral. Fíjate en este caso: *"Yo hago la compra pero, desde luego, tú cocinas"* (asignación de papeles).

▶ **PRESENCIA DEL PRONOMBRE SUJETO**

1. Tras infinitivo y gerundio si el sujeto es distinto del de la oración principal.
2. Cuando no se repite el verbo.
3. Para evitar ambigüedades provocadas por la igualdad de las formas verbales y no resueltas por el contexto.
4. Como respuesta a una pregunta en la que se pide la identificación de una persona cuya existencia se conoce (si hay verbo, éste va delante del pronombre).
5. Distribución o asignación de papeles.
6. Tomar la palabra.
7. Contraste de opiniones.
8. Uso enfático.

▶ **PRONOMBRES COMPLEMENTO**

tónicos (tras preposición)	átonos	
	CD	CI
mí (conmigo)	me	me
ti (contigo)	te	te
él	lo (le persona)	le
ella	la	le
ello	lo	–
sí (consigo)	se (reflexivo)	se
nosotros	nos	nos
vosotros	os	os
ellos	los	les
ellas	las	les
sí (consigo)	se	se

le, les + lo, la, los, las ⟶ se + lo, la, los, las

17 Completa con los pronombres adecuados.

1. Este vestido no me .... he puesto desde hace cinco años.
2. A mi sobrina .... quiero mucho y .... he regalado una bufanda.
3. Debes regañar a Javier por lo que ha hecho. ¿Por qué debo regañar...........?
4. ¿Has traído el coche? No, ... he dejado en la estación.
5. Voy a comprar unas medias que he visto en televisión. ¿Dónde .... vas a comprar?
6. Mi madre .... levanta muchísimo por las noches; no puede dormir bien.
7. Diego, da........... prisa o no llegarás a tiempo.
8. .... he dicho que vinieran porque me parecía importante.
9. A Manolo .... castigan un día sí y otro también.
10. A mis hermanos no .... dejan salir por la noche.

18 Sustituye los nombres repetidos por un pronombre siempre que sea conveniente.

Julián salió de casa a las siete. Su madre había llamado a Julián, recordando a Julián que debía visitar a su prima Irene, que acababa de llegar a Zaragoza. Julián tomó un taxi y pasó por una tienda para comprar un libro a su prima. Hojeó unos cuantos libros, pero ningún libro satisfacía a Julián, pues todos parecían aburridos a Julián. Al final eligió un libro titulado El uso de los pronombres. "¡Vaya idea!", pensó Julián, "seguro que mi prima no ha leído el libro". Cuando Julián llegó a casa de su prima, se encontró con su primo Lucas. Julián saludó a Lucas con alegría, pues hacía mucho tiempo que no veía a Lucas. Al entrar al comedor para saludar a Irene vio el libro en la mesa. Lucas ya había regalado el libro a Irene.

19 La palabra misteriosa. En grupos, pensad en un objeto y escribid diez frases que hagan referencia a él, de mayor a menor dificultad. El equipo contrario debe adivinarlo, pero por cada pista leída se descuenta un punto.

20 **Por parejas, asignad la expresión o el refrán más apropiado a cada una de las situaciones siguientes.**

▶ No hay mal que cien años dure.
▶ Más vale que sobre que no que falte.
▶ Se dice el pecado pero no el pecador.
▶ A buenas horas mangas verdes.

▶ Buscar una aguja en un pajar.
▶ A caballo regalado no le mires el diente.
▶ De tal palo tal astilla.
▶ Lo barato sale caro.

1. _____

2. _____

3. _____

4. _____

5. _____

6. _____

 21 **Completa los diálogos añadiendo el pronombre donde corresponda. Después, escucha y comprueba los resultados. En el segundo oirás dos posibilidades.**

A: ¿Qué tal, chicos? ¡Cuánto tiempo! ¿Qué sabéis de Diego?

B: ...... no ...... veo desde hace un montón.

C: ...... recibí una invitación para su boda; ...... casó hace un par de meses pero ...... no pude ir. A su hermano ...... vi hace poco cuando salía de la biblioteca.

B: ¿Qué? ¿...... en la biblioteca?

C: ...... no, ... Bueno, el caso es que Diego no ...... ha llamado a su hermano desde que ...... casó.

▶ ...... han dicho tus padres que no fumes.

▶ Mira, ... estoy harto; todos los días ...... levantan y ya están: "Haz esto, no hagas lo otro".

▶ Pero ¿ ...... has obedecido en algo alguna vez?

▶ Sí, una. ...... prometí que iba a aprobar el curso y ...... hice. ......creo que esas notas fueron las mejores de toda mi vida. Y en cuanto al tabaco, sólo ...... fumo los que ...... apetecen, ni uno más.

 22 **Debatid sobre los problemas generacionales. El profesor os contará todos los detalles, pero no olvidéis que, además de desempeñar bien vuestro papel, debéis utilizar los pronombres sujeto según los usos que habéis estudiado.**

▶ COLOCACIÓN DE LOS PRONOMBRES ÁTONOS

detrás	delante
• **Imperativo afirmativo**	• **Imperativo negativo**
Cómetelo.	*No te lo comas.*
• **Verbo no conjugado**	• **Verbo conjugado**
infinitivo	*Te lo comes.*
Comértelo.	*Se lo comieron.*
gerundio	*Nos lo comeremos.*
Comiéndotelo.	

23 **Transforma las oraciones según el ejemplo.**

Ej.: *Toma la sartén por el mango. Tómala por el mango.*

1. Termina tus deberes temprano.
2. Mi hermana estaba limpiando la casa.
3. Antes solía comprar dulces todos los domingos.
4. Esperaba ganar el premio pero perdió.
5. De pequeña quería tener un caballo blanco en mi cuarto.
6. Tráeme el paraguas, que está nublado.
7. Tomar el sol tanto tiempo es peligroso.
8. Contamos a la policía todo lo ocurrido.
9. Pensando el asunto mejor, creo que voy a ir al cine por la tarde.
10. Nos enseñó el coche nuevo por la mañana.

▶ REDUPLICACIÓN DE LOS COMPLEMENTOS

Cuando el sustantivo en función de CD o CI aparece delante del verbo generalmente se repite en forma de pronombre átono.

El CD no se duplica si:

⇨ no aparece determinado o lleva *un / una / unos / unas*:
  –*¿Puedo hacerme un bocadillo?*
  –*Pan tienes, pero no sé qué hay en la nevera.*

⇨ es interrogativo, exclamativo o un relativo:
  Ya he visto qué coche se ha comprado.
  Ya he visto el coche que se ha comprado.

El CI suele duplicarse aunque vaya detrás del verbo:
  Se lo he contado todo a Marisol.

Nunca puede aparecer *a* + pronombre tónico (CD o CI) sin el correspondiente átono:
  *Lo ha dicho a mí.   *Me lo ha dicho a mí.*

24 **Corrige las frases cuando sea necesario.**

1. El pan partió en trozos pequeños para que todos comiéramos.
2. Ya sé lo qué me faltaba en el examen para aprobarlo.
3. La asomó la cabeza por encima de los demás aunque no vio al presidente.
4. Lo ha enseñado a mí por la ventana.
5. La puerta la abrió muy despacio pero cerró la ventana de un golpe.
6. Ganas de ir a la fiesta tenemos, lo que no tenemos es dinero.
7. No me hables del vino, se bebió todo.
8. El vestido rojo cosió con hilo negro y el negro con rojo.
9. Un regalo lo compró a mí en el centro comercial.
10. Las manos las puso en el cristal de la ventana a pesar de que las tenía sucias.

25 **Corrige con los pronombres adecuados y elimina los que no sean necesarios.**

Isabel me lo dijo que era yo tonto, ya que me había roto el vaso de cristal favorito de Merche. Horas antes ella me lo había recordado que tenía ella que descansar y entonces me lo mandó que comprara yo más vasos para la fiesta, pero yo no quise. Le dije que tenía otras cosas que hacer y ahora pasa lo que pasa. Ya sé, mi madre me lo ha dicho a mí cientos de veces. Ahora recuerdo lo de "a perro flaco todo son pulgas" y me doy cuenta de cuánta razón tú llevas. A ti siempre te interesa saber que tienes la razón.

26 **CE 20.21.22** **Señala la respuesta correcta.**

QUINIELA

Sé que te gusta ese abrigo.
  ☐ Comprártelo.   ☐ Cómpratelo.

Carlos le ha dejado el diccionario a Marcos.
  ☐ Se lo ha dejado.   ☐ Lo ha dejado a él.

Mis vecinos hicieron una fiesta ayer para celebrar su aniversario.
  ☐ Ya sé la fiesta que la hicieron.   ☐ Ya sé qué fiesta hicieron ayer.

¿Salimos a cenar esta noche?
  ☐ Ganas tengo, pero no sé lo que pensarán mis padres.
  ☐ Las ganas las tengo, pero no sé lo que pensarán mis padres.

Marta se lesionó jugando al baloncesto.
  ☐ Le dieron cuatro puntos.   ☐ La dieron cuatro puntos.

27 **Cada una de estas personas ha guardado cinco objetos. Piensa cuáles son y por qué los eligieron. Después, completa la tabla junto con tus compañeros.**

> secador, lápices, gafas de sol, paraguas, balón, camión de juguete, bastón, tabaco, fotografía, maletín, zapatillas de deporte, radio, oso de peluche, barra de labios, gorra, bicicleta, gabardina, crema hidratante, agenda, periódico, tirachinas, camiseta rota, canicas, bufanda, teléfono móvil

chica	chaval	anciano	ejecutivo	niña pequeña

28 **En parejas, ordenad el cuarto diciendo por turnos lo que tenéis que hacer cada uno.**

Ejs.:

—Los cuadros los cuelgas en la pared / Los cuadros ponlos en la pared.

—Las zapatillas las pones en el armario / Las zapatillas ponlas en el armario.

▶ POSESIVOS

• Mi coche / el mío

Para evitar la repetición del sustantivo se emplea el artículo + posesivo tónico.

–Mi coche está en esta calle.
–El mío en la siguiente.
Este coche es mío / Este coche es el mío.

La forma tónica sola identifica al poseedor sin más, mientras que precedida de artículo sirve para distinguir entre varios objetos de la misma clase.

Aquel coche de color gris, el que está entre el rojo y el negro, es el mío.

• Mi coche – mi amigo / uno de mis coches – un amigo mío

Con la forma átona ante el sustantivo se entiende que la relación de posesión es única, mientras que *uno de* + posesivo átono + sustantivo de cosa o *un* + sustantivo de persona + posesivo tónico hace referencia a la existencia de varios elementos de la misma clase. No obstante, cuando hablamos de amigos o familiares, *mi amigo* o *mi hermano* no implica necesariamente que sea el único.

Mi padre me ha regalado su coche porque se va a comprar uno nuevo.
Mi padre me ha regalado uno de sus coches, el más viejo.
¿Has visto por aquí a mi amigo?
¿A quién? ¿A Luis o a Carlos?
A Luis.

㉙ Escribe las frases que faltan utilizando el posesivo.

La jardinería es una de sus aficiones. 1. _____

2. _____   3. _____

4. _____   5. _____

㉚ Completa con *el, un* o con el posesivo correspondiente.

A todo esto, ... niño que a ..... izquierda tenía, hacía saltar ..... aceitunas a ..... plato de magras con tomate, y ..... vino a parar a ..... de ..... ojos, que no volvió a ver claro en todo ..... día; y ..... señor gordo de ..... derecha había tenido ..... precaución de ir dejando en ..... mantel, al lado de ..... pan, ... huesos de ...., y ..... de ..... aves que había roído; ..... convidado de enfrente, que se preciaba de trinchador, se había encargado de hacer ..... autopsia de ..... capón, o sea gallo, que esto nunca se supo; fuese por ..... edad avanzada de ..... víctima, fuese por ..... ningunos conocimientos anatómicos del victimario, jamás parecieron ..... coyunturas. "Este capón no tiene coyunturas", exclamaba ..... infeliz sudando y forcejeando, más como quien cava que como quien trincha. ¡Cosa más rara! En una de ..... embestidas resbaló ..... tenedor sobre ..... animal como si tuviera escama, y ..... capón, violentamente despedido, pareció querer tomar ..... vuelo como en ..... tiempos más felices, y se posó en ..... mantel tranquilamente como pudiera en ..... palo de ..... gallinero.
..... susto fue general y ..... alarma llegó a ..... colmo cuando ..... surtidor de caldo, impulsado por ..... animal furioso, saltó a inundar ..... limpísima camisa.

Mariano José de Larra, "El castellano viejo", *Artículos de costumbres.*

CE 25, 26, 27 **㉛ Explica la diferencia que encuentres entre los siguientes pares de frases. Ten en cuenta que hay algunas "frases hechas".**

1. Mi tío / Un tío mío.
2. Ésta es la mía / La mía es ésta.
3. Es mi amiga / Es amiga mía.
4. ¡Madre mía! / ¡Es mi madre!
5. Lo tuyo es la cocina / Esta cocina es la tuya.

32 **Organiza la limpieza de la casa utilizando bien los posesivos. Sigue las indicaciones del profesor.**

33 **Lee este texto.**

Querida mamá:

Como dijo ...... poeta Pedro Salinas, hemos empezado juntos a vivir en ...... pronombres. Hemos dejado de ser ...... para pasar irremediable-mente a ...... y .... gustaba ...... idea y por eso ...... he dado mucha prisa por venir. Quiero darte ...... gracias por tantas cosas... que no sé si tengo palabras para hacer...... Y eso que palabras no ...... faltan. Es ...... único que sé. ...... has enseñado ...... palabras como generosidad, entre-ga, trabajo, tesón, disciplina, y, sobre todo, cariño. He venido cargado de palabras, de sustantivos, de pronombres, de tiempos verbales, de adver-bios, de conjunciones... Sin embargo, sólo unas pocas tienen de verdad sentido, como "somos ahora madre e hijo". Tengo que decir que para ...... y para ......, no más para ......, ha sido ...... momento más importante de ...... vida y de ...... vida.

He sido muy feliz cuando sentía ...... mano en ...... cabecita, y en ese mo-mento tenía ...... certeza de todas ...... futuras caricias que he de recibir. Gracias, mamá, por dar...... ...... vida.

Mientras esta enfermera ...... lleva para que ...... descanses un poco y para conocer a papá (tuve tanta prisa que no llegó a tiempo), ... escri-bo ...... carta. Es ...... que sé hacer: jugar con ...... palabras.

Sé que en breve ...., hasta ahora tan ......, dejará de ser ...... y ......, ... de ...... y ......, para ser .... de papá, Rebeca, Violeta, ... y ......, pero sé también que, mientras seamos ...... y ......, seremos un poco .... que acabamos de dejar.

Adiós, mamá. Hasta muy pronto,

Guillermo

1. En parejas, escribid los pronombres, posesivos y artículos que faltan.
2. ¿A qué momento se refiere el protagonista?
3. ¿Conoces los versos de Pedro Salinas a los que alude el protagonista?
4. Escribid el texto en 3.ª persona. ¿Qué cambios habéis tenido que hacer? ¿Por qué algunas transfor-maciones no son posibles? ¿Y si el texto estuviera en 2.ª persona?

PALABRAS QUE ALTERAN SU SIGNIFICADO SEGÚN SE ESCRIBAN JUNTAS O SEPARADAS

a caso (preposición y sustantivo)
A caso solucionado no hay caso.

acaso (adverbio de duda)
Acaso no vaya.

a sí mismo (preposición y pronombre)
Se formó a sí mismo.

así mismo / asimismo (adverbio)
Asimismo, es necesario que…

de más (preposición y adverbio)
Aquí estamos de más.

demás (adjetivo)
Los demás estaban en el cine.

mal trato (adjetivo y sustantivo)
Nunca le he dado mal trato.

maltrato (verbo / sustantivo)
Jamás maltrato a mi perro / El maltrato a los animales está castigado.

por que (preposición y pronombre relativo)
Las leyes por que se rige este colegio son un poco estrictas.

porque (nexo causal)
Estudio porque es bueno.

por qué (preposición + qué interrogativo indirecto)
No sé por qué fuiste a la fiesta.

porqué (sustantivo)
El porqué de su huida es un enigma.

por venir (preposición y verbo)
Por venir tarde, ahora está castigado.

porvenir (sustantivo)
El porvenir de mi hija es muy difícil.

si no (condicional y adverbio)
Si no vas, llámame.

sino (sustantivo / conjunción)
Mi sino es trabajar y trabajar / No es mi hermano sino mi primo.

tan bien (adverbio cuantificado)
Guisa tan bien que vendría siempre a comer aquí.

también (adverbio)
Mi hermana también sabe guisar.

tan poco (adverbio/adjetivo cuantificado)
Mi coche consume tan poco que ahorro mucha gasolina.

tampoco (adverbio)
Yo no voy tampoco.

34 **Escribe otros seis ejemplos.**

▶ _____

▶ _____

▶ _____

▶ _____

▶ _____

▶ _____

35 **Completa.**

1. No se saben las causas .... ha fallecido.

2. No quiero este jersey .... este otro.

3. No puedo cortarte el pelo .... te estás quieto.

4. El .... del pueblo español es bastante halagüeño.

5. Gasta .... que siempre le sobra dinero.

6. No vi la película .... estuve en una cena de negocios.

7. Lo hizo .... para que su padre lo felicitara.

8. Mi hermano se ha apuntado a la autoescuela ....

9. Está .... que digas esas cosas.

10. El .... a todo ser viviente está castigado por la ley.

11. No creo que haga nada malo, además, él sabrá .... lo hace.

12. ¿Dónde vas a pasar las vacaciones .... vienes con nosotros?

13. ¿Qué vas a hacer .... venirte de vacaciones con nosotros?

14. No sé lo que haré pero .... no vaya.

36 **Di de qué partes principales consta un currículum vitae.**

37 **Diseña tu propio currículum.**

38 **¿Cuál es la oferta de trabajo que más se acerca a tu currículum vitae? Redáctala.**

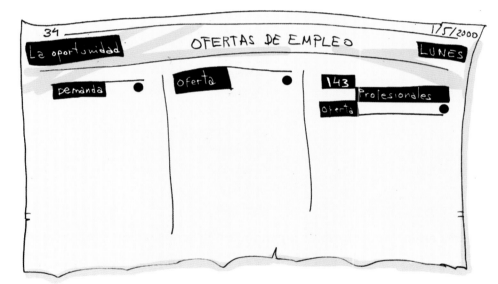

39 **Enumera las cuatro características más importantes de un currículum.**

1 ▶ _____   3 ▶ _____
2 ▶ _____   4 ▶ _____

40 **¿Verdadero o falso? Justifica tu respuesta.**

1. En el currículum la sinceridad es buena, pero no es demasiado importante.

2. Si he trabajado en una empresa antes y no me acuerdo cuándo, puedo mentir en las fechas.

3. Puedo destacar los cursos y estudios realizados relacionados con el puesto.

4. Los datos que se incluyen en el currículum son verdaderos y no necesitan justificarse.

5. Es bueno incluir otros datos de interés aunque no se pidan en la convocatoria del puesto.

41 Señala la palabra que oigas.

1.	2.	3.	4.
hábito	vómito	canto	límite
habito	vomito	cantó	limite
habitó	vomitó		limité

5.	6.	7.	8.
diagnóstico	cambio	camino	pacífico
diagnostico	cambió	caminó	pacifico
diagnosticó			pacificó

42 Escucha las siguientes palabras y subraya la sílaba de mayor intensidad. Después pon la tilde donde sea necesario.

zangano	indigena	alud
libido	regimenes	arboleda
especimen	verosimil	livido
altruismo	novel	regimen
caracteres	especimenes	vendaval
cadaver	caracter	periferia

43 Marca la frase que oigas y repítela.

1. Que si viene.
   Que sí viene.
2. Dé los 30 euros y no diga nada.
   De los 30 euros no diga nada.
3. ¡Si es Pedro!
   ¡Sí, es Pedro!
4. Compra té, un paquete.
   Cómprate un paquete.
5. Sé limpio.
   Se limpió.
6. Piensa en mí, hija.
   Piensa en mi hija.
7. Te llevo yo.
   Té llevo yo.
8. Para mí, cuenta.
   Para mi cuenta.
9. Él habla.
   El habla.
10. Tu habla.
    Tú, habla.

44 Escribe al menos dos enunciados posibles jugando con la acentuación y la puntuación.

Ejs.: *Le dijo que iba a comprar.*
Le dijo qué iba a comprar.
¿Le dijo que iba a comprar?
¿Le dijo qué iba a comprar?

1. Que llegó ayer.
_____
_____

2. Que le da miedo.
_____
_____

3. Cuando llegaste aún estaba.
_____
_____

4. Como dices.
_____
_____

5. Que robo.
_____
_____

6. Como no viene iré yo.
_____
_____

7. Donde vas hace frío.
_____
_____

8. Quien ha venido es tu primo.
_____
_____

Escucha a ver si coinciden tus enunciados con los de la audición.

DIVERSIDAD CLIMÁTICA

En la Tierra hay gran variedad de climas; de unas zonas a otras existen grandes diferencias en cuanto a temperaturas, precipitaciones, vientos, etc. España e Hispanoamérica no son una excepción. Factores como la altitud, la vegetación, la existencia de altas cumbres o la cercanía al mar son algunas de las razones que se barajan al contemplar tanta variedad. En América Central, así como en el sur de México, el clima es tropical; en cuanto a América del Sur podemos distinguir tres climas importantes: el clima ecuatorial en la cuenca del Amazonas, con temperaturas cálidas y abundantes lluvias; el clima tropical, a ambos lados del ecuador, en donde se alternan la vegetación de la sabana con el bosque abierto y con la estepa, y el clima mediterráneo en zonas de Argentina, Uruguay y Chile. Con respecto a España se distinguen cinco tipos de climas. El clima atlántico, caracterizado por temperaturas suaves y precipitaciones frecuentes, corresponde a la zona norte. El clima mediterráneo (Baleares, litoral mediterráneo, Andalucía) tiene veranos cálidos y secos e inviernos templados; las lluvias aquí son escasas. En el clima interior las temperaturas son extremas, calurosas en verano y frías en invierno (regiones de la Meseta, Extremadura, la depresión del Ebro y parte de la del Guadalquivir). El clima canario, por su parte, es algo peculiar ya que, aunque es un clima atlántico, apenas se perciben variaciones de temperatura entre el invierno y el verano; Canarias goza de una "eterna primavera"; asimismo, las precipitaciones son escasas, aunque suele llover más en la parte norte de las islas. Por último, podemos mencionar el clima de montaña, con temperaturas bajas y precipitaciones muchas veces en forma de nieve en lugares como los Pirineos, el Sistema Central o la cordillera Penibética.

1. Señala la información climática que aparece en el texto anterior en los mapas que te damos.

2. ¿Verdadero o falso?
   1. El clima ecuatorial es cálido y hay abundante lluvia.
   2. En el clima interior, con temperaturas extremas, llueve muchísimo.
   3. El clima mediterráneo es propio de España.
   4. La estepa y la sabana son tipos de vegetación que se dan en los bosques abiertos.
   5. En el clima canario hay constantes variaciones de temperatura.
   6. La influencia del clima en la vegetación es escasa en España.
   7. Extremadura tiene un clima interior.
   8. En el clima de montaña las temperaturas son más bajas.
   9. El clima tropical de Uruguay destaca por su espectacular vegetación.
   10. En Galicia hay un clima atlántico.

Recapitulación

1 Completa con las siguientes palabras.

temperaturas, lluvia, frío, nubes, vientos, precipitaciones, despejados

El tiempo para mañana martes no será tan bueno como esperábamos. El .... hará acto de presencia con temperaturas de tres a cinco grados. Soplarán .... del nordeste con ráfagas de hasta 40 km por hora. Hacia mediodía las .... cubrirán el cielo. A estas horas la .... ha dejado inundadas las calles de Pamplona y en el sur la situación no es mucho mejor; en Málaga las .... han dejado 40 litros por metro cuadrado en menos de una hora. Sin embargo, para los próximos días se prevé una ligera mejoría del tiempo; los cielos estarán .... sin una sola nube, aunque las .... se mantendrán bajas.

2 Completa con los pronombres adecuados.

1. A mis primos ...... pareció bien la idea de tomar el tren más temprano y visitar la galería de arte antes de comprar la cámara. ...... tomaremos a las nueve y ...... compraremos después de la visita.
2. ¿Puedes alcanzar...... los platos? Están muy altos y no ...... puedo ver desde aquí.
3. Por la mañana iremos a visitar a mis padres y luego ...... llevaremos hasta el aeropuerto.
4. Cuando veas a Juan di...... que me gustaron sus flores. ...... tengo puestas en el jarrón de la entrada.
5. Vio los pasteles y ...... tiró a la basura. Está a régimen.

3 Sustituye los CD y los CI por pronombres.

1. Visitamos *la Pampa* y llegamos a ver *los Andes* desde el avión.
2. En Caracas vimos *a esa amiga tuya que es azafata.*
3. Haber estudiado *el volcán* durante todos estos años ha sido emocionante.
4. Me ha contado a mí *todo lo que pasó.*
5. Acababa de levantarme y estaba subiendo *la persiana* cuando recibí *la llamada.*
6. ¡Cómete *los macarrones* ahora mismo!
7. Estaba escribiendo *la carta* y escuchando *la radio* a la vez.
8. De repente empezó a contar *las hojas* y dijo que le faltaba una.
9. ¿Quieres coger *las maletas* y cerrar *la puerta?*
10. Suele acompañar *a su hija* a la escuela.

4 Señala qué oraciones son correctas y corrige las incorrectas.

1. Nos quedamos en salir a las tres.
2. Creo que todo saldrá bien.
3. Parece a su padre, incluso sonríe como él.
4. Yo me ocuparé del asunto.
5. Al final me encontré las gafas. Estaban en el bolso.
6. Ella fijó en todas las explicaciones que daba el profesor.
7. El tribunal se cree que el acusado es culpable.
8. Negó a aceptar el puesto que le ofrecieron.
9. Llamamos Óscar y Ramón.
10. Se acordaron de llevar las botellas de vino que les encargamos.

5 Completa con los posesivos adecuados.

Mis vecinos son unos envidiosos, se han comprado un coche como el .... Dicen que el ...... era muy pequeño, pero yo conozco la verdadera razón. Ayer se fijaron en ...... perro y hoy ya tienen uno, y eso que ella es alérgica. Seguro que cuando vean las cortinas nuevas que mi mujer y yo hemos puesto cambiarán las .... Pero esta vez no van a poder imitarnos, porque las ...... son hechas de encargo y no las hay iguales. No soportan que nadie piense que ...... cosas son peores que las de los demás.

6 ¿Qué refrán corresponde a cada situación? Consulta con tu compañero.

1. –Ten paciencia, hombre, que sólo han pasado diez minutos…
   –Sí, claro, todos los días pide disculpas por llegar tarde pero al día siguiente, ya ves, la misma canción de siempre.

2. –María no ha aceptado el trabajo a pesar de que podría haber ganado más dinero. Así que prefiere su trabajo actual.
   –Ya, ya lo sé; ha preferido no arriesgarse.

3. –Ha sido una buena idea que nuestro hijo se hiciera amigo de Raúl.
   –Sí, es verdad; ahora, incluso estudia más y se le ve más responsable.
   –Yo creo que Raúl ha sido una buena influencia.

4. –Yo creo que Mónica está enfadada por lo de ayer.
   –¡Qué va!, estaría mosqueada con su novio.
   –Te digo que sí, que estaba muy rara.
   –Hija que no, y no le des más vueltas, ¿vale?

5. –¿Has visto las fotos de la boda?
   –Sí, y ya he visto lo guapa que iba María con su traje rosa. Pero lo de su madre es de juzgado de guardia, con ese modelazo…
   –Sí, pero ya se sabe que…

7 Corrige las siguientes frases.

1. Carmen se quitó su abrigo cuando llegó a su oficina.
2. ¿Qué tal están ustedes? ¿Y vuestros hijos?
3. Lo te comes o no sales de aquí.
4. Mi coche está en el taller, tiene mal su tubo de escape.
5. Tomó vino más caro del restaurante.
6. No les digáis a los amigos de nosotros que nos hemos ido.
7. Leyó la novela de él pero no le gustó.
8. Esta playa tiene unas arenas mejores del mundo.
9. Blancanieves lavaba su rostro con esmero.
10. Ha entrado una nieve por la ventana esta noche.

8 Completa.

1. Los pronombres de 3.ª persona CI son _____
2. El pronombre que está permitido para persona masculina en función de CD es _____
3. *De tal palo tal astilla* significa _____
4. Uno de los casos en los que suele aparecer el pronombre sujeto es _____ .
5. Nunca puede aparecer *a* + pronombre tónico (CD o CI) sin duplicar el _____

Un paseo en globo

5

Léxico

▶ Accidentes geográficos

Gramática

▶ Preposiciones y expresiones similares

   • Para situar en el tiempo

   • Para situar en un lugar

   • Para hablar de la orientación del movimiento

▶ *Por* y *para*

▶ Verbos con preposición

▶ Expresiones con preposición

Funciones

▶ Expresar satisfacción y complacencia

▶ Expresar admiración y sorpresa

Escritura

▶ Acentuación de las palabras compuestas

▶ Carta para solicitar o pedir información

Fonética

▶ Grupos fónicos y fonética sintáctica

Cultura

▶ La fauna y flora de España e Hispanoamérica

Extremadura es la comunidad autónoma con mayor número de kilómetros de costa de agua dulce de toda España. A los dos grandes ríos extremeños, el Tajo y el Guadiana, a los que se suman sus correspondientes afluentes, se ha ido añadiendo la construcción de embalses o pantanos, que sirven tanto para paliar las sequías como para aprovechar su producción hidroeléctrica. El caudal del Guadiana, que nace en las Lagunas de Ruidera y atraviesa la provincia de Badajoz en espacios abiertos y no encajonados como el Tajo, se aprovecha para el riego de las grandes vegas por las que pasa.

Con el tiempo, estos embalses y pantanos se han convertido en espacios recreativos y de ocio. Tanto es así que la proliferación de deportes acuáticos (vela, piragüismo, natación, pesca…) se ha ido sumando a otras opciones de ocio y tiempo libre que van cobrando mayor importancia día a día. De su éxito dan fe las federaciones provinciales y regionales de navegación a vela y piragüismo con que cuenta ya Extremadura.

De la misma manera, el surfing, la acampada o el senderismo son otras actividades cada vez más frecuentes al abrigo de un mar dulce o de espacios naturales de primer orden como el Parque Natural de Monfragüe, el de Cornalvo o la Reserva Nacional del Cíjara.

España desconocida (texto adaptado).

⇨ En el texto se citan algunos deportes que pueden practicarse en la naturaleza; enuméralos.

⇨ ¿Conoces otros ríos o afluentes de España o Hispanoamérica?

⇨ ¿Hay algún deporte popular en tu país que se practique en la naturaleza? Coméntalo con tus compañeros.

⇨ Con la ayuda del diccionario, explica el significado de las siguientes palabras del texto.

embalse: _____

caudal: _____

vega: _____

abrigo: _____

1 **¿A qué palabras se pueden aplicar los siguientes adjetivos? Si es posible más de uno, señálalo.**

escarpado, montañoso, recóndito, desértico, rocoso

▶ cordilleras: _____
▶ valles: _____
▶ picos: _____
▶ bosques: _____
▶ islas: _____
▶ mares: _____
▶ playas: _____

CE 2 **2** Clasifica estas palabras.

> afluentes, arroyos, nacimientos, riberas, cañadas, desfiladeros, volcanes, desiertos, precipicios, islas, penínsulas, océanos, bahías, playas

TIERRA	AGUA	TIERRA Y AGUA

CE 3 **3** ¿Qué necesitas para practicar estos deportes?

montañismo:
⇨_____

senderismo:
⇨_____

alpinismo:
⇨_____

puenting:
⇨_____

ala delta:
⇨_____

caza:
⇨_____

pesca:
⇨_____

CE 4 **4** Elimina la palabra que no pertenezca al grupo y después construye una oración con ella.

1. ríos, afluentes, arroyos, pesca

_____

2. montaña, desfiladero, pico, eco

_____

3. senderismo, recóndito, puenting, montañismo

_____

4. escarpado, desértico, montañoso, rocoso

_____

5. bahía, lago, playa, mar

_____

5 En parejas. Formad cinco grupos de palabras en los que sobre una. Vuestros compañeros tienen que adivinar cuál es.

▶ TIEMPO

Situar un suceso en un momento	⇨ Exacto	
	artículo + día de la semana o del mes	*El sábado fuimos a Segovia.*
	a + hora, mediodía / medianoche	*Hemos quedado a las seis.*
	al + infinitivo	*Saldremos al amanecer.*
	en + mes, año (**en el** + año a partir del 2000	*En el 98 me fui a vivir a Valencia.*
	y cuando se dice sólo la década), estación, época	
	por + partes del día	*Nos vemos por la mañana.*
	⇨ Inexacto	
	por + época, mes, año	*Lo conocí por enero.*
	hacia + hora, fecha	*La película se estrenó hacia el 15 de julio.*
	sobre + hora	*Llegó sobre las seis.*
Origen de una situación	**desde** + momento concreto	*Vive aquí desde 1998.*
	desde hace + periodo de tiempo	*Vive aquí desde hace tres años.*
Límite de una situación	**hasta** + momento	*Vivió con sus padres hasta 1997.*
Plazo para la realización de algo	**para** + momento concreto	*Lo quiero para el viernes.*
Después de algo	**tras** + suceso (**después de**)	*Tras su ruptura con Aurora, no volvió a ser el mismo.*
Duración de una acción repetida o una situación	periodo de tiempo (la duración es un dato sin especial importancia)	*Vivió en Londres cinco meses.*
	durante + periodo de tiempo (se hace hincapié en la duración)	*Vivió en Londres durante cinco meses.*
	entre… y + momentos	*Alfonso XIII reinó entre 1902 y 1931.*
	de… a + momentos	*Te esperaré de cinco a cinco y media.*
	desde… hasta + momentos (periodo entre el origen y el límite)	*Te esperaré desde las cinco hasta las siete y media.*
Tiempo que se tarda en realizar algo	**en** + periodo de tiempo	*Terminó el examen en media hora.*
Situar en un momento futuro, indicando el tiempo transcurrido	**en** + periodo de tiempo	*Vuelvo / volví / volveré en cinco minutos.*
	dentro de + periodo de tiempo	*Volveré dentro de cinco minutos.*
Periodicidad	**por** + unidad de tiempo	*Abren tres días por semana.*
	a + artículo + unidad de tiempo	*Sólo come algo dos veces al día.*

CE 5 **6** Completa estas frases con las preposiciones que correspondan.

1. Todos los días, ... verano, daba un paseo .... el atardecer.
2. El médico le aconsejó que se hiciera una revisión al menos dos veces .... el año.
3. .... estos tiempos la tarjeta de crédito es absolutamente normal, pero .... esa época no era así.
4. La solicitud de matrícula, junto con los demás papeles necesarios, deberá estar preparada .... el lunes próximo.
5. Hoy podemos ir a comer al restaurante que está .... diez minutos de la casa de Andrés.
6. No he vuelto a comer carne .... hace dos años porque decidí hacerme vegetariana.
7. Mi hermana llegó a casa .... las diez de la mañana y nosotros regresamos un poco más tarde, más o menos .... mediodía.
8. Estoy trabajando en este nuevo puesto .... enero .... el año pasado.
9. Las obras del nuevo hotel comenzarán .... mayo, si .... ese momento están listas las licencias.
10. Los juegos olímpicos se celebran cada cuatro años .... verano.

7 Esto es lo que hace Roberto cada día de la semana. Construye frases utilizando las preposiciones que acabas de estudiar.

	lunes	martes	miércoles	jueves	viernes	sábado	domingo
mañana	*trabajo*	*clase*	*trabajo*	*trabajo*	*clase*	*compra*	*pasear*
tarde	*trabajo*	*gimnasio*	*clase*	*gimnasio*	*baile de salón*	*ir al cine*	*ir al cine*
noche	*ver la tele*	*estudiar*	*salir con Ana*	*estudiar*	*salir con Ana*	*salir con amigos*	*salir con Ana*

8 **Redacta las notas de otra manera.**

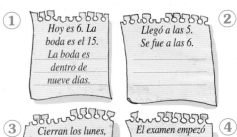

① *Hoy es 6. La boda es el 15. La boda es dentro de nueve días.*

② *Llegó a las 5. Se fue a las 6.*

③ *Cierran los lunes, martes y jueves.*

④ *El examen empezó a las 5 y Juan lo terminó a las 5:30.*

⑤ *Son las 8. Vuelvo a las 8:25.*

⑥ *El día 15 tienes que tenerlo terminado.*

⑦ *Murió su tía y entonces se fue a Almería.*

⑧ *Se casó más o menos en Navidad.*

⑨ *Llegó más o menos a las 7.*

⑩ *Abren a las 3 y cierran a las 8.*

9 **Inventa cinco notas para que tu compañero las escriba de otra manera.**

10 **Forma frases con las preposiciones y expresiones adverbiales respetando el significado que te damos.**

a: tiempo exacto.
hacia: tiempo inexacto.
para: plazo.
en: periodo de tiempo empleado.
por: periodicidad.

durante: duración de una situación.
hasta: límite de una situación.
tras: después de algo.
desde hace: origen de una situación.
dentro de: tiempo transcurrido.

11 **Mira la agenda de Sofía y construye frases utilizando las siguientes preposiciones de tiempo.**

a, tras, de… a, desde… hasta, hasta, durante, para

Ej.: *De 10 a 12 entrevistó a los candidatos a secretario.*

09:00. Peluquería.
10:00. Entrevista con los candidatos al puesto de secretario.
12:00. Descanso.
12:30. Entrevista con los candidatos al puesto de secretario.
14:00. Comida con el Director General.
15:30. Hablar con el encargado de ventas.
16:30. En el Café Continental con Teresa y Luis.
18:00. Clase de yoga.
19:30. Dejar el coche en el taller para la revisión.
21:00. Cena en casa de los García.
23:00. Llamar a mamá para reservar el albergue de vacaciones.

12 Un grupo de estudiantes de español ha de preparar una exposición sobre la boda del alcalde de la ciudad donde estudian. Para ello sólo cuentan con algunos titulares del periódico local y necesitan vuestra ayuda. En parejas, ampliad el contenido de los titulares aportando información más detallada.

44

Fue una boda de una gran sencillez.

La iglesia de Santa Tecla fue el marco incomparable para el acontecimiento.

El novio recibió en el altar a la novia con un beso en presencia del sacerdote que ofició la ceremonia.

Representantes de todos los partidos políticos de la ciudad asistieron al enlace.

Los contrayentes, aunque no han nacido aquí, están perfectamente integrados en la vida de la ciudad.

Algunas invitadas fueron sin abanico y sufrieron desmayos debido al calor de la época estival.

Baño de popularidad para los novios.

---

38 — LA GACETA DEL N...

Antes de decir "sí quiero" la novia dedicó a su padre una bella poesía, que leyó entre lágrimas provocadas por la emoción.

—12 — SOCIEDAD —

El vestido de la novia fue diseñado por Laura Pastor.

Rosa, la novia, igual que hizo en su día su madre, llegó a la iglesia en un coche de caballos.

La novia entró en la iglesia del brazo de su padre y padrino.

El banquete se celebró en el Restaurante García con más de cuatrocientos invitados.

---

 13 Ordena las frases de esta carta. Escucha y comprueba.

Sigüenza, 13 de febrero de 2000

Querida Marisol:

Durante este tiempo he pensado mucho en nuestra relación, y he llegado a la conclusión de que no estás interesada en mí y que quieres que lo dejemos, pero no sabes cómo hacerlo. Pero si quieres hablar antes por teléfono, estoy en el trabajo de 9 a 3. Como entre las 3 y las 4 y vuelvo al trabajo, donde estoy hasta las 6. Te he escrito tres cartas en la última semana y no he recibido ninguna respuesta. Desde hace exactamente un mes y medio no sé nada de ti. Para que te hagas una idea de cómo me siento, te diré que sólo puedo comer una vez al día. Quizás esté equivocado, pero es algo que tú tendrás que aclararme. Llegaré el día 23 y espero que podamos hablar entonces. Puedes llamarme y así quedamos; si no estoy en el momento en que llames inténtalo de nuevo en diez minutos, porque puede ser que esté haciendo algo fuera del despacho. Dentro de unos días volveré a León y estaré allí hasta finales de mes.

Espero verte en León. Hasta entonces,

Juan

14 Cuéntale a tu compañero qué haces cada día, qué haces algunos días de la semana, con quién sales, a quién ves, qué sueles comer, dónde, etc. Después, él se lo contará al resto de la clase.

▶ ESPACIO

Situación en un lugar			
⇨ exacto	**ante** ('en presencia de' y 'delante de')		*Compareció ante el juez.*
	bajo (debajo de)		*Lo escondió bajo una baldosa.*
	en		*Vive en la calle Serrano de Madrid.*
	entre… y…		*Se sentó entre Pedro y Jorge.*
	en, sobre, encima de		*Lo dejó en / sobre la mesa.*
	tras (detrás de)		*Tras los cristales veía caer la lluvia.*
⇨ inexacto	**por**		*Vive por la calle Serrano de Madrid.*
	entre… y…		*Vive entre el 50 y el 110 de la calle Corrientes.*
expresiones fijas	**a la derecha / izquierda; al final; al lado; a la vuelta de la esquina; en medio**		*A la izquierda, a la vuelta de la esquina, está la farmacia.*

Orientación del movimiento		
destino	**a**	*Iremos a Quito este fin de semana.*
dirección	**hacia**	*Vamos hacia Santiago, pero quizá nos quedemos en Astorga.*
límite	**hasta**	*Vamos hasta Lérida en coche y luego seguiremos a pie.*
a través de o en el interior de un lugar	**por**	*El ladrón salió por la ventana.* *Me encanta pasear por el Retiro.*
distancia	**a** + indicación de espacio o tiempo	*Santiago está a 900 kilómetros / 8 horas de Madrid.*
origen	**de** (con verbos de movimiento)	*Vengo de tu casa.*
	desde (si existe movimiento, se hace un mayor hincapié en el recorrido)	*Vengo andando desde tu casa.* *Desde mi ventana se ve la catedral.*
	de… a…	*De la estación al hotel fui en taxi.*
	desde… hasta…	*Fui andando desde la estación hasta el hotel, que está a una hora y media.*
oposición	**contra**	*El coche chocó contra un árbol.*

15 **En libre pre-posición.**

...... todos ustedes dedico estas palabras.

...... todo quiero expresar mi gratitud,

...... ningún concepto admito la amenaza

...... todo riesgo vivo en plenitud.

...... nada sirven las órdenes y barreras,

...... mi ventana veo el sol como un laúd,

...... las nubes distingo las formas del destino

...... mis sábanas hay retazos de juventud.

...... el horizonte bullen ideas y desatinos,

...... llegar al límite de la decrepitud,

...... tomar entonces el relevo a la vida

...... muchos motivos dudar de la senectud.

...... días de desesperanza y desasosiego

llegan, ... fin, la calma y la paz interior.

la reciben ...... algaraza y júbilo mis ojos

y queda ...... siempre allí mi cuerpo ...... voz.

1. Lee cuidadosamente el texto y coloca las preposiciones que faltan.

2. Señala cuáles poseen significado de lugar.

3. Intenta sustituir unas preposiciones por otras. ¿Es posible? Indica en qué casos es posible y en cuáles no.

4. Subraya las preposiciones que forman parte de una expresión fijada.

CE 6 **16** **Completa el mensaje que Martina ha enviado a su hermana por correo electrónico.**

Me voy ...... Benidorm. Saldré ...... allí por la mañana, pero comeremos ...... Albacete. ...... Benidorm hay unos 250 km. Pasaremos ...... muchos pueblos maravillosos. ...... Albacete ...... Benidorm hay 150 km más. ...... Albacete iremos en autobús ...... Benidorm y allí nos recogerá un taxi para llevarnos ...... el hotel, que está ...... 200 metros de la playa. Viajaremos ...... toda la zona y nos quedaremos ...... Benidorm ...... finales de agosto. Espero que puedas pasarte ...... allí algún día para vernos. Un beso, Martina.

17 **Decora la habitación de Rosalía utilizando estos objetos.**

mesa, lámpara, alfombra, cama, ordenador, despertador, silla, papelera, ropa, perchas, estantería, muñecos de peluche, edredón, colchón, armario, mesilla

Emplea las preposiciones y expresiones siguientes.

delante de, debajo de, bajo, en, entre… y …, sobre, encima de, detrás de, a la izquierda, a la derecha, al lado

 18 **"Las siete diferencias." Observa, escucha y señala en el dibujo las siete diferencias.**

19 **Piensa en un objeto que uses diariamente y descríbelo dando sólo datos de donde se encuentra, para que tus compañeros lo adivinen.**

20 **Utiliza la mímica para describir un objeto que tus compañeros deberán adivinar. Sólo puedes dar pistas del lugar donde se encuentra.**

21 **Colocad diferentes objetos por la clase. Uno de vosotros saldrá del aula. Después, cambiad los objetos de lugar, y cuando entre el que ha salido, ¿será capaz de recordar cómo estaban dispuestos?**

▶ *PARA Y POR*

para	por
1. Finalidad, destino. *Lo hizo para complacerte.*	1. Causa, razón o motivo. *Lo ascendieron por sus buenos resultados.*
2. Destinatario. *Lo he comprado para ti.*	2. Beneficiario ('a favor de', 'en beneficio de'). *Lo he hecho por ti.*
3. Lugar. Dirección del movimiento ('hacia', 'en dirección a'). *Voy para Barcelona.*	3. Lugar. 3.1. Lugar no bien determinado. *Esa tienda está por el centro.* 3.2. Lugar de tránsito, movimiento a través de un lugar. *Pasó por Zaragoza para ir a Barcelona.*
4. Tiempo. Fecha tope o límite. *Quiero el trabajo hecho para el lunes.*	4. Tiempo 4.1. Parte del día. *Voy a trabajar por la mañana.* 4.2. Tiempo aproximado (pasado o futuro). *Volvió por Navidades.*
5. *Estar para.* 5.1. *Estar para,* inminencia. Su uso está prácticamente limitado a *salir, empezar, terminar, llover…* *Está para llover.* 5.2. *No estar para,* ausencia de disposición anímica. *No estoy para bromas.*	5. *Estar por* 5.1. Con sujeto de persona expresa intención. *Estoy por llamar e informarme.* 5.2. Con sujeto inanimado ('sin'). *La cama está por hacer* (= *sin hacer*).
6. Opinión. *Para él, todo eso son tonterías.*	6. Agente de la voz pasiva. *Un cuadro pintado por Miró.*
7. Viene exigida por verbos, adjetivos y nombres que indican aptitud, valor o utilidad. *Está muy capacitado para ese tipo de trabajo.*	7. Con idea de cambio. *Cambié los pendientes por una pulsera* (cambio). *Me lo dieron por 30,05 €* (precio). *Fue Pedro por mí* (en mi lugar).
8. *Para* + sustantivo. Comparación y valoración positiva o negativa. *Para buen vino, el de Rioja.* *Para mal carácter, el de Carmen.*	8. Medio o instrumento. *Me envió el cheque por correo.*

22 **Completa la ficha anterior añadiendo otros ejemplos.**

CE 7 **23** **Completa con *por* y *para*.**

Encendió la exprimidora .... hacerse un zumo. Todos los días .... la mañana hacía lo mismo. Se preparaba un té .... sentirse mejor y pensaba en todo lo que tenía que hacer ese día. Se encontraba deprimido y quería cambiar de trabajo. Pero siempre llegaba a la misma conclusión: .... lo que le pedían, ese trabajo estaba bien pagado. Su tío Claudio lo había llamado ofreciéndole un dinero .... arreglar el jardín de su mansión, pero hoy no estaba .... hacer nada. Se había levantado con un fuerte dolor de cabeza y se tomó una pastilla .... calmar la tensión que sentía. Ahora llegaba la segunda parte: arreglarse .... salir a la calle. Optó .... un buen traje de corte italiano que provocaría la admiración de la portera del edificio. No sabía si ponerse la corbata lisa o la de rayas, y finalmente optó .... una pajarita. .... él, una pajarita era símbolo de alegría y quería sentirse feliz, aunque no estuviera .... muchas felicidades ese día.

Todos los años .... esta época tenía la misma crisis; necesitaba hacer un cambio en su vida, un cambio .... sí mismo, sin pedir la opinión de nadie. Pero finalmente lo dejaba .... más tarde y el cambio nunca llegaba.

CE 8, 9, 10 **24** **Explica el valor de *por* y *para* en las siguientes frases.**

1. Por mí, podemos ir al cine.
2. Nos exigen poco, para lo que nos pagan.
3. Dicen los andaluces que para romería, la del Rocío.
4. Creo que mi madre no está para bromas.
5. La cocina está por recoger.

25 En parejas. Leed el poema y escribid otro similar pero con un tono distinto: satírico, apasionado…

Y me dices:
por mí y para mí sólo existes tú,
para amarte y respetarte,
para lo bueno y para lo malo, por
siempre y para siempre.
Para que me ames y para ser amado,
para que me adores y para ser adorado.
Por ti y por todo lo que te rodea;
para que me borres el pasado y porque
quiero perder el miedo al futuro.
Para compartir el presente por tu causa.
Por todo eso y para todo eso,
estaré contigo.

¿Por qué no te contesto?
Por muchas razones y por una sola,
para que sigas pensando así,
para siempre y por siempre
por mí y por ti, por nosotros, para no-
sotros.
Por el amor que siento,
para acallar los resquemores,
para ahuyentar los miedos,
para soñar en silencio y porque
no es necesario: sabes que te quiero.

26 La agencia de viajes "El mundo a tus pies", dedicada a turismo natural y rural, ha sorteado un viaje de grupo entre sus clientes y vosotros habéis sido los afortunados. Organizad vuestro viaje y decid qué deportes queréis practicar y qué necesitáis para ello.

> Para expresar **satisfacción** y **complacencia** podemos utilizar las siguientes expresiones y otras similares:
> ¡Me encanta / gusta / parece bien, fenomenal, genial, fantástico!
> ¡Qué bien / genial / estupendo!
> ¡Bien! ¡Muy bien! ¡Genial!

27 Completa con las expresiones del post-it.

I. Daniel: ¿Has terminado ya los ejercicios de hoy?
Juan: Sí, los terminé esta mañana, así que ahora podemos irnos ya al cine.
Daniel: _____

2. Esteban: ¿Has oído que van a aumentar el número de becas?
Lucrecia: _____

3. María: ¿Sabes que Manuela está esperando por fin un hijo?
Luis: _____

4. Antonio: Nos han concedido el crédito para comprarnos el piso que queríamos.
Javier: _____

5. Adela: Es una pena que no puedas comprarte esos zapatos.
Alicia: Ahora sí puedo comprármelos, porque ya me han pagado.
Adela: _____

> • Para expresar admiración:
> ¡Es maravilloso!
> ¡No me lo puedo creer!
> ¡Es increíble!
> ¡Qué maravilla!
> • Para expresar sorpresa:
> ¡Qué sorpresa!
> ¿De veras? ¿De verdad?
> ¿Es cierto?
> ¡No puede ser!
> ¡Anda! ¡Venga ya! ¿Será posible?

  28 Escucha y completa con las expresiones de admiración que correspondan.

Julia: Me han dicho que nos ha tocado la lotería. ¡……………!
Leonardo: ¡……………! Pero ¿cuánto es? ¿Tendremos para el piso?
Julia: ¡Siempre pensando en el piso! ¡Yo quiero viajar! ¡Pero si nos han tocado 600.000 €!
Leonardo: ¡……………! Con ese dinero pagamos el piso, nos vamos de viaje e incluso nos compramos el coche. ¡……………!

29 Reacciona con la expresión adecuada.

I. Has perdido el pasaporte.
2. Tu novio(a) viene a verte después de tres meses.
3. Te ha tocado el premio gordo de la lotería.
4. Tus padres te anuncian que van a comprarte tu coche favorito.
5. Has sacado la mejor nota de la clase en el examen de vocabulario.

Madrid me trae malos recuerdos, aquí he pasado penas de amor que prefiero olvidar, pero en esta desgracia tuya me he reconciliado con la ciudad y sus habitantes, he aprendido a moverme por sus anchas avenidas señoriales y sus antiguos barrios de callejuelas torcidas, he aceptado las costumbres españolas de fumar, tomar café y licor a destajo, acostarse al amanecer, ingerir cantidades mortales de grasa, no hacer ejercicio y burlarse del colesterol. Sin embargo aquí la gente vive tanto como los californianos, sólo que mucho más contentos. A veces cenamos en un restaurante familiar del barrio, siempre el mismo porque mi madre se ha enamorado del mesonero, le gustan los hombres feos y éste podría ganar un concurso: arriba es macizo, jorobado, con largos brazos de orangután y hacia abajo un enano con piernecillas de alfeñique. Lo sigue con la vista seducida, suele quedarse contemplándolo con la boca abierta y la cuchara en el aire.

Isabel Allende, *Paula*.

30 Subraya los verbos con preposición que encuentres en el texto y continúa la narración.

▶ VERBOS CON PREPOSICIÓN	
a	Verbos de dirección real o figurada: *acercar(se), asistir, bajar, dirigir(se), ir, subir, tirar(se)*, etc.
	Verbos que expresan un propósito: *aspirar, atreverse, ayudar, obligar*, etc.
	Otros: *acostumbrarse, arriesgarse, comprometerse, negarse, oponerse, renunciar.*
con	Verbos que implican dos o más personas o cosas: *aliarse, convivir, coincidir, casarse, comparar, competir, relacionarse, negociar* (pero *enamorarse de*).
	Otros: *bastar, conformarse, cumplir, soñar.*
de	Verbos que expresan causa: *aburrirse, alegrarse, arrepentirse, asombrarse, avergonzarse, burlarse, cansarse, extrañarse, disfrutar, lamentarse, presumir, quejarse, reírse.*
	Otros: *cambiar, carecer, encargarse, ocuparse, convencer, cuidar, enterarse, darse cuenta, despedirse, hablar.*
en	Verbos que expresan lugar real o figurado sobre el que (o en cuyo interior) se ejerce la acción: *apoyarse, afirmarse, entrar, meter, colaborar, intervenir, concentrar(se), integrar(se), fijarse.*
	Otros: *coincidir, consistir, creer, insistir, obstinarse, esmerarse, vacilar.*

31 En grupos. Escribid un texto o diálogo utilizando un verbo con preposición de cada apartado de la ficha anterior.

CE 14 **32** Piensa en verbos de uso preposicional que indiquen estado de ánimo e inventa situaciones en las que puedas utilizarlos.

a) que expresen alegría: *alegrarse por / de,* _____

b) que expresen tristeza: *entristecerse por,* _____

c) que expresen sorpresa: *sorprenderse por / de,* _____

d) que expresen miedo, temor: *asustarse por / de,* _____

EXPRESIONES CON PREPOSICIÓN

a ciegas	a la desesperada	de carrerilla	entre bromas y veras
a ciencia cierta	a ojo de buen cubero	de golpe y porrazo	entre la espada y la pared
a (dis)gusto	a rajatabla	de los / las que hacen época	entre Pinto y Valdemoro
a las tantas	a regañadientes	de mala muerte	
a lo sumo	a sabiendas	de padre y muy señor mío	por barba / cabeza
a pedir de boca	a tocateja	de perilla	por demás
a pie juntillas	a todas luces	de tres al cuarto	por las buenas
a rabiar		de gorra	por narices
a bombo y platillo	con el corazón en la mano	de mal en peor	por los pelos
a capa y espada	con la boca abierta	de oídas	por si acaso
a diestro y siniestro	con pelos y señales	de pacotilla	por si las moscas
a tontas y a locas			por un tubo
a trancas y barrancas	de buenas a primeras	en las propias narices de	
a brazo partido	de cabo a rabo	alguien	sin falta
a duras penas	de pascuas a ramos	en resumidas cuentas	sin ton ni son
a flor de piel	de uvas a peras	en un abrir y cerrar de ojos	sin orden ni concierto
a grandes rasgos	de / para andar por casa	en un dos por tres	sin comerlo ni beberlo
a la chita callando	de capa caída	en un santiamén	sin decir esta boca es mía

33 **Completa con la expresión adecuada.**

a ojo de buen cubero, a rajatabla, a tocateja, a bombo y platillo, de golpe y porrazo, de gorra,
entre Pinto y Valdemoro, por los pelos, por si las moscas, sin ton ni son, sin comerlo ni beberlo

1. .... habría unas dos mil personas.
2. Como no podían tener más hijos se sometió a un proceso de fertilización y .... se vieron padres de seis hijos.
3. No tiene ni idea de este problema y por eso habla ....
4. No creo que llueva, pero .... cogeré el paraguas.
5. Llegué cuando la pelea ya había comenzado y .... me dieron un puñetazo en la cara.
6. Después de doce años de noviazgo decidieron casarse y por eso lo anunciaron ....
7. No me dieron el crédito y tuve que pagarlo ....
8. Perdí el autobús, no tenía dinero para el taxi, pero hice dedo y llegué al aeropuerto ....

34 **Crea nuevas frases con estas mismas expresiones.**

1. Tiene una memoria prodigiosa y recita poemas *de carrerilla*.
2. No tenemos tiempo para nada, por eso nos vemos *de uvas a peras*.
3. Iba paseando tranquilamente y *en un abrir y cerrar de ojos* me habían robado todo.
4. La comida costó 24 euros, así que tocamos a seis euros *por barba*.
5. Ese bar ya no tiene tanta clientela. Está *de capa caída*.

  35 **Sustituye las expresiones con preposición por otras sin que cambie el significado.**

Con el corazón en la mano voy a contaros la historia de mi vida. Mis padres se habían conocido, como quien dice, hace cuatro días, y de buenas a primeras decidieron casarse. En un santiamén resolvieron todos los preparativos y comunicaron la noticia a sus familias, que tuvieron un disgusto de padre y muy señor mío. La boda fue de las que hacen época y todo el pueblo asistió a pesar de que no había sido anunciada a bombo y platillo. Después de una maravillosa luna de miel comenzaron una convivencia que fue de mal en peor. Mi madre hacía todo por las buenas, pero mi padre lo hacía por narices. Y cuando llegué al mundo, sin comerlo ni beberlo, me vi en las trincheras de una cruenta guerra "civil". De uvas a peras teníamos periodos de paz, pero normalmente no era así. De todos modos a mis padres los quise a rabiar y ahora que no están conmigo los echo mucho de menos.

ACENTUACIÓN DE PALABRAS COMPUESTAS

- Si al formar el compuesto el acento recae en la penúltima sílaba, desaparece la tilde que sí llevaría la primera palabra como simple: *tiovivo, asimismo.*
- Verbo + pronombre. Llevan tilde en la vocal tónica de la forma verbal, aunque ésta no lleve tilde como palabra simple: *Dáselo, pónmelo, dígalo.*
- Unidas mediante guión: si las palabras simples llevan tilde, la mantienen al formar el compuesto: *histórico-crítico.*
- Si no llevan tilde como palabras simples, tampoco como compuestas: *coche-cama.*
- Adverbios en -*mente*: se emplea la tilde que lleva la palabra a la que se le añade el sufijo, si ésta la lleva; si no lleva tilde como palabra simple, no la lleva tampoco como palabra compuesta: *rápida + mente = rápidamente; fácil + mente = fácilmente; veloz + mente = velozmente.*

36 **Pon la tilde en las palabras donde falta.**

1. inutilmente

2. digaselo

3. salvavidas

4. docilmente

5. compralo

6. habilmente

7. balonmano

8. montacargas

9. hispano-frances

10. hazmerreir

11. eficazmente

12. baloncesto

37 **En parejas, buscad dos ejemplos para cada una de las reglas que aparecen en el cuadro superior.**

38 **Forma el compuesto y acentúalo correctamente.**

fisico + quimico: _____

espanta + pajaros: _____

fragil + mente: _____

cien + pies: _____

di + se + lo: _____

 39 **Clasifica en agudas, llanas, esdrújulas y sobresdrújulas las siguientes palabras.**

vaivén, puntapié, tímidamente, produciéndole, administrándoselo, socialdemócrata, todopoderoso, relatándosela

agudas: _____

llanas: _____

esdrújulas: _____

sobresdrújulas: _____

40 Escribe una carta similar a la del modelo solicitando información sobre un curso de idiomas que quieres hacer en el extranjero.

Jorge Vega Sánchez
ALI Consulting
C/ Bolarque, I, 7.º C
28081 Madrid

Julián López Pascual
Servitour Operadores
C/ Amparo, 23
28085 Madrid

Madrid, 7 de octubre de 2001

Estimado Sr. López Pascual:

    Me dirijo a usted para solicitar información sobre la fecha en que publicarán su catálogo de ofertas para el nuevo año. La empresa en la que trabajo está considerando la posibilidad de organizar un crucero el próximo verano por las islas del mar Báltico y sabemos que su empresa ofrece estos cruceros.

    También me gustaría recibir información sobre los descuentos que ofrecen a grupos o empresas y sobre los trámites burocráticos necesarios para embarcar en uno de sus cruceros.

    Sin más, se despide atentamente,

Fdo.: Jorge Vega Sánchez

CE 23 **41** Escucha y completa esta carta.

Marta Suárez González
C/ ....
Madrid 28080

Agencia ....
C/ Júcar, 23
28080 Madrid

Madrid, ... de .... de 2000

    Me dirijo a Uds. para .... sobre los viajes a Turquía que ofrece su agencia. Somos un grupo de veinticinco personas que queremos viajar a ese país durante .... con motivo de nuestro ....

    Asimismo, necesitamos saber cuáles son los trámites burocráticos necesarios para poder viajar a ese país.

    Sin más, se despide ....,

Fdo.: Marta Suárez González

Es muy importante que nunca hagas pausa entre las palabras que forman los siguientes grupos:

sustantivo y adjetivo: *las altas y rocosas montañas.*

sustantivo y complemento: *las montañas de la cordillera sur, el verano que viene.*

verbo y adverbio: *llovía torrencialmente.*

artículo, posesivo, demostrativo… más sustantivo: *aquel profundo valle.*

conector más sustantivo, pronombre o verbo: *para verlo; para que Juan lo viera.*

 42 Marca en las siguientes frases los lugares en los que podrías hacer una breve pausa.

1. Al caer la tarde salimos de viaje para Gerona, ciudad del norte de España.
2. María y David nos habían engañado a todos.
3. Juan salió de trabajar a las cinco y Manuela a las seis.
4. Compramos una chaqueta y un jersey en la tienda de la esquina.
5. Para salir ganando deberíamos haber vendido la moto en 600 € más.
6. Por mucho que lo desees no lo vas a conseguir ahora.
7. Envíales las cartas que te pidieron.
8. Si apagaras el ordenador a las tres no perderías el autobús todos los días.
9. El sonido de las ambulancias a altas horas de la noche me asusta muchísimo.
10. Como no te levantes a las ocho no llegarás al examen.

 Ahora vas a oír las frases leídas muy despacio. Comprueba que has puesto las pausas donde corresponde.

 43 Las frases que vas a escuchar presentan pausas donde no corresponde. Señala dónde está el error y léelas correctamente. Escucha de nuevo y comprueba.

1. Cuéntame las noticias si quieres.
2. No había agua en el campamento en el que estábamos.
3. Repasaremos entre nosotros las lecciones de matemáticas.
4. Sigue diciéndome todos los problemas que tienes.
5. El trabajo que te pedimos tiene que estar mañana.

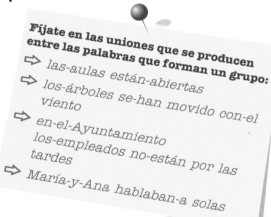

Fíjate en las uniones que se producen entre las palabras que forman un grupo:
⇒ las-aulas están-abiertas
⇒ los-árboles se-han movido con-el viento
⇒ en-el-Ayuntamiento los-empleados no-están por las tardes
⇒ María-y-Ana hablaban-a solas

44 Vuelve a leer las frases de los ejercicios anteriores haciendo las sinalefas.

45 En parejas, inventad frases con las siguientes sinalefas.

-r + vocal
-l + vocal
-n + vocal
-s + vocal

-d + vocal
vocal + vocal que formen diptongo
vocal + vocal que formen hiato

España es un país de contrastes que ofrece a los visitantes una gran riqueza y variedad de especies animales y vegetales. Así, el norte muestra grandes extensiones de zonas verdes que contrastan con la presencia cercana de la costa al Atlántico y al Cantábrico. Entre los animales más significativos están los osos, caballos salvajes, lobos, urogallos, etc., casi todos en peligro de extinción. El centro muestra una enorme superficie, que se denomina meseta central y donde se encuentra La Mancha, en donde se cultivan cereales, azafrán y otros productos. El animal autóctono más destacado es la cabra hispánica, de la que ya quedan muy pocos ejemplares, al igual que el águila imperial, pero por todo el centro pueden verse los rebaños de corderos y ovejas, cuya carne y lana son muy apreciadas. Andalucía y Extremadura muestran grandes extensiones de olivos; son conocidas por la crianza de los toros de lidia y, además, en Extremadura encontramos alcornoques y encinas, cuyo fruto (la bellota) sirve de alimento para los cerdos, que luego proporcionarán uno de los manjares más exquisitos: el jamón de Jabugo. Las islas Canarias muestra gran variedad de especies endémicas, algunas totalmente desaparecidas de Europa, como los lagartos de Salmor (El Hierro). La flora canaria, además de los endemismos como las sabinas, el drago, las palmeras o la gran variedad de cactus, muestra también la adaptación de muchas especies traídas de América, como los laureles de Indias, las paodias o los flamboyanes. Así, la belleza de sus paisajes ha hecho de España un país merecedor de contar con once parques nacionales, espacios naturales protegidos donde los animales (muchos en vías de extinción) conservan su hábitat y pueden vivir en libertad.

El gran continente americano ofrece toda la variedad de paisajes: la pampa argentina, la Patagonia, donde la vegetación se mezcla con los glaciales, la selva amazónica, etc. , que demuestra la grandeza de un continente en donde todo es grande y profuso. Muchas de sus frutas fueron importadas a España, como el aguacate, la papaya, el mango, etc. Entre los animales destacan los felinos, como el puma o el jaguar, loros, papagayos, tucanes de vistosos colores, así como también caimanes, cocodrilos, tiburones o pirañas entre los animales marinos.

Picos de Europa (Asturias)

1. ¿Qué ejemplos de flora se citan en el texto?

2. ¿Qué ejemplos de fauna?

3. ¿Existen algunos de esos animales en tu país?

4. ¿Existen reservas naturales en tu país? Descríbelas.

5. Busca en el diccionario las palabras *autóctono*, *microclima* y *manjar* y construye una frase con cada una de ellas.

1 **Completa con la preposición adecuada.**

1. Estará terminada .... las dos.
2. Salimos dos veces .... la semana.
3. Me gusta trabajar .... noche.
4. .... la tarde solemos ir al cine.
5. Hizo la receta .... unos veinte minutos.
6. Estará terminado .... el próximo viernes.
7. No voy más a tu casa .... que tú vengas a verme.
8. Estamos en el trabajo .... las nueve .... las dos.
9. Trabajan .... nueve .... dos.
10. Enviamos correos electrónicos dos veces .... semana.

2 **¿Qué preposiciones acompañan a los verbos de la siguiente lista?**

- soñar
- enamorarse
- divorciarse
- contar
- convencer
- creer
- adaptarse
- acordarse
- casarse
- burlarse

3 **Completa con *por / para*.**

1. Escriben un artículo .... mes desde hace mucho tiempo.
2. Ha escrito a todos .... conseguir ese trabajo.
3. Nunca me había interesado .... esa clase de temas.
4. .... lo que pagan, no deben exigir mucho.
5. El jefe no está .... bromas esta mañana.
6. Todos los platos están .... lavar.
7. La publicidad ha sido distribuida .... varias empresas de comunicación.
8. He pedido tres paellas .... teléfono y ahora .... tirarlas, porque nadie tiene hambre. ¡Qué mal!
9. Nunca ha estado .... nadie y ahora quiere que nosotros lo hagamos .... él.
10. .... mí que Juan está metido en un asunto feo. Siempre está la policía .... aquí.

4 Señala los valores de *por / para* en las siguientes oraciones.

1. Creo que no están por permitirle abrir el negocio.
2. No sé si fue escrito por Cervantes o por Góngora.
3. Sólo ha puesto 6,01 € para pagar la comida.
4. Lo ha hecho por verme sonreír.
5. Creo que aquél es el puente por donde debemos cruzar.
6. No sé si ir para Madrid esta tarde o pasear por Alcalá.
7. Para ir de vacaciones, lo mejor es ir ligero de equipaje y cargado de dinero.
8. No están las cosas para mudarse; precisamente el casero ha puesto la calefacción por nosotros.
9. Creo que lo habré terminado para esta tarde, pero si no, pásate por aquí mañana que ya estará.
10. Esto es buena música y no lo que ponen por ahí.

5 Sustituye lo que está en cursiva por una expresión con preposición.

1. Te quiero *muchísimo*.
2. Me contó la historia *sin muchos detalles*.
3. Lo hace todo *sin que nadie se entere*.
4. Me acosté *tardísimo*.
5. Tienes que dármelo ese día *obligatoriamente*.
6. Aceptó la oferta *sin estar convencido*.
7. Vive en un piso *espantoso*.
8. Conoce *todos los rincones de* la ciudad.
9. Me habló *sinceramente*.
10. Tiene un disgusto *enorme*.

6 Acentúa las siguientes palabras compuestas.

- docilmente
- socialmente
- futbol-playa
- correveidile
- austro-hungaro

Digan lo que digan

6

CARTAS AL DIRECTOR

Muy Sr. mío:

El que suscribe, José Patachicle, de 32 años, casado, profesor de gimnasia y bandurria, se dirige a usted para manifestar lo siguiente:

Por complicaciones de un mal paso tengo que llevar muletas durante tres meses. Siempre he tenido un carácter apacible, pero últimamente ando un poco quemado. Me estoy volviendo intratable. Pero es que esta ciudad, como cualquier otra, es un sitio difícil para los minusválidos. La vía pública se convierte en un lugar lleno de obstáculos: bordillos, bordes, pasos de cebra temerarios, trampas, pieles de plátano y otras frutas, aceite, cagaditas de palomas, niños atolondrados, gente con prisas, líquidos de freno, escalones injustos, intrépidos motoristas…, y ¿qué me dice del mobiliario urbano?: contenedores, buzones, monumentos, semáforos, quioscos, anuncios publicitarios, mesas petitorias…

Incluso el propio domicilio se convierte en un calvario. En una semana me he dado siete batacazos en la calle y cinco en casa, el último de los cuales ha incitado a mi esposa a pedir el divorcio (quiere separarse porque no tolera que vaya destrozándolo todo). A mí me ha supuesto otra escayola en el brazo izquierdo por luxación de cúbito y radio. Es decir, que estoy como una momia.

Me desahogo con usted porque ya no sé a quién acudir. Deseo, al mismo tiempo, informarle de cierta idea que me ronda incluso en sueños. En resumen, se trata de fundar un partido político con todos los madrileños que sean cojos y tullidos. Este colectivo doliente está muy capacitado para presentar una candidatura en las municipales con amplias garantías de arrasar en las urnas. Podemos sumar en total más de 100.000 almas de toda edad y condición. Y tenemos mucho que pedir. Además, pensando que sólo pueden solucionar problemas quienes los hayan vivido, he aquí nuestra propuesta electoral.

Queremos un alcalde que:
- haya padecido lesión ósea o muscular en alguna etapa de su vida;
- tenga algún problema de visión;
- no pueda comunicarse muy bien;
- sea lunático, o al menos esté en la luna;
- sea ídolo de los ciudadanos, pero no una estatua.

¿Qué le parece mi idea? Quizás podría funcionar.

Ricardo Cantalapiedra, *El País* (30/03/1995) (texto adaptado).

☞ ¿Cuál es el motivo principal de la carta?

☞ ¿Cómo es el carácter de la persona que escribe?

☞ ¿Cuáles son los problemas de José Patachicle?

☞ ¿Por qué quiere divorciarse de él su mujer?

☞ ¿Forma parte de algún grupo político?

1 Completa estas oraciones con palabras que aparecen en el texto.

1. Aunque tiene rayas, el lugar por donde pasan los peatones no se llama paso de tigre, sino …………

2. Ten en cuenta que aunque el borde sea una persona de mal carácter y que da respuestas un poco cortantes, el ………… no es un enano de estas características, sino el escalón que delimita la acera.

3. Si te rompes una pierna, lo que necesitas para apoyarte no es, por muy amiga tuya que sea, una mulata sino una …………

4. ………… no significa que hayas jugado con fuego, sino que por alguna razón estás muy enfadado por culpa de una situación.

5. La ………… es un material blanco que se emplea para adornar techos, y cuando te ponen una es porque te has roto un brazo.

6. ………… no es un despectivo de banda, sino un instrumento musical de cuerda.

2 ¿Qué palabras del ámbito de la medicina encuentras en el texto?

Informe médico ✚

3 Explica el significado de estas palabras y construye una frase con cada una de ellas.

1. bandurria ▶ _____
2. temerario ▶ _____
3. atolondrado ▶ _____
4. calvario ▶ _____
5. batacazo ▶ _____
6. urna ▶ _____
7. contenedor ▶ _____
8. lunático ▶ _____
9. arrasar ▶ _____
10. intrépido ▶ _____

4 Relaciona los dibujos con las palabras correspondientes.

cómoda lámpara
lavabo estante
buró
caricatura
armario empotrado armarito de baño
flexo porcelana

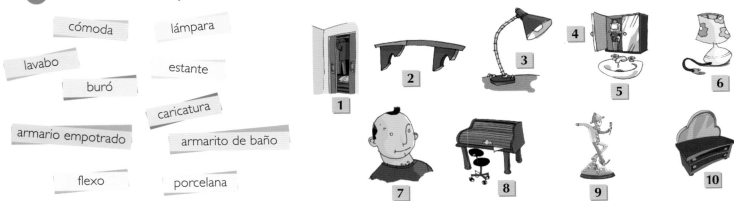

CE
1, 2, 3

5 Señala en la fotografía los elementos que veas.

paso de peatones, farola, acera, bordillo, semáforo, asfalto, manzana, esquina, bancos, buzón, señal de tráfico, zona ajardinada, rotonda

6 Une las expresiones coloquiales del texto que introduce la lección con su significado.

el que suscribe   estar muy molesto por algo

estar como una momia   conseguir un gran número de votos

andar quemado   hacerse algo insoportable

cierta idea que me ronda   grupo de personas que sufren

arrasar en las urnas   estar completamente vendado

convertirse en un calvario   tener una idea en la cabeza

colectivo doliente   quien escribe la carta

ORACIONES DE RELATIVO

7 **Pon el verbo entre paréntesis en indicativo o subjuntivo.**

1. Tiene un canario que (cantar) .... muy bien.
2. Busca un canario que (cantar) .... muy bien.
3. Necesitamos un electricista que (poder) .... ayudarnos con la instalación.
4. Conocemos un electricista que (poder) .... ayudarte con la instalación.
5. ¿Conoces algún bar donde (servir) .... buenos aperitivos?
6. He estado en un bar donde (servir) .... buenos aperitivos.
7. Habían comprado un equipo de música que (tener) .... una alta calidad.
8. Quieren encontrar un equipo de música que (tener) .... una alta calidad y que no (costar) .... muy caro.
9. Necesito encontrar un profesor particular que (enseñar) .... matemáticas y física.
10. Encontré un profesor estupendo que (enseñar) .... matemáticas y física.

indicativo	Antecedente conocido, concreto o cuya existencia es segura para el hablante, aunque no lo conozca.	*La secretaria que habla cinco idiomas conseguirá el puesto.* *Busco la vacuna que cura la rubeola.*
subjuntivo	Antecedente desconocido o cuya existencia no es segura.	*La secretaria que hable cinco idiomas conseguirá el puesto.* *Busco la vacuna que acabe con todas las enfermedades.*
	Negación del antecedente (no, nadie, nada, ninguno).	*No hay nadie en clase que entienda árabe.*

8 **Explica la aparición de indicativo o subjuntivo en las siguientes oraciones.**

1. Los coches de gasolina que hayan pasado la revisión podrán circular hasta enero de 2002.
2. Nadie que tenga sueño se irá a la cama hasta que acabe la fiesta.
3. Los afectados, que han puesto varias denuncias, han comunicado a la prensa que no pararán hasta conseguir soluciones.
4. Necesitamos una pintura azul que sea muy espesa para que no gotee.
5. Ojalá que el hombre que venda las entradas se haya acordado de reservar las nuestras.
6. Queremos encontrar un diseño que sea innovador y original.
7. Algunas personas, que no creen en los fantasmas, confirman que oyeron ruidos extraños por la noche.
8. Busco un científico que haya demostrado que hay vida extraterrestre.
9. Necesito un líquido blanco que tapa lo que está escrito.
10. Al circular no puede haber nada que sobresalga por las ventanillas del coche.

9 **Pon el verbo entre paréntesis en indicativo o subjuntivo.**

1. Quiero una cómoda que (ser) .... igual que la que tenía mi abuela.
2. A mi hermana le han regalado una cómoda que (ser) .... igual que la de mi abuela.
3. Las pintadas, que (adornar) .... la ciudad, fueron hechas por esa pandilla.
4. La empresa que (adornar) .... las calles estas Navidades será elegida por los ciudadanos.
5. Los cristales que (romperse) .... no se pueden reutilizar para automóviles.
6. Los bordillos que (romperse) .... serán reparados por la Comunidad.
7. Los toldos que (cubrir) .... la plaza fueron destruidos por la fuerza del viento.
8. El techo que (cubrir) .... la piscina tiene que ser abatible.
9. Instalarán unos semáforos que (tener) .... sonido para que puedan cruzar los invidentes.
10. Los coches que (tener) .... ABS son más seguros.

CE 5.8 10 Completa con tu compañero estos diálogos con toda la información que se os ocurra.

En una agencia de viajes:

—¿A qué lugar les gustaría viajar?

—Pues verá, no estamos muy seguros, pero más o menos tiene que ser un sitio que .... y que .... y, ante todo, no queremos ir a ningún lugar donde ...., y donde ....

—Muy bien, de acuerdo, ¿y en cuanto al alojamiento?

—Queremos alojarnos en un hotel que .... y que .... Tampoco nos importaría alojarnos en un hostal o en una pensión que ....

En una agencia de trabajo temporal:

—Hola, buenos días. En nuestra empresa tenemos empleados que .... y que no .... y que tampoco .... ¿Conocen ustedes a alguien que .... y que también ....?

—Sí, por supuesto. En nuestros ficheros tenemos personas que .... y que, además, ...

En una agencia matrimonial:

—En mi anterior matrimonio, que fracasó, tenía un marido que ...., por lo que la situación se hizo insostenible. Ahora busco una persona que .... y que ....

—Comprendo su situación e intentaremos ayudarla. Precisamente aquí tengo información sobre una persona que ....; creo que es lo que usted necesita, si no es así, podemos buscar otra que .... y que ....

CE 7 11 Clasifica las oraciones en el cuadro. Ten en cuenta que algunas pueden pertenecer a los dos apartados.

indicativo	subjuntivo	
antecedente conocido o antecedente concreto aunque no conocido	antecedente desconocido	antecedente negado

1. Busco una máquina que hace agujeros en los folios. Normalmente es de metal o de plástico.

2. No tengo a nadie que me diga lo que tengo que hacer; por eso me considero independiente.

3. Nada de lo que diga tendrá sentido; la conozco bien.

4. No sé, aquel hombre hablaba en un idioma que nunca había escuchado.

5. No conozco ninguna empresa que se dedique a lo que tú me dices.

6. Busco algo que sirva para secar esto, cualquier cosa; es que si no se estropea, y me ha costado muy caro.

7. El chico que sepa cocinar mejor se quedará con el puesto, no nos importa la edad ni la experiencia.

8. No lo sé con seguridad, pero el deportista que ganó la medalla de oro salió ayer por la tele.

9. ¡Jaime, por favor, baja la música! ¿Hay quien pueda estudiar con tanto ruido?

10. Necesito algo que sirva para aliviar mi dolor de cabeza. Todavía tengo que trabajar hasta las cinco.

12 Un conocido científico ha publicado en la prensa un curioso anuncio ofreciéndose para inventar todo lo que le pidan. ¿Qué objetos crees que desearían tener estas personas para mejorar su calidad de vida? Explica por qué.

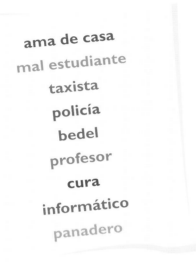

ama de casa

mal estudiante

taxista

policía

bedel

profesor

cura

informático

panadero

13 Imagina un barrio donde, tras varios años de "calvario", los vecinos han decidido protestar por los problemas que tienen con los ruidos, los robos, el alumbrado, la droga, las basuras, la falta de lugares de ocio, etc. Organizad un debate para elaborar un informe y presentárselo al concejal de urbanismo. Explicad qué necesitáis y lo que queréis conseguir.

14 El Ayuntamiento de una pequeña localidad ha decretado una serie de normas para convertir su ciudad en un lugar de perfecta convivencia. Trabajad en pequeños grupos y discutid cuáles son las normas que se han acordado.

▶ PRONOMBRES RELATIVOS

quien(es) = el que	- Sin antecedente. - Con antecedente, tras preposición. - Obligatorio con los verbos *haber* y *tener*.	*Quien venga que lo diga.* *Vino con Ana, con quien hablé la semana pasada.* *No hay quien te aguante.*
el cual, la cual, los cuales, las cuales	- Siempre con antecedente = *que*, se emplea tras preposición (sólo sin preposición cuando es sujeto de explicativa). - Con preposición = preposición + *el que*. - Es obligatorio cuando equivale a un demostrativo.	*Tenía un hermano, el cual estaba casado con una sobrina de mi padre.* *Había un puente por el cual transcurría el desfile todos los años.* *Fuimos a la conferencia, tras la cual fuimos invitados a tomar un vino.*

(el) que, se refiere a personas o cosas.	- Sin artículo:
	  con antecedente.
	- Con artículo:
	  tras preposición
	
	  sin antecedente
	  doble especificación.
		El grupo que llegó ayer procede de Bélgica.
		
		El coche con el que tuvieron el accidente era un todoterreno.
		El que quiera irse que se vaya.
		Dame ésa, la que está ahí.

cuyo(a, os, as)	- Concuerda en género y número con el sustantivo al que acompaña = *del que / cual*. - Con preposición: preposición + *cuyo* + sustantivo.	*El destinatario, cuyos datos estaban borrosos, nunca recibió la carta.* *La chica en cuya casa se celebró la fiesta tiene más de 21 años.*
donde = en el que	- Con o sin antecedente. - Puede llevar las preposiciones *de, desde, hasta, a, en, hacia, para, por, sobre*.	*El pueblo donde veraneamos es muy tranquilo.* *Por la tarde te llevaré a un sitio desde donde se ve toda la ciudad.*

15 **Completa las siguientes oraciones.**

1. .... tenga algo que decir, que levante la mano.
2. Vimos en la tele a ese piloto tan bueno por .... todas las escuderías apostaban.
3. Caminaremos hasta .... nace el río y luego visitaremos la laguna.
4. No se sabe qué dijeron en la reunión, tras ...., abandonaron la sala de juntas muy alegres.
5. No tenía .... lo ayudara con la mudanza. Por eso llamó a tu primo.
6. Tendrán prioridad en las listas los alumnos .... padres ganen menos de doce mil euros al año.
7. Teresa me preguntó por la mantilla con .... te casaste. Quería llevarla a una fiesta.
8. Al llegar a Ávila tomaremos el desvío por .... llegamos al puente romano.
9. No te preocupes por eso, ... dijeron ayer en la conferencia no tiene importancia, son los hechos .... cuentan.
10. Visitaron a su antiguo profesor con .... habían hablado por teléfono tres días antes.

16 **Completa con *que, el que, la que, los que, las que* o *lo que*.**

1. El presentador debió confundirse de guión, porque .... dijo no tenía ningún sentido.
2. El reloj .... estaba encima de la mesa fue .... llevé a reparar.
3. No puedo creerme .... me cuentas, ¡te ha tocado un coche!
4. .... tenga menos de cinco fallos aprobará el examen de química.
5. Dile a tu amiga que me dé antes de las dos .... tenga que enviar por correo; cierran a esa hora.
6. .... quiera puede hacer una lista y apuntar todo .... necesitemos para celebrar la fiesta de fin de curso.
7. Si compras tantas plantas necesitaremos una casa .... tenga una terraza grande y .... sea soleada.
8. No seas tímido y dile a Jaime .... me dijiste a mí, verás cómo se ríe.
9. No sé si llevarme estas gafas o ésas, ... tienen rayas.
10. En seguida traerán más sillas y .... están de pie podrán sentarse.

17 En grupos, vais a elegir a vuestro candidato de las próximas elecciones, aquel que mejor se adapte a vuestras necesidades. Cada grupo representará a una **ONG** y tendrá que dar el perfil del representante.

18 El señor Mundo está enfermo. Discute con tu compañero qué ideas pondríais en práctica para mitigar los males que padece.

19 Habla con tu compañero para diseñar la casa del futuro y ganar el concurso de decoración que ha propuesto una revista.

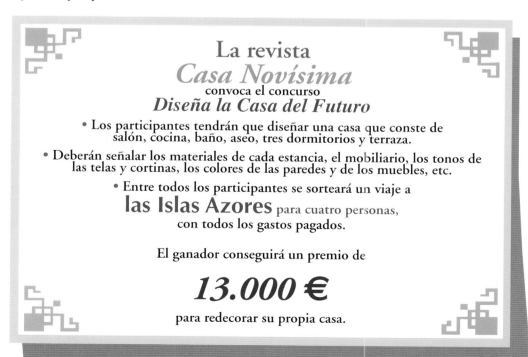

La revista
Casa Novísima
convoca el concurso
Diseña la Casa del Futuro

• Los participantes tendrán que diseñar una casa que conste de salón, cocina, baño, aseo, tres dormitorios y terraza.
• Deberán señalar los materiales de cada estancia, el mobiliario, los tonos de las telas y cortinas, los colores de las paredes y de los muebles, etc.
• Entre todos los participantes se sorteará un viaje a
las Islas Azores para cuatro personas,
con todos los gastos pagados.

El ganador conseguirá un premio de

13.000 €

para redecorar su propia casa.

> ## ▶ ESTRUCTURAS ENFÁTICAS
>
> x + *ser* + *quien, el que, como, cuando, donde* + verbo
>
> *Conozco a Ana desde hace ocho años,* **ella es quien / la que** *me presentó a mi actual mujer.*
> *Ahora trabajo en Granada,* **allí es donde** *yo me licencié.*
> *Siempre hago primero la salsa,* **así es como** *me enseñó mi padre.*
> *Los bomberos salieron corriendo y* **entonces fue cuando** *explotó el coche.*

20 **Completa las siguientes oraciones de manera que enfatices el elemento subrayado.**

1. Viajamos juntos hasta <u>la playa</u>. .... me pidió que nos casáramos. ¡Fue increíble!
2. <u>Los responsables</u> del hotel nos acompañaron hasta la salida; .... nos dijeron cómo llegar al aeropuerto.
3. Cogimos el vuelo <u>de las cuatro</u> para Pontevedra; .... me di cuenta de que había perdido la cartera.
4. Yo estaba regando y <u>sin querer</u> empujé la maceta, ... ocurrió todo. Por suerte nadie pasaba por debajo de la ventana en ese momento.
5. Siempre recordaré <u>a mi profesor de matemáticas</u>; .... me enseñó a estudiar utilizando la lógica.
6. El acusado confesó y habló de <u>su escondite</u>. .... encontraron el botín: más de 12.200 € y varias cajas llenas de joyas.

21 **Fíjate en el ejemplo y completa los diálogos.**

Ej.: –*Te he traído más platos, como sé que se te rompieron ayer…*
   –*Gracias, pero son los vasos los que se me cayeron, no los platos.*
   –*Bueno, creo que me los pueden cambiar.*

1. –Hija, te he comprado otra camisa blanca como la que se te manchó.
   –Mira que te lo he dicho veces, ...
   –Pues yo creí que era la blanca.

2. –¿No se te había perdido el cuaderno verde?; ¡pero si lo tienes aquí!
   –No, ...
   –¡El rojo…! Creo que lo cogió tu padre.

3. –Así que esta semana no habrá partido de fútbol, ¡qué mala suerte!
   –¿Pero no te has enterado?, ...
   –Anda, pues pensaba que eran los futbolistas los que hacían huelga.

4. –Hemos comprado pasteles de nata para todos y a ti te los hemos traído de chocolate, que nos hemos acordado de que no te gusta la nata.
   –Qué bien, os lo agradezco, pero ....
   –No importa, yo me los comeré y tú te tomas los de nata.

La reduplicación. Estructuras de relativo con reduplicación del verbo. Se construyen con subjuntivo y su significado equivale a 'no me importa': *caiga quien caiga, diga lo que diga, venga quien venga, sea lo que sea,* etc.

22 **Relaciona cada oración con el significado de la expresión reduplicada.**

1. Digas lo que digas, a mí me gusta este vestido.
2. Venga quien venga, yo iré al concierto del día 13.
3. Caiga quien caiga, voy a declarar ante el tribunal.
4. Se mire como se mire, tendremos que rehacer todo el proyecto.
5. Cueste lo que cueste, tenemos que ser los primeros en llegar a la meta.
6. Salga el sol por donde salga, mañana me voy de vacaciones.

▸ Da igual el esfuerzo que suponga conseguir algo.
▸ No importan las consecuencias.
▸ No importa el punto de vista desde el que se aborde la cuestión.
▸ Da igual lo que ocurra.
▸ Me da igual lo que pienses o digas.
▸ No importa quién venga conmigo.

23 Aunque tú no lo sepas, ya conoces a estas personas, objetos y lugares. Sigue las instrucciones de tu profesor y construye diez frases.

24 Imagina que tu compañero y tú vais a comprar una casa en España a través de Internet y necesitáis amueblarla. El único problema es que vuestras madres son "un poquito metomentodo" y os van a poner muchos inconvenientes; pero, de cualquier modo, habéis decidido hacer las compras. Utilizad las estructuras reduplicativas que habéis estudiado.

CE 15 **25** Mira los dibujos. ¿Cuál es tu opinión sobre estos personajes?

me parece:
simpático
divertido
aburrido
alegre
antipático
amable

me cae:
bien
mal
regular
ni bien ni mal
muy bien
muy mal

Imagina que estas personas explican la imposibilidad de cambiar la opinión que los demás tienen de ellos. ¿Qué crees que dirían?

Ej.: *Haga lo que haga, a mi novia siempre le pareceré aburrido.*
  Diga lo que diga, le caigo mal.

26 Tu mejor amigo se va a otro país y hoy es vuestra última noche juntos. Recordáis viejos tiempos, cómo y dónde os conocisteis, los amigos que tuvisteis, los lugares donde ibais, etc. Completa la información según los dibujos.

1 9 7 9

1 9 9 2

1 9 9 4

1 9 9 7

27 **Completa las siguientes frases.**

1. No sabemos todavía .... es el novio de María, ... es la boda ni .... invitados irán al banquete.
2. El pueblo .... compraste la casa es demasiado tranquilo y solitario.
3. Dime .... te ha regalado esto, o .... te lo ha dado y .... es lo que te pasa.
4. Ése es el directivo .... empresa obtuvo las mayores ganancias del año.
5. Nos fuimos a la casa del vecino desde .... podíamos ver pasar la carrera ciclista.
6. Todavía hay .... piensa que los avances tecnológicos no son buenos.
7. En el representante del equipo de atletismo era en .... estaban depositadas todas las esperanzas.
8. La zona peatonal por .... paseamos está en obras.
9. Busco una urbanización .... zona ajardinada sea mayor que la asfaltada.
10. La rotonda, a través de .... accedemos a su casa, es muy grande.
11. Las verjas, ... diseño fue hecho por Mariscal, se han puesto ya.
12. Ése es el vecino al .... le van a instalar el toldo.
13. Vive en una manzana .... apenas hay delincuencia.
14. No hay .... estudie en verano.
15. Ésta es la canción .... melodía tararea todo el mundo.
16. ¿ .... ocurrió el accidente?

relativos / interrogativos

Recuerda que, frente a los relativos, los interrogativos y exclamativos llevan tilde.

qué   quién
cuál   cuánto
cuándo   dónde
cómo

28 **Escucha el texto y acentúa los pronombres cuando sea necesario.**

A: Y díganos, señor Navarro, ¿como entraron en el banco?
B: Pues por un agujero.
A: Por un agujero que estaba donde.
B: Junto a la caja fuerte, donde le dije ayer. ¿No se acuerda que me preguntó cuantos éramos, donde nos habíamos conocido y todo eso…?
A: Aquí las preguntas las hacemos nosotros. A ver, ¿que tipo de explosivo utilizaron?
B: ¿Que que tipo de explosivo utilizamos?, ¿quienes?
A: Ustedes.
B: Nosotros no utilizamos explosivos, son peligrosos, hicimos todo el trabajo a mano.
A: ¿Quiere hacerme creer que cuando los cogimos habían cavado trescientos metros por debajo del asfalto sólo con picos? ¿Como piensa usted que me puedo creer eso?
B: Los hechos hablan por sí mismos: entramos por el agujero, cogimos el dinero y nos fuimos sin que nadie se enterara. Si no hubiera sido por el accidente de tráfico no se habría dado cuenta nadie hasta el día siguiente, y usted no me estaría haciendo tantas preguntitas.

29 **Corrige las frases que sean incorrectas. Justifica tu respuesta.**

1. Los estudiantes quienes no han aprobado pueden revisar de nuevo sus exámenes.
2. ¿Cuál prefieres? Prefiero el cual está en tu cajón.
3. No hay peor sordo que el que no quiere oír.
4. Dime cuales quieres.
5. Vamos a un bar en el que no haya mucha gente.
6. Dímelo dónde quieras, no tengo nada que hacer.
7. Puedes hacerlo como tú quieras.
8. Colócalo en un lugar donde yo lo pueda ver.

30 **¿Qué dirías en cada uno de estos casos? Sigue el ejemplo.**

Ej.: *Has hecho deporte y hace horas que no comes.* ⇒ *¡Qué hambre tengo!*

1. Tu mejor amigo se va a casar.
2. Has visto el traje de novia de tu amiga.
3. Preguntas por tu ahijado y te dicen lo inteligente que es.
4. Le dices a tu pareja que te gusta su forma de ser.
5. Te gustaría ser rico.
6. Tu compañero de piso se va a una fiesta.
7. Quieres que venga Juan a tu cumpleaños.
8. Deseas que te regalen una cámara fotográfica.
9. Ahora estás trabajando pero te gustaría estar en el Caribe, lejos de tu oficina.
10. Ya no aguantas más a tus ruidosos vecinos.

31 Si alguna vez has compartido piso con otros estudiantes sabrás que lo mejor es una buena organización y repartir las tareas de la casa. En grupos, poneos de acuerdo sobre quién hace cada cosa, cuándo y cómo, de manera que todos hagáis el mismo trabajo.

32 Imaginad que, hartos de tanto ruido en la ciudad, os vais a vivir a un pueblecito de montaña y habéis pensado en la posibilidad de convertirlo en un centro de turismo rural. ¿Qué podéis hacer para atraer a los turistas? ¿Cuánta gente necesitáis? ¿Quién se va a ocupar de cada tarea?

33 Debate sobre las ventajas y los inconvenientes del campo y la ciudad. Formad dos grupos de opinión enfrentados y preparad vuestras intervenciones.

34 Tu compañero y tú sois periodistas novatos, y el nuevo candidato a las elecciones presidenciales os ha concedido una entrevista de quince minutos en un programa de radio. Preparad la entrevista y recordad que, cuanto más polémica sea, más se recordarán vuestros nombres.

35 Formad dos grupos y escribid en un papel los siguientes datos (no tienen por qué ser reales).

Nombre:	Trabajo:
Sexo:	Sueldo:
Edad:	Aficiones:
Profesión:	
Estado civil:	Manías:
N.º de hijos:	Animales:

Ahora vas a buscar a alguien para compartir piso. Expón a tus compañeros cómo sería esa persona y trata de encontrar a alguien que quiera vivir contigo.

Ej.: *Tengo tres perros y busco a alguien a quien le gusten los animales.*

Me gustaría compartir piso con una persona cuya profesión no implique trabajar en casa.

Los puntos suspensivos

Su empleo señala que queda en suspenso una idea que resulta evidente.

A buen entendedor…

También precede a una conclusión que puede resultar inesperada o chocante.

No teníamos dinero, pero… éramos muy felices.

Las comillas

Se emplean cuando se quiere destacar una palabra o una frase dentro de un párrafo, principalmente cuando se trata de una cita literal.

"Convocaremos elecciones el próximo mes de junio", manifestó ayer el presidente del Gobierno.

Para dar énfasis o sentido irónico a una palabra o expresión.

El "buen comportamiento" del niño tenía asustada a la vecina.

Cuando se utiliza una palabra extranjera.

Este libro será un "best-seller".

El paréntesis

Utilizamos los paréntesis cuando queremos hacer alguna aclaración.

Los primos de Juan (Carlos y María) llegan la semana que viene.

Para encerrar los datos que complementan un texto, como número de página, fechas de nacimiento y muerte de autores, etc.

Federico García Lorca (1898-1936) perteneció a la Generación del 27.

El guión

Se utiliza para separar las palabras en sílabas al final de renglón. Por ejemplo, cortaremos *cami-no* o *ca-mino,* pero nunca *cam-ino* o *camin-o.*

En palabras compuestas formadas por gentilicios, o bien por dos adjetivos.

hispano-alemán, castellano-manchego, físico-químico, teórico-práctico.

Para señalar el principio y el fin de un periodo de tiempo:

Miguel de Cervantes (1547-1616) es el autor del Quijote.

---

36 **Puntúa el siguiente texto según las reglas que te hemos dado. Cuidado con el final: la vida de una persona está en tus manos.**

Eran las tres de la mañana y todavía no sabíamos nada no te preocupes dijo mi amigo ya verás cómo el telegrama llega a tiempo mi amigo se llamaba Pepe estaba en la celda más próxima a la mía de pronto vino el alcaide con un papelito en la mano para ti me dijo el telegrama decía indulto no cadena perpetua.

37 Ahora puntúa este fragmento de dos maneras distintas para hacer coincidir cada descripción con su paisaje.

1

Muchas veces me acuerdo del lugar donde crecí la vieja casa se levantaba erguida sobre una colina el huerto a la derecha el estanque de los patos dentro de la verja un grupito de árboles a la izquierda de la casa era el lugar donde prefería jugar de pequeño la pocilga con sus cerdos los caballos con su trote tranquilo y el canto del gallo al amanecer me traían los mejores recuerdos cómo echo de menos aquellos años

2

38 Fíjate en la siguiente carta de reclamación. Consulta a tu profesor lo que no entiendas.

MUEBLES TELLADOR, S. A.
C/ Diego Solador, 19
89007- CUENCA

PINTURAS ROSAFRES, S. A.
C/ Girasol, 20
27032 - MURCIA

Cuenca, 2 de julio de 2001

Señores:
Acabamos de recibir el lote n.º 234565 / F-A que solicitamos con fecha 1 del pasado mes de junio, pero hemos detectado un error. Nosotros les pedíamos 500 botes y ustedes nos han enviado 5.000.

....

Esperamos sus prontas noticias y que rectifiquen la factura correspondiente a este pedido.
Saludos cordiales,

MUEBLES TELLADOR, S. A.

Fdo. Juan Glástur

1. De las siguientes frases, ¿cuál elegirías para completar la carta?

- Nos complace acusar recibo de su oferta.
- Por este motivo les reclamamos los daños y perjuicios correspondientes a esta operación.
- Esperamos sea de su conformidad y les pedimos disculpas por las molestias ocasionadas.

2. Completa ahora esta otra carta con los datos que faltan. Imagina la carta de reclamación que ha provocado la existencia de ésta.

....
....
....

CETRA HERMANOS
....
....

Muy .... :
Hemos recibido una carta de reclamación en relación con la factura del pasado mes de noviembre n.º 2343432 / RY corres-pondiente a una partida de 3.000 bolsas que nunca recibieron.
Lamentamos el error producido y les informamos de que el próximo día 15 procederemos al abono de la citada factura.
Esperamos que esta equivocación no influya en nuestras futuras relaciones comerciales. A tal efecto, les enviamos un cheque descuento del 15% para futuras compras.
Rogamos disculpen las molestias ocasionadas. Los saluda atentamente,

....
Jefe de Ventas

39 Trabaja con tu compañero y señala la opción que oigas. Sigue las instrucciones de tu profesor.

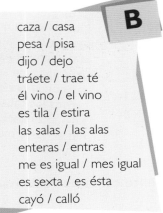

A

peso / piso
dado / dedo
cara / cala
dijo / dejo
la hora / Laura
a veces / hay veces que
es evidente / ese vidente
aquí / a que
el arte / helarte
Lucía y Andrés / lucía ya tres
toma té / tomate

B

caza / casa
pesa / pisa
dijo / dejo
tráete / trae té
él vino / el vino
es tila / estira
las salas / las alas
enteras / entras
me es igual / mes igual
es sexta / es ésta
cayó / calló

40 Escucha las siguientes frases y puntúalas (y acentúa cuando sea necesario) atendiendo a las pausas. Piensa en otras posibilidades y fíjate cómo varía el significado. Discútelo con tus compañeros.

1. Dejo mi herencia a mi esposa no a mi hermano.
2. Jamás iré contigo aunque te duela.
3. No quiero ir si viene Pedro.
4. Juan mira por donde viene tu hermana.
5. El verano que viene tampoco iremos a la sierra.

41 Escucha y clasifica las palabras según corresponda.

ai	ia	ei	ie	au	uo	triptongos	hiatos

42 Completa el siguiente poema. Pueden servirte de ayuda algunos de los adjetivos del recuadro. Después, escucha y comprueba tus aciertos. Con los adjetivos que sobran intenta hacer una nueva estrofa.

fétido, válidos, pálido, óptimo, mítico, trágico, lúcido, típico, ínfimo, rápido, sórdido, cálidos, bélico, ácidos, mágico, nítido, cómico

En un mundo ...á...i...o
de colores ...á...i...o...,
donde nada es ......á...i...o,
he vivido yo.

El tiempo no pasaba ...á...i...o,
los frutos no eran á...i...o...,
y resultaban ...á...i...o...
para vivir mejor.

Yo estaba ...ú...i...o,
el ambiente era ó......i...o;
no había nada ...ó......i...o
y hacía sol.

El aire era ...í...i...o,
el viento era í......i...o,
el clima era ...í...i...o
y embriagador.

www.rae.es
www.el-mundo.es

DOS GRANDES CIUDADES: BARCELONA Y BUENOS AIRES

Todas las ciudades tienen algo mágico, irreal, incomprensible y cálido. Ese sitio, en Barcelona, son las Ramblas, un lugar a medio camino entre lo real-maravilloso de García Márquez y el clásico catalán sobre la saga de los Rius. Las Ramblas son un río tormentoso, una cicatriz única de identidad que vertebra otras Barcelonas: la modernista, la gótica, la del diseño…, sometidas a los influjos de las épocas y las modas. En el caso de Buenos Aires, el centro neurálgico es la avenida más ancha del mundo, la del 9 de Julio, con el famoso Obelisco que conmemora el cuarto centenario de la fundación de la ciudad. Destacan también la Plaza de Mayo con la Pirámide, símbolo de la libertad argentina, y la Casa Rosada, sede del Gobierno, construida a semejanza de la Casa Blanca, en Estados Unidos.

Casa Rosada (Buenos Aires)

Barcelona está rodeada por murallas romanas, y cuenta con templos románicos como el de Sant Paul del Camp, con el mercado más antiguo de Europa (La Boquería), el Barrio Gótico, Santa María del Mar, templos del neoclasicismo, el impresionante modernismo de Gaudí, todo ello en un conjunto lleno de armonía y tolerancia. En Buenos Aires, cabe mencionar la catedral y otros templos católicos, y no católicos, como la sinagoga judía de la calle Libertad y la iglesia escocesa de San Andrés. Una visita obligada y curiosa es el cementerio de Chacaritas, donde se encuentra la tumba del argentino más internacional: el cantante de tangos Carlos Gardel.

Ambas ciudades representan perfectamente el cosmopolitismo urbano actual. Las dos ciudades portuarias reciben flujos de visitantes que desean encontrar todo aquello que han leído en las guías de viajeros: el tango, la sardana, la carne de res, los caracoles, el cuero, el cava y, por supuesto, el sempiterno fútbol. Tanto una como otra cuentan con equipos mundialmente conocidos: el Boca Juniors en Buenos Aires y el Barça en Barcelona. Si bien en Barcelona los Juegos Olímpicos del 92 sirvieron para urbanizar y dotar a la ciudad de infraestructuras deportivas, construidas con reglas del siglo XXI, como el Palau Sant Jordi, la Torre Collserola en lo alto de la sierra del mismo nombre,

Casa Milá (Barcelona)

obra del arquitecto Norman Foster, y el estadio olímpico de Montjuich, Buenos Aires no tiene nada que envidiarle con sus diecisiete estadios, autódromos, velódromos e hipódromos.

En cuanto a los aspectos culturales, las dos ciudades son faros en sus respectivos continentes: Barcelona, con su amplia oferta operística, teatral y de artes escénicas en general, además de la pintura, la escultura, el diseño de moda, la arquitectura; Buenos Aires, con un buen número de valiosas bibliotecas y editoriales que refuerzan el magnífico desarrollo cultural, además de las numerosas instituciones de carácter académico y un buen número de lugares de esparcimiento, tales como cines, teatros, museos, galerías de arte, etc.

1. Con la información del texto, enumera tres semejanzas y tres diferencias entre Barcelona y Buenos Aires.

2. En el texto se habla de los estadios de fútbol. ¿Qué deportes se practican en los autódromos, velódromos e hipódromos?

3. ¿Conoces a bonaerenses o barceloneses famosos? Explica a tus compañeros quiénes son.

4. ¿Cuáles son los bailes típicos que se mencionan? ¿Los conoces? Cita otros bailes de España e Hispanoamérica.

5. Completa la información del texto con otros datos de interés que tú conozcas sobre estas dos ciudades.

Recapitulación

1 En la lección has aprendido el significado de palabras como *bandurria, temerario, atolondrado, calvario, batacazo, urna, contenedor, lunático, arrasar, intrépido*. Escribe una frase con cada una de ellas.

1._____
2._____
3._____
4._____
5._____
6._____
7._____
8._____
9._____
10._____

2 En una instancia, ¿quién es la persona que suscribe?

➥ La persona que escribe.
➥ La persona a quien se manda el escrito.
➥ La institución.

3 ¿Cuál es el antecedente en estas frases? Subráyalo.

1. La niña que está en el escenario es la hija de mi vecina.
2. El viaje que hicimos el año pasado fue muy divertido.
3. No hay quien pueda estudiar con tanto ruido.
4. Nadie sabe quién fue el culpable.
5. Los animales que hay en el zoo están muy bien cuidados.

4 Completa la explicación gramatical.

1. El relativo *que* cuando lleva preposición también suele llevar _____
2. Si el antecedente es conocido utilizaremos _____
3. *Quien, quienes, cual, cuales* tienen variación de número pero _____
4. Las estructuras reduplicativas se construyen _____
5. Si el antecedente es concreto, aunque no conocido, utilizaremos _____

5 ¿Cuáles de estas frases son incorrectas? Señala por qué.

1. No hay nadie en mi clase que habla cinco idiomas.
2. Podrán ir a la piscina quienes hayan terminado su trabajo.
3. El poema cuya acción termina cuando matan al asesino es el que pusieron en el examen.
4. Mi primo tenía un coche quien ganó en un concurso.
5. Dice lo que dice terminará enfadándose con todos.

6 En algunas de estas opiniones hay errores. Descúbrelos y justifícalos.

1. Me cae amable.
2. Me parece muy bien.
3. Me cae alegre.
4. Me cae regular.
5. Me parece simpático.

7 Puntúa la siguiente frase de tres formas diferentes y explica el significado de cada una de ellas.

No se repartirá la herencia a mi prima a mi novio y a mi hermano nada más

1. _____
2. _____
3. _____

8 Acentúa las palabras subrayadas cuando sea necesario.

1. —¡Hombre, Ana, felicidades!, me han dicho <u>que</u> ayer fue tu cumpleaños. ¿<u>Que</u> te han regalado?
2. —¿<u>Que que</u> me han regalado?, nada.
3. —¡Nada?, y ¿<u>como</u> ha sido eso?
4. —Ya ves, quedamos para tomar unas cervezas <u>donde</u> siempre. <u>Quien</u> quisiera podía comer tarta de cumpleaños; llevé una enorme. <u>Como</u> conocemos al camarero no puso problemas.
5. —<u>Cuando</u> llegara la gente no cabríais, es un bar muy pequeño.
6. —Es <u>que</u> no fue nadie, Julio se confundió al avisar a los demás.
7. —¡No me digas!, ¡<u>que</u> desastre! Anda, pasa a mi casa y tomamos algo.

9 Según el texto que has leído en el apartado cultural **A nuestra manera**, sitúa los siguientes lugares.

La Boquería, Casa Rosada, estadio del Boca, Barrio Gótico, Chacaritas, Montjuich, la Pirámide, Las Ramblas, avenida 9 de Julio, calle Libertad

Barcelona	Buenos Aires

Creo que vamos a ganar

7

Érase una vez una señora de la limpieza tan discreta, puntual y eficaz que acabó prestando sus servicios en despachos de políticos influyentes, salas de consejo y lugares de reuniones gubernamentales. Se acostumbró a vivir, pues, entre muebles oscuros, escribanías de piel, estilográficas de oro y retratos del Rey en las paredes. Jamás tuvo la tentación de hurtar ningún objeto ni de leer un papel o recostarse en un sofá.

Pero en aquellos lugares, además de limpiar el polvo, pulir los ceniceros y vaciar las papeleras, había que recoger multitud de palabras que después de ser pronunciadas por los padres de la patria, y por alguna extraña razón, no se habían diluido en el aire como es habitual. Siempre había palabras encima de la mesa, detrás de las cortinas, sobre la alfombra e incluso en el servicio, donde los hombres de corbata de seda, tras firmar alguna cosa, se lavaban las manos por si acaso, mientras escupían palabras que de lo sucias que estaban obstruían con alguna frecuencia el sumidero.

Como creía que con eso no hacía daño a nadie, empezó a llevarse algunas palabras a su casa para que sus hijos jugaran con ellas y se familiarizaran así con el lenguaje de las personas de categoría. Además, como su marido era muy mañoso y tenía muchas herramientas, cogía algunas palabras y las convertía en otras. Por ejemplo, un día que se llevó a casa *Filesa*, su marido, con un destornillador, la convirtió en *Felisa*, que era el nombre de ella.

Pasado el tiempo, la casa empezó a oler muy mal y los vecinos pusieron una denuncia. Cuando llegó la policía y vio que aquellas palabras malolientes no podían pertenecer a gente tan modesta requisó el material y detuvo a Felisa, que fue juzgada y condenada a limpiar váteres. Toda la familia fue sometida a un programa de analfabetización.

Juan José Millás, *El País* (7/06/91).

- ¿Qué imagen de los políticos se ofrece en el texto?
- ¿Qué frase o idea utilizarías para resumir el texto?
- ¿Cómo definirías los discursos y las ruedas de prensa de los políticos en general?
- ¿Cómo te imaginas que es la vida de un político? ¿Cambiarías la tuya por la de ellos?
- ¿Cuáles crees que son las principales virtudes de los políticos?, ¿y los defectos?
- "El político nace y no se hace." ¿Qué opinas de tal afirmación?
- ¿Consideras necesaria su existencia?
- ¿Qué opinión se tiene de ellos en tu país?
- ¿Cuáles son o han sido los políticos más valorados en tu país?

1 **¿Qué palabras conoces en español relacionadas con la política? Anótalas y construye frases con ellas.**

2 **Explica, con la ayuda de un diccionario, en qué consiste:**

1. la democracia ▶ _____
2. la oligarquía ▶ _____
3. la república ▶ _____
4. la monarquía ▶ _____
5. la dictadura ▶ _____

3 **¿Qué sistema de gobierno hay en los siguientes países de habla hispana?**

▶ Perú ▶ Argentina ▶ México ▶ Uruguay ▶ Colombia ▶ España

¿Cuál es el de tu país?

ELECCIONES AUTONÓMICAS Y MUNICIPALES

El presidente autonómico y cuatro alcaldes que han revalidado su mandato con **amplias mayorías,** y que representan no sólo a las tres grandes formaciones políticas, sino a las cuatro zonas de la Comunidad, son los auténticos reyes del voto popular. Alberto Ruiz Gallardón ha ganado y ampliado su ventaja sobre el **bloque de la izquierda,** con un nivel de votos superior a la media de su partido y de cualquiera de sus representantes, en unos **comicios** en los que se jugaba su carrera política, y no sólo la presidencia de la Comunidad de Madrid. José Quintana repite triunfo en Fuenlabrada y se convierte en el alcalde socialista más votado de España, por encima incluso del mítico Francisco Vázquez de La Coruña, y en dura competencia con sus compañeros de zona como son el getafense Pedro Castro y el leganense Pérez Ráez. En la zona Norte, José Caballero **revalida éxitos** y más abultados en Alcobendas, una zona difícil por las tensiones y **cambios de formaciones** habidos en los últimos meses. Y Montserrat Muñoz, la alcaldesa de San Fernando, aún ha logrado lo más difícil: mantenerse y acrecentar votos desde Izquierda Unida.

Crónica Madrid Este (18-24/06/99) (texto adaptado).

4 **¿Qué significado tienen en el texto las siguientes palabras y expresiones?**

1. amplias mayorías: _____

2. bloque de la izquierda: _____

3. comicios: _____

4. revalidar éxitos: _____

5. cambios de formaciones: _____

5 **De las siguientes palabras, ¿cuáles pertenecen al mundo de la política?**

colegio electoral, índice económico, oligarquía, ministro, representante de prensa, editor, listas electorales

6 **Relaciona cada palabra de la fila A con su contraria de la fila B.**

7 **Coloca las palabras en la columna correspondiente.**

senador, Gobierno, oligarquía, ministro, Parlamento, Senado, dictadura, diputado, partidos, votación, listas electorales, urna, democracia, presidente, colegio electoral, secretario de Estado

cargos políticos	elecciones	sistema político

CE 1, 2, 3 **8** **En el texto anterior aparece la expresión *presidente autonómico*. ¿Sabes lo que significa? ¿Conoces las autonomías españolas? Enuméralas con la ayuda de tu profesor.**

ORACIONES SUSTANTIVAS

▶ **REGLA I: INDICATIVO / SUBJUNTIVO CON VERBOS DE SENTIMIENTO Y VOLUNTAD**

Verbos que expresan:

- **sentimiento, juicio de valor o duda:** *gusta, alegrarse de, avergonzarse de, fastidiar, molestar, cansarse de, conformarse con, extrañarse de, aburrir, divertir, lamentar(se) de, temer, tener miedo de, dudar…; darle a uno pena, asco, rabia…; ponerle a uno nervioso, de los nervios, triste, a cien…*
- **voluntad, deseo o influencia** (mandato, prohibición o consejo): *querer, desear, preferir, apetecer, intentar, conseguir; rogar, pedir, ordenar, mandar, obligar a, suplicar, aconsejar, recomendar, animar a, consentir, permitir, tolerar, dejar, prohibir, impedir…*

• v. princ. y v. subor. **mismo sujeto** ⟶ v. subor. en **infinitivo**
   Me encanta cocinar para mis amigos.

• v. princ. y v. subor. **distinto sujeto** ⟶ *que* + v. subor. en **subjuntivo**
   Me encanta que mis amigos cocinen para mí.

Pero si v. princ. = verbo de influencia ⟶ v. subor. en **infinitivo** o *que* + **subjuntivo**
   Mis padres no me dejaban llegar / que llegara después de las doce.

que + subjuntivo

9 **Completa las siguientes frases.**

1. A mi madre le encanta *(hacer, mi padre)* .... la paella.
2. Me fastidia *(estudiar, yo)* .... matemáticas en verano.
3. Espero *(llegar, el presidente)* .... a tiempo a la reunión.
4. Te recomiendo *(probar, tú)* .... la crema catalana.
5. La oposición dijo que no *(ser)*.............. malo que el representante sindical hablara con ellos.
6. El Gobierno ordenó *(paralizar, los sindicatos)* .... las movilizaciones.
7. Me pone muy triste *(tener, yo)* .... que irme ya.
8. A los funcionarios les molesta *(criticar, todo el mundo)* .... por el hecho de tener un empleo seguro.
9. Me alegro de *(llevarse bien, mi marido y mi madre)* ....
10. Prefiero que, cuanto antes, *(saber, la oposición)* .... que se adelantarán las elecciones generales.

10 **Completa el diálogo con los verbos de la lista. Después, escúchalo y comprueba tus respuestas.**

> hacer, dejar, querer, aconsejar, alegrarse, fastidiarse, recomendar, conformarse, cansarse, molestarse, malgastar

Vendedor: Mire, señora, no .... más su tiempo y ...., porque yo le estoy ofreciendo la solución a todos sus problemas. ¿Polvo? ¡Jamás! No .... limpiando una y otra vez, y tampoco .... con su limpiador de siempre. Sepa que…

Señora: Oiga, disculpe, pero tampoco me va tan mal. ¿Y quién le ha dicho a usted que yo tengo proble…

V: Sí, sí, señora, ... que .... de pensar que su vida es aburrida y que no tiene tiempo para otras cosas.

S: Oiga, que yo con mi marido y mis hijos me divierto mucho y…

V: Sí, ya, eso dicen todas, pero ustedes .... cambiar; lo sé por experiencia. Por eso, le .... que pruebe…

S: Oiga, pero si yo no…

V: Con la máquina revolución del siglo XXI ya verá cómo no tendrá que .... más limpiando y limpiando. Se .... de tenerla. Podrá .... a sus amigas que .... lo mismo que usted. Acabará animándolas.

S: Señor, ¡basta ya! Desde luego hay que .... Estoy intentando decirle que ayer vino otro señor como usted y ya la tengo. ¿Podría parar ya y dejarme en paz, que tengo muchas cosas que hacer? ¡Gracias!

11 **Ahora piensa qué conclusiones saca cada uno de los interlocutores.**

La señora: 1. No soporto… **2.** Es que me pone de los nervios… **3.** Me conformaría con… **4.** Prefiero… **5.** Me encanta…

El vendedor: 1. Me saca de mis casillas… **2.** Prefiero… **3.** Nadie se alegra… **4.** Me fastidia… **5.** Me da pena…

> **REGLA II: INDICATIVO / SUBJUNTIVO CON VERBOS DE PENSAMIENTO, COMUNICACIÓN Y PERCEPCIÓN**
>
> Verbos que expresan:
> - **pensamiento o actividad mental:** *pensar, creer, imaginar, opinar, reconocer, considerar, suponer, comprobar, deducir, intuir, adivinar…*
> - **comunicación:** *decir, contar, escribir, confesar, afirmar, comunicar, referir, explicar, murmurar, contestar, indicar, declarar, exponer, señalar, relatar…*
> - **percepción por los sentidos:** *ver, oír, notar, observar, darse cuenta, percibir…*
> - v. princ. **afirmativo** → v. subor. en **indicativo:** *Dice que han estado aquí antes.*
> - v. princ. **negativo** → v. subor. en **subjuntivo:** *No dice que hayan estado aquí antes.*

12 **Explica las excepciones al uso del subjuntivo tras el verbo en forma negativa y completa la ficha.**

1. No digas que te ha tocado la lotería.
2. ¿No dice que le ha tocado la lotería?
3. No dice qué número ha sido premiado en la lotería.
4. No te puedes creer dónde han visto la foto de Luis.
5. ¿No te crees que han visto la foto de Luis?
6. No creas que han visto la foto de Luis.

Pero el v. subor. va en **indicativo** si el v. princ.
negativo… → 1. ....
2. ....
3. ....

13 **Completa las siguientes frases.**

1. ¿No has dicho que Juan (*presentarse*) .... a las elecciones?
2. El alcalde no ha pensado que la ciudad (*tener*) .... que renovar su censo.
3. ¿No comentaron que el mitin de ayer (*ser*) .... un éxito?
4. No creemos que el Senado (*aprobar*) .... esa ley próximamente.
5. Nadie piensa que la oposición (*formar*) .... una coalición para derrotar al Gobierno.
6. No consideraron que ese partido (*ser*) .... tan extremista.
7. Los partidos de derecha e izquierda cuentan que ambos (*ganar*) .... las elecciones de ayer.
8. Suponemos que el secretario general (*casarse*) .... el próximo mes.
9. No digas que en este país no (*haber*) .... libertad de expresión.
10. No nos dice dónde (*estar*) .... nuestro colegio electoral.
11. Creo que (*haber*) .... pocos que piensan así.
12. No considero que las listas electorales (*estar hecho*) .... correctamente.
13. Nunca reconoció que (*saber, él*) .... quién había sido.
14. No han comunicado que (*estar, ellos*) .... en huelga.

14 **Completa el texto.**

El ministro portavoz informó de que bajar los precios no era cosa fácil, aunque esto no quería decir que no lo (*ir*) .... a hacer. El portavoz recordó que el Gobierno (*conseguir*) .... mantener la inflación en un 2,1% y que ello permitirá que (*bajar*) .... aún más los precios. Asimismo, el ministro portavoz indicó a los sindicatos que (*tener*) .... que (*mantener*) .... la actual paz social. El partido de la oposición, en cambio, no cree que (*ser*) .... posible que el Gobierno (*bajar*) .... los precios. Consideran que la inflación del 2,1% no (*ser*) .... un logro del actual Gobierno, sino un producto de la coyuntura económica internacional, y aconsejan al Gobierno que no (*burlarse*) .... de los ciudadanos. En definitiva, que la oposición no se cree que lo (*ir*) .... a hacer y en todas las entrevistas piden al presidente que (*cumplir*) .... lo que prometió y lamentan una y otra vez no (*estar*) .... en el poder.

Los votantes siempre le recuerdan que este tema (estar) .... en su programa electoral como algo prioritario.

CE 12 **15** **Construye frases a partir de las estructuras siguientes teniendo en cuenta que todas deben referirse a la pugna entre el Gobierno y la oposición.**

▶ Hace poco tiempo ustedes comunicaron que…
▶ A pocas personas les parece que…
▶ Todo el mundo cree que…
▶ Aún no han confirmado cuándo…
▶ No creemos que…
▶ No han dicho…
▶ Nadie piensa que…
▶ Tampoco han aclarado dónde…
▶ Hay mucha gente que cree que…
▶ Nosotros queremos que…
▶ A los españoles nos gusta…

16 **Carmen, Carlos, Cristina y Constantino son compañeros de piso, pero últimamente la convivencia entre ellos se ha deteriorado y ahora están en plena crisis. En grupos vais a simular una discusión entre ellos.**

Me gustaría que…
Y yo te ruego que…

Me vuelve(n) loco…
Y a mí me pone(n) a cien…

Me pone de los nervios…
En cambio, a mí me pone contentísimo…

Estoy harta de que…
Y yo me resigno a…

Me divierte…
Pero a mí me aburre…

Me siento muy dolido por…
En cambio, a mí me consuela que…

Me conformo con…
Y yo me admiro de…

Odio…
Pues a mí me da rabia…

17 **Imagina que eres periodista y tu jefe te ha pedido que salgas a la calle a recabar la opinión de los ciudadanos acerca de estos temas:**

- las corridas de toros
- la siesta
- los besos y gestos cariñosos de los españoles en la calle

1. En parejas, preguntad al máximo número posible de compañeros. Al final haréis un análisis de las respuestas obtenidas.

INDICATIVO	SUBJUNTIVO

2. Ahora vamos a trabajar con las estructuras que resulten de la encuesta. Dividirlas en sentimientos positivos o negativos; después, seguid las instrucciones del profesor para iniciar pequeños debates.

18 **En grupos, participaréis en un concurso de cine. Tenéis que desarrollar el final de la historia que los organizadores han propuesto.**

Por ayudar a su novio Carlos, Beatriz se quedó ayer por la tarde atendiendo la tienda de ropa donde trabaja él. En el instante en que Beatriz ayudaba a un cliente a hacerse el nudo de la corbata, entró Carlos –que era muy celoso– y, casualmente, también Carmen, que pensaba sorprender a su marido con una corbata nueva. Todos se quedaron sorprendidos y tras unos segundos de silencio…

▶ **EXPRESIONES CON *SER*, *ESTAR* O *PARECER* + ADJETIVO O SUSTANTIVO**

- **Siguen la regla I:** expresiones que no indiquen certeza: *ser normal, raro, bueno, malo, fácil, difícil, (im)proba-ble, (im)posible, (in)suficiente, esencial, (in)necesario, (in)justo…; ser una tontería, una pena, un placer, una maravilla, una locura, una vergüenza…; estar cansado de, sorprendido de, encantado con, orgulloso de, interesado en, satisfecho de…*
- Generalizar ⟶ verbo subordinado en **infinitivo**
  Es una pena malgastar la energía.
- Sujeto de la or. subor. específico ⟶ *que* + verbo subordinado en **subjuntivo**
  Es una pena que malgastes tanta energía.
- **Siguen la regla II:** expresiones de certeza: *ser evidente / cierto / una realidad / seguro; estar claro / demostrado…*
  Es evidente que se equivoca.
  No está claro que sea culpable.

19 **Completa los siguientes diálogos.**

- No sé qué pensar, pero ¿crees que es cierto que Juan *(casarse)* .... el próximo mes?
- Mira, yo de estas cosas entiendo poco, pero no está nada mal *(casarse)* .... con la hija del presidente de tu país.

- Creo que es una pena *(tirar)* .... el dinero, por eso no entiendo lo que ha hecho María.
- ¿Qué ha hecho?
- Pues ha pagado 150,25 € de la matrícula en la autoescuela y ahora dice que no se quiere sacar el carné. Es injusto que *(hacer)* .... eso y yo aquí a dos velas.
- Hija, pues a mí no me parece raro que *(comportarse)* .... así; yo la conozco desde hace tiempo y seguro que a ella le parece lo más normal del mundo.

- Es bueno de vez en cuando *(comer)* .... fruta, ¿no crees?
- Está claro que lo tuyo *(ser)* .... dar mítines sobre la vida sana, ¿eh?
- Mira, es que nunca me haces caso, y está demostrado que la fruta *(tener)* .... mejores cosas que ofrecerte que el cigarrillo que te estás fumando. Y lo que parece más evidente es que *(estar)* .... sorda. Y ya sé que está claro que no me *(ir)* .... a hacer caso. A lo mejor lo que necesitas es un novio no fumador.
- Lo que me faltaba, eso sí que está demostrado: es totalmente seguro que los novios *(ser)* .... más perjudiciales que dos cajetillas al día.

 20 **Escribe las reacciones que tendrían los personajes de las fotos ante las situaciones en que se encuentran. Utiliza las estructuras *ser, estar, parecer* + adjetivo o sustantivo o los verbos estudiados en las fichas gramaticales.**

21 **¿Qué pasa si...? En parejas, formulad preguntas de este estilo a otros dos compañeros de la clase.**

Ej.: *¿Qué pasa si...*
estás encerrado en una celda de castigo?
• *Es difícil que hagas amigos.*
• *Es normal que te sientas solo.*

22 **Hoy es la despedida de solteros de Sergio y de Paula. En grupos, y con las estructuras aprendidas en los cuadros gramaticales anteriores, preparad frases de deseo y de consejo para estos amigos y sus respectivas familias.**

▶ _____
▶ _____
▶ _____
▶ _____
▶ _____
▶ _____
▶ _____
▶ _____

23 **Observa estas cuatro situaciones. ¿Qué crees que piensan o sienten sus protagonistas?**

1
_____
_____
_____
_____

2
_____
_____
_____
_____

3
_____
_____
_____
_____

4
_____
_____
_____
_____

24 **Vais en un barco y, de repente, se hunde como el Titanic. Cada uno de vosotros inventará su propio personaje, y tendrá que convencer a los compañeros de que necesitáis un chaleco salvavidas, pero no hay para todos. Todos daréis vuestra opinión sobre los personajes que vayan apareciendo.**

25 **Explica las diferencias entre estos pares de frases.**

1. Pedro me dijo que había ganado el premio / Mi madre me dijo que ordenara la habitación.

2. El médico me recordó que tenía cita a las tres / El médico me recordó que dejara de fumar.

3. Siento que tengo un gran dolor de garganta / Siento que hayas suspendido el examen.

4. El coche se ha estropeado; supongo que tendremos que ir a pie / El retraso en el recuento de votos supone que cierren los colegios electorales una hora más tarde.

5. He pensado que tengo tiempo para tomar esa decisión / He pensado que vayas tú a por los helados.

6. Su reloj se estropeó; ahora entiendo que llegara tarde / Entiendo que estás cansado, así que no insistiré.

7. Estoy convencido de que está más delgado / El presidente nos convenció de que votáramos a Los Verdes.

8. Me temo que tiene algo que ocultar / Temo que haya perdido el tren.

▶ **VERBOS QUE CAMBIAN DE SIGNIFICADO**

decir	• contar o comunicar algo: *indicativo*.
	• pedir, mandar, aconsejar: *subjuntivo*.
recordar	• comunicar a otra persona lo que ha olvidado o que puede haber olvidado: *indicativo*.
	• comunicar a otra persona una orden, consejo… expresado con anterioridad: *subjuntivo*.
sentir	• notar físicamente: *indicativo*.
	• lamentar: *subjuntivo*.
suponer	• imaginar, creer: *indicativo*.
	• implicar, traer consigo: *subjuntivo*.
pensar	• creer, tener una idea u opinión: *indicativo*.
	• tomar la decisión de que alguien haga algo: *subjuntivo*.
entender, comprender	• notar, darse cuenta: *indicativo*.
	• aceptar o reconocer que existen motivos para algo: *subjuntivo*.
convencer de	• (*estar convencido de*) asumir, estar seguro de algo: *indicativo*.
	• influir en otra persona para que actúe de una determinada manera: *subjuntivo*.
temerse	• sospechar algo negativo: *indicativo*.
temer	• tener miedo: *subjuntivo*.

---

26 **Completa con la forma verbal adecuada.**

1. Dijo que (venir, ella misma) .... hoy.

2. Ha dicho el encargado que (subir, tú) .... enseguida a su despacho.

3. Sentí que se me (subir) .... los colores de la vergüenza que me dio.

4. Siento mucho que (pasar) .... lo que pasó.

5. Te recuerdo que mañana (tener, tú) .... una cita con el director del banco.

6. Recuérdame que (echar, yo) .... la carta en el buzón de correos.

7. Mucho me temo que no (conseguir, él) .... la candidatura del partido.

8. Cuando nos dijo que se iba de safari temíamos que le (ocurrir) .... alguna desgracia.

9. En seguida comprendimos que (tener, ella) .... muchos y graves problemas.

10. Comprendo que (estar, él) .... obligado a aceptar la invitación, pero yo no estoy de acuerdo.

---

27 **Sustituye los verbos en cursiva por otros que signifiquen lo mismo.**

A: ¿*Recuerdas* lo que nos *dijo* Irene el mes pasado?

B: Pues no estoy muy seguro, refréscame la memoria.

A: Pues nos *dijo* que teníamos que trabajar una hora más para sacar el trabajo que tenemos atrasado.

B: *Supongo* que se referirá al tema de las transacciones.

A: No, *pienso* que es lo de la Feria de Muestras.

B: Pues *me temo* que no voy a poder pedirle los dos días de vacaciones que quería.

A: Ni yo, aunque lo *siento* más por María.

28 ¿Conoces el juego de la oca? Vamos a practicar los verbos con cambio de significado aprendidos en la lección. Sigue las instrucciones de tu profesor y ¡buena suerte!

29 **En parejas, expresad vuestra opinión ante las siguientes situaciones utilizando todas las estructuras estudiadas en la lección.**

1. Vuestro mejor amigo tiene la oportunidad de ascender en su trabajo pero tiene que irse dos años a Brasil. Su mujer está embarazada de tres meses y, aunque él cree que está en un buen momento profesional, su situación familiar lo preocupa.
2. A una compañera de trabajo el jefe le ha regalado un curso de idiomas de tres meses y a vosotros no.
3. No caéis muy bien a la familia de vuestra pareja y la relación se ha resentido.
4. Vuestra hermana se ha enamorado locamente de un chico a través de Internet y ahora quiere abandonar su trabajo e irse con él a Suecia.
5. Habéis leído en el periódico que en muchos países los malos tratos son una práctica diaria.
6. Vuestra mejor amiga quiere abandonar a su marido porque éste nunca quiere salir a divertirse y sólo le gusta ver partidos de fútbol en la televisión.
7. El alcalde de vuestra ciudad ha dimitido por tener un romance con un miembro del partido de la oposición.

30 **En grupos, elaborad un espacio para la televisión sobre el tiempo libre, su importancia, cómo disfrutarlo, consejos para las distintas edades, profesiones, etc.**

▶ FORMAS DE INFLUIR EN EL OYENTE

imperativo	
Expresa diferentes maneras de influir en el hablante.	*Agite el medicamento antes de usarlo* (instrucción).
	Venga, vámonos al cine (proponer cosas).
	Tómate unos días de vacaciones, los necesitas (consejo).
	Pásame la sal (petición).
	Sal de aquí ahora mismo (orden).
	Diviértete (deseo).
a + infinitivo	
Orden informal.	*Venga, todo el mundo a dormir.*
que + subjuntivo	
- Para dar órdenes indirectas a terceras personas.	*Que pase el siguiente.*
- Para repetir una orden directa ya dada.	>¿Qué has dicho?
	<Que pongas la tele.
presente de indicativo	
- En pregunta, para pedir cosas o favores.	*¿Me dejas el diccionario?*
- Para dar instrucciones.	*Sigues todo recto y llegas a una plaza.*
- En relaciones de confianza, para dar órdenes.	*Le dices a mi madre que llegaré tarde, ¿vale?*
ir a + infinitivo	
- Órdenes descorteses en relaciones bien jerarquizadas.	*Vas a hacer lo que yo te diga, o ya verás.*
Fórmulas:	
• *Vamos a + infinitivo*, sirve para proponer cosas u ordenar.	*Venga, vamos a cenar.*
• *Va(s) a perdonarme / disculparme*, fórmula de cortesía para introducir algo que creemos que va a desagradar a nuestro interlocutor.	*Vas a disculparme, pero tu amigo ha sido un poco impertinente*
futuro de indicativo	
- Órdenes muy descorteses, normalmente cuando ya se ha pedido antes.	*Harás lo que yo te diga.*
condicional de los verbos *poder, deber, tener que*	
- Peticiones, consejos corteses / formales.	*¿Podrías decirle a mi madre que llegaré tarde?*
	Deberías estudiar más.

31 **Señala el valor de las formas verbales en estas frases.**

1. Remueva de vez en cuando para que no se pegue.
2. Pásalo bien esta noche.
3. Pues te aguantas y ahora te lo comes.
4. Le dices a mi hermana que pase a recogerme a las seis.
5. O te callas ahora o lo pagarás.
6. Anda, ven, que te estamos esperando.
7. Tómese la vida más tranquilamente.
8. ¿Me pasas el pan?

32 **Ordena de más a menos formal estas frases y piensa en qué situaciones se utilizarían.**

1. Vaya a estudiar a su habitación.
2. No estudie en las escaleras, no es el lugar.
3. Vas a estudiar a partir de ahora o te vas a enterar.
4. ¡A estudiar ahora mismo!
5. ¿Podrías decirle a Jaime que ya puede estudiar en su habitación?
6. Estudiarás lo que yo te diga.
7. Deberías estudiar más.
8. Vas a perdonarme, pero tus padres quieren que estudies más.
9. Venga, hombre, estudia un poco.

 33 **Transforma estas frases en órdenes, ruegos, consejos y peticiones para diferentes contextos.**

1. Dormir poco y sentirte mejor.
2. Ir a tomar algo.
3. Tomar la vida más en serio.
4. Repetir el ejercicio.
5. Pasar el porrón.
6. Venir la semana próxima antes de las doce.
7. Correr cinco kilómetros.
8. Recoger la habitación o no salir mañana por la noche.
9. Bajar la música.
10. Decir la hora.

34 **En parejas, cread pequeños diálogos en los que utilicéis las fórmulas que os damos a continuación. Seguid las indicaciones del profesor.**

1. Venga, vámonos al cine.
2. ¡Que descanses!
3. ¡Que entre el siguiente!
4. ¿Podrías dejarme tu diccionario?
5. Sigue así, lo conseguirás.
6. Le dices a María que la veré a las seis.
7. ¿Que no quieres ayudarme? Pues ahora no te invito a cenar.
8. Agítese antes de usar.
9. Pásame el borrador.
10. Vete de aquí ahora mismo.
11. ¡Que te pongas a estudiar he dicho!
12. Baje por aquí y tuerza a la derecha.
13. Venga, date prisa.
14. Ábralo con cuidado y deposítelo en un recipiente de cristal.
15. Tómate las cosas con más tranquilidad.
16. Que te he dicho que me dejes en paz.
17. ¡Que venga el siguiente en la lista!
18. Hazlo de esa manera, y todos se enfadarán.
19. ¿Puedes recogerme en el aeropuerto?
20. Ahora vas y se lo cuentas a Pepe.

¿A cuál de ellas añadirías *por favor*? ¿En qué situación? ¿Qué valores expresivos pueden tener estas frases?

35 **Habla con tu compañero sobre un objeto o producto. Dad sus instrucciones de uso al resto de la clase, a ver si adivinan de qué se trata.**

36 **En parejas, ¿qué consejos daríais a las siguientes personas ante estas situaciones?**

1. Un político que tiene que dimitir.
2. La secretaria de un director general, completamente estresada.
3. El presidente del partido de la oposición en su último mitin de campaña.
4. El secretario de Estado de Hacienda, que tiene que anunciar una subida de los impuestos.
5. La mujer de un ministro en campaña electoral, que está embarazada.
6. El secretario general de la OTAN antes de anunciar una nueva guerra.
7. El presidente del Senado antes de anunciar la disolución de la Cámara.
8. El presidente de un colegio electoral antes de abrir las urnas.
9. El director del censo electoral antes de su publicación.
10. El presidente del Gobierno enfadado con su hijo porque está molestándolo.

¡Recuerda! Las instrucciones, los deseos, las órdenes pueden ser formales, informales o incluso descorteses. Intenta utilizar los dos tipos, siempre y cuando sea posible.

37 **Debate sobre el Estado de la Nación.**

> paro, terrorismo, impuestos, educación, ejército, cultura, turismo, política exterior, sanidad, medio ambiente

Dividíos en tres grupos: uno representará al Gobierno, otro al partido mayoritario de la oposición y el último a los grupos minoritarios de la Cámara. Cada grupo defenderá sus posturas ante los demás. El profesor será el moderador.

LAS ABREVIATURAS

La abreviatura es la representación de una palabra con una o algunas de sus letras. Abreviaturas de uso frecuente en español son las siguientes:

art.	artículo
c/	calle
cap.	capítulo
Dr.	doctor
Dpto.	departamento
E	este
etc.	etcétera
gral.	general
izqda., izq.	izquierda
NE	nordeste
NO	noroeste
n.°	número
O	oeste
pág.	página
p. ej.	por ejemplo
P. D.	posdata
pta., pts.	peseta(s)
S	sur
SE	sudeste
SO	sudoeste

De cortesía y tratamiento

afmo.	afectísimo
ato., atto.	atento
D.	don
D.ª	doña
Excmo.	excelentísimo
Ilmo.	Ilustrísimo
S.E.	Su Excelencia
S.	san
Sta.	santa
Sr.	señor
Sra.	señora
Sres.	señores
Srta.	señorita
Ud.	usted
Uds.	ustedes

Comerciales

Admón.	administración
Comp., Cía.	compañía
cta.	cuenta
S.A.	sociedad anónima
S. L.	sociedad limitada

38 **Sustituye todas las palabras que puedas por su abreviatura correspondiente.**

1. La señorita Jiménez vive en la calle Sevilla, número quince, bajo izquierda.
2. El señor Pérez está escribiendo un libro que tendrá diez capítulos y doscientas páginas.
3. El doctor Lucas ha publicado un nuevo artículo sobre física cuántica que ha sido premiado con dieciocho mil euros.
4. La compañía que ustedes representan no figura en el registro de la administración como sociedad anónima.
5. Las cuentas bancarias de esa compañía están en números rojos.

CE. 16. 17 **39** **Escribe una carta en la que utilices al menos seis abreviaturas según las indicaciones.**

El albergue que tú gestionas está en plena sierra de Madrid, bien comunicado. Quieres informar de las ofertas especiales en temporada baja para grupos y también para colegios e institutos.

El albergue ofrece grandes posibilidades para el deporte y otras alternativas de ocio.

LA ARGUMENTACIÓN

Argumentar consiste en dar razones o argumentos para atraer a los lectores u oyentes a una postura determinada que el escritor o hablante defiende y que se denomina **tesis**.

En los textos argumentativos se suelen distinguir estos apartados:

- presentación;
- exposición de los hechos;
- bloque argumentativo, y
- conclusión.

La **exposición de los hechos** tiene como objeto formular la postura o las ideas (tesis) que vamos a defender.

Tiene más ventajas viajar en invierno que en verano.

El **bloque argumentativo** tiene como finalidad aportar los motivos en los que se fundamenta la tesis.

En invierno viaja menos gente.
Las aglomeraciones que se producen en verano hacen que los servicios sean peores.
En invierno, los precios son más bajos, hay mejores ofertas para viajar y se pueden hacer más cosas por el mismo dinero.
En verano hay dificultad para encontrar plazas hoteleras.
Los desplazamientos por carretera son en verano más lentos y conllevan mayor riesgo.

La **conclusión** es una síntesis de todo lo argumentado, y su objetivo es dejar fijada la idea o postura que se defiende.

¿Por qué tiene más ventajas viajar en invierno que en verano?

Para que la argumentación sea correcta, debe estar bien construida y formulada en un lenguaje claro y adecuado. La tesis debe estar expresada con la mayor claridad y sencillez posibles.

40 **A partir de lo que has visto en el cuadro, señala las partes y las características en este fragmento.**

No es fácil saber cómo ha de portarse un hombre para hacerse un mediano lugar en el mundo. Si uno aparenta talento o instrucción, se adquiere el odio de las gentes, porque le tienen por soberbio, osado y capaz de cosas grandes. Si, al contrario, uno es humilde y comedido, le desprecian por inútil y necio. Si ven que uno es algo cauto, prudente y detenido, le tienen por vengativo y traidor. Si es uno sincero, humano y fácil de reconciliarse con el que le ha agraviado, le llaman cobarde y pusilánime; si procura elevarse, ambicioso; si se contenta con la medianía, desidioso; si sigue la corriente del mundo, adquiere nota de adulador; si se opone a los delirios de los hombres, sienta plaza de extravagante. Estas consideraciones, pensadas con madurez, y confirmadas con tantos ejemplos como abundan, le dan al hombre gana de retirarse a lo más desierto de nuestra África, huir de sus semejantes y escoger la morada de los desiertos o montes entre fieras y brutos.

José Cadalso, *Cartas marruecas*.

41 **Lee el poema *Sólo le pido a Dios,* de León Gieco. Transfórmalo, como quieras, en un texto argumentativo siguiendo las pautas señaladas.**

Sólo le pido a Dios que la guerra no me sea indiferente,
es un monstruo grande y pisa fuerte
toda la pobre inocencia de la gente.

Sólo le pido a Dios que el dolor no me sea indiferente,
que la reseca muerte no me encuentre
vacía y sola sin haber hecho lo suficiente.

Sólo le pido a Dios que lo injusto no me sea indiferente,
que no me abofeteen la otra mejilla
después de que una garra
me arañó esta suerte.

Sólo le pido a Dios que lo injusto no me sea indiferente,
si un traidor puede más que unos cuantos,
que esos cuantos no lo olviden fácilmente.

Sólo le pido a Dios que el futuro no me sea indiferente,
desahuciado está el que tiene que marcharse
a vivir una cultura diferente.

Sólo le pido a Dios que la guerra no me sea indiferente,
es un monstruo grande y pisa fuerte
toda la pobre inocencia de la gente.

¿Qué cosas pedirías tú para mejorar el mundo? Inventa tu propia conclusión.

42 **Argumenta por escrito la siguiente idea.**

"Los propósitos políticos a menudo no se corresponden
con los propósitos de los ciudadanos."

Esquemas tonales del español

1. (enunciativa) *Tengo miedo.*
2. (interrogativa parcial) *¿Quién tiene miedo?*
3. (interrogativa total) *¿Tienes miedo?*
4. (exclamativa) *¡Tengo miedo!*

 43 Escucha y copia las frases.

1. _____
2. _____
3. _____
4. _____
5. _____

ESQUEMAS TONALES DE YUXTAPOSICIÓN Y COORDINACIÓN

- Había papeletas, urnas, interventores discutiendo, vocales de mesa, gente esperando, policías en la puerta…

- Había papeletas, urnas, interventores discutiendo, vocales de mesa, gente esperando y policías en la puerta.

👄 ¿Quieres chocolate o café?
👄 Café.
👄 ¿Quieres chocolate o café?
👄 No, quiero agua.
👄 ¿Quieres chocolate y galletas?

 44 Escucha y repite estas frases.

1. Compra pan, leche, huevos y harina.
2. En la boda vimos a Carlos, a su madre, su primo, su hermana, su cuñado…
3. Voy a ir primero a ver a mi amiga Tere, después a la peluquería, luego a la tintorería y por último a casa de mi madre.
4. He estado viendo una revista de casas nuevas con cocinas estupendas, cortinas, cuartos de baño, dormitorios, salas de estar, buhardillas…

Inventa otras dos más con enumeraciones y señala los esquemas tonales.

👄 _____
👄 _____

 45 Elige la opción más adecuada para estas preguntas y después escúchalas. Comenta con tu profesor los aciertos y errores que hayas tenido.

1. ¿Te compro el lápiz o el rotulador?
   ❏ No, el bolígrafo.
   ❏ Sí, el lápiz.
   ❏ El rotulador.

2. ¿Te compro el lápiz o el rotulador?
   ❏ No, el bolígrafo.
   ❏ Sí, el lápiz.
   ❏ El rotulador.

 46 Escucha estas frases y di a qué tipo de esquema tonal pertenecen según lo que has visto en esta lección. Escribe los signos de puntuación pertinentes.

1. Le pregunté qué había hecho el fin de semana pasado
2. Sabes dónde trabaja Rosario
3. No me gusta que me mientas

4. Tengo hambre
5. Cuántos van a ir a la fiesta de Rafa
6. Vienes esta tarde

El 6 de diciembre de 1978 el pueblo español, en referéndum, aprobaba la Constitución. España vive desde entonces en democracia, tras una dictadura y una época política difícil conocida como "la transición". *Libertad sin ira,* canción del grupo folk Jarcha, se convirtió en el pregón que anunciaba el cambio y que siempre irá unida a ese momento histórico. Varios gobiernos democráticos han ido sucediéndose durante estos más de veinte años: UCD (Unión de Centro Democrático), PSOE (Partido Socialista Obrero Español) y PP (Partido Popular), que gobierna actualmente. Varios presidentes de Gobierno han llevado al país a la estabilidad política y económica: Adolfo Suárez, Leopoldo Calvo Sotelo, Felipe González y José María Aznar. A su lado, dirigentes políticos, secretarios de Estado, presidentes autonómicos y de diputaciones, junto con todo el pueblo, han ido ampliando el marco de libertades durante todos estos años.

El avance experimentado por España en todos los campos como consecuencia de sus gobiernos democráticos ha sido el espejo en el que muchos países hispanoamericanos han querido mirarse para hacer sus propias transiciones políticas de dictaduras a democracias. Las oligarquías van dejando paso al poder del pueblo, que elige en las urnas a sus propios representantes. Países como Chile y Argentina han pasado de una feroz dictadura a una democracia, aunque ello no ha sido, ni es, un camino de rosas. El Salvador, Nicaragua y Guatemala, tras cruentas guerras civiles, empiezan a convivir en democracia. Otros países como México, Venezuela, Perú, Ecuador y Paraguay están bajo gobiernos democráticos, pero a menudo resurgen violentas revueltas sociales como consecuencia de desacuerdos con el Gobierno. Y, por último, Cuba mantiene un régimen socialista.

1. Responde a estas preguntas.

   1. ¿Cuáles han sido los presidentes de la democracia española?
   2. ¿Qué se conoce como "la transición"?
   3. ¿Qué régimen político hay en Chile, Argentina y México?
   4. ¿Conoces alguno de los problemas que vivieron Chile y Argentina durante la dictadura militar?

2. Lee este fragmento de la canción *Libertad sin ira.*

> Dicen los viejos que en este país hubo una guerra,
> que hay dos Españas que guardan aún
> el rencor de viejas deudas.
>
> Dicen los viejos que este país necesita
> palo largo y mano dura
> para evitar lo peor.
>
> Pero yo sólo he visto gente
> que sufre y calla dolor y miedo,
> gente que tan sólo quiere
> vivir su vida
> sin más mentiras
> y en paz...
>
> Libertad, libertad, sin ira, libertad,
> guárdate tu miedo y tu ira,
> porque hay libertad, sin ira, libertad
> y si no la hay, sin duda la habrá...

   1. ¿Cuál es el mensaje de la canción?
   2. Según parece, ésta fue la canción que representó el nacimiento de la democracia en España. ¿En qué partes de este fragmento se aprecia esa idea?
   3. ¿Ha existido alguna canción en tu país que se haya convertido en un himno conocido por generaciones? ¿Cuál? ¿Por qué?

Recapitulación

 Tacha lo que no proceda.

1. Político, urna, comicio, caja registradora.
2. Mitin, arenga, discurso, conversación.
3. Oligarquía, dictadura, democracia, anarquía.
4. PP, PSOE, UCD, YUF.
5. Secretario de Estado, secretaria de dirección, ministra, diputado.

 Señala las frases incorrectas y corrígelas.

1. Me gusta que has votado.
2. Quiero que introduzcas la papeleta por mí.
3. Es mejor que preparas tu discurso.
4. Deseo que el Gobierno no suba los impuestos.
5. Es necesario que tenemos todas las listas del censo.
6. ¿No crees que el presidente tenga razón?
7. No ha comentado cuáles hayan sido los resultados.
8. Esperamos que los sindicatos consigan sus propósitos.
9. Me temo que el presidente tenga algo que ocultar.
10. Me animaron a presentarme a las elecciones.

3 Completa las reglas gramaticales.

1. *Ser, estar, parecer* + *que* + sujeto específico, el verbo siempre va en _____
2. Si el verbo principal es un verbo de influencia, el verbo subordinado va en _____
3. Si los verbos principal y subordinado corresponden al mismo sujeto, entonces el verbo subordinado va en _____

 Reacciona expresando temor, angustia, repulsión o asco ante las siguientes afirmaciones.

1. Ese grupo terrorista secuestró a cinco niños.
2. Un hombre sedujo a diez ancianas en el hospital.
3. Ha habido un ministro que blanqueaba dinero en Suiza.
4. Me quedé encerrado toda la noche en el ascensor.
5. Si gana ese partido, me voy del país.

 Construye frases con estos verbos, tanto en indicativo como en subjuntivo.

1. comprender: _____
2. sentir: _____
3. suponer: _____
4. decir: _____
5. recordar: _____

6 A partir de estas frases escribe otras para influir en el oyente.

1. Dile a tu hermano que te pase el azúcar.
2. Explique a su paciente la manera de tomarse la medicina.
3. Recuerda a tu hijo que tiene que estudiar para el examen de mañana.
4. Pídele a tu compañero que vote a tu padre.
5. Amenaza a tu hermana con no volver a hablarle.

7 Relaciona las abreviaturas con su significado.

1. Srta.   ▶ doctor
2. Uds.   ▶ señorita
3. cap.   ▶ posdata
4. Dr.   ▶ ustedes
5. P. D.   ▶ capítulo

8 ¿Qué régimen político tienen los siguientes países?

1. Perú _____
2. España _____
3. México _____
4. Bolivia _____
5. Chile _____

9 Copia este texto sustituyendo las abreviaturas por la palabra correspondiente.

El libro tenía ochenta págs. y costaba 4.81 €. Sólo tenía tres caps. y al principio había una dedicatoria que decía: "Srta. Menéndez, el Ilmo. Colegio de Abogados le ofrece a Ud. este libro en recuerdo de su participación en la Asamblea Gral. Suyo afmo. Sr. D. José Tomás".

P.D.: Los n.ºˢ de las págs. están borrados.

10 Completa las siguientes frases con el tiempo adecuado.

1. Siento que *(encontrarte)* .... mal.
2. Espero que *(ganar, tú)* .... las elecciones.
3. Sentí que una araña *(rozarme)* .... la cara.
4. Estoy cansada de que *(hablar, tú)* .... siempre de política.
5. Es bastante improbable que *(triunfar)* .... ese partido.
6. Es una locura que tú *(meterse)* .... en política.
7. Es difícil que *(haber)* .... una vacante en los próximos años.
8. No digas que *(ir, tú)* .... para verlo.
6. Me pone nervioso que *(llegar, tú)* .... tan tarde.
10. ¿No comentaron que ya *(haber hablado, ellos)* .... con él?

El tiempo es oro

8

"Al caer la tarde, los hombres se dirigían al bar para jugar al mus o al dominó mientras las mujeres sacaban las sillas a la calle y dispuestas en círculo charlaban animadamente a la vez que hacían ganchillo o bordaban el ajuar de alguna novia. Los niños andábamos alrededor jugando a los cromos, a las canicas o a las chapas."

Ésta podría haber sido una escena de hace cincuenta años en cualquier pueblo; sin embargo, los tiempos cambian y nuestros mayores han sustituido el ganchillo y el mus por viajes organizados para la tercera edad, los niños se pasan horas frente al televisor o jugando a las videoconsolas y los jóvenes viven esperando el fin de semana para salir con los amigos.

La rapidez con que vivimos, la falta de contacto con nuestros vecinos, las prisas de las ciudades, el cada vez más escaso tiempo libre y el estrés han propiciado que hoy en día busquemos aficiones de consumo inmediato y que, sobre todo, nos alejen de la rutina de manera eficaz.

Aumenta la práctica de deportes de alto riesgo, entre los libros más leídos encontramos los que nos facilitan una relajación rápida y a la carta o aquellos que nos enseñan a ser emocionalmente estables en un mundo inestable. La lectura se ha desplazado del sillón de casa al asiento del metro y el placer de escuchar un concierto se ha convertido en un ruido indeterminado que sale de los cascos de algún desconocido que se sienta a nuestro lado. Los niños sólo ven a otros niños en el colegio, los adolescentes pasan el día de las clases en el instituto a las clases en las academias, esperando que llegue el viernes para "machacarse" bailando en alguna discoteca, y los restaurantes y los cines se quejan porque la retransmisión del partido del domingo hace que la gente se quede en casa.

A pesar de todo esto, y quizás por ello, últimamente está aumentando el número de personas que prefieren ganar menos y vivir más, que empiezan a encontrar tiempo para ir al cine, al teatro o a un museo para disfrutar de la familia y de los parques. Tal vez impulsados por la moda o por una conciencia real, el turismo rural cuenta cada año con un mayor número de adeptos y ya no es excepcional que la gente deje el bullicio de la playa y las terrazas de verano y parta en busca de la tranquilidad de los pequeños pueblos, del contacto con la naturaleza y de unos valores que se han perdido en las ciudades; en busca de los abuelos que juegan al dominó y de las mujeres que forman corros en las plazas.

1 **¿Crees que estas afirmaciones son verdaderas? Razona tu respuesta.**

1. Antes la gente tenía más tiempo libre.
2. Hoy los niños dedican muchas horas a jugar a las canicas.
3. En las ciudades se vive cada vez más deprisa y es menor el contacto con otras personas.
4. Cada vez se practican más los deportes de alto riesgo.
5. Muchas personas buscan la manera de relajarse en casa.
6. Los adolescentes tienen poco tiempo para el ocio.
7. Los niños no lo tienen fácil para relacionarse con otros niños.
8. Los domingos por la tarde los restaurantes y los cines se llenan.
9. Hay una tendencia a trabajar menos horas, aunque se gane menos, para disfrutar más de otras actividades.
10. El turismo se está desplazando hacia el campo.

2 **Habla con tu compañero sobre cuándo y con qué frecuencia realizáis estas acciones.**

dibujar

hacer punto

ver la tele

ir de compras

hacer crucigramas

cocinar

hacer manualidades

otras aficiones

salir de marcha

leer un libro

coleccionar cosas

leer la prensa

escribir

pasear

hacer excursiones

3 Nuestros reporteros se han lanzado a la calle y le han preguntado a la gente sobre sus aficiones. Escucha con atención y completa el cuadro.

Nati   Paco   Mujer de Paco

4 Estos dibujos están relacionados con ciertos deportes. ¿Sabes cuáles?

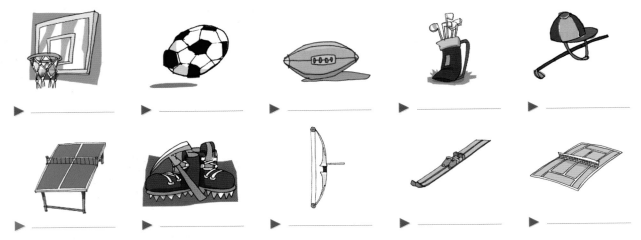

5 ¿Conoces el nombre de todos estos instrumentos musicales?

Ahora que ya conoces sus nombres, ¿sabes qué tipo de música se suele interpretar con ellos? Coméntalo con tus compañeros.

ORACIONES TEMPORALES

▶ CONECTORES

Comienzo de la acción	**desde que**
Límite de la acción	**hasta, hasta que**
Anterioridad	**antes de, antes de que**
Posterioridad	**cuando, después de, después de que**
Posterioridad inmediata	**nada más, en cuanto, tan pronto como, apenas**
Simultaneidad	**cuando, mientras** (duración), **al** (simultaneidad instantánea), **en el (mismo) momento / instante en que**
Repetición	**cuando, cada vez que, siempre que, todas las veces que**
Progresión paralela	**conforme, a medida que, según**

6 Completa el texto sustituyendo los signos por un conector adecuado; para ello debes tener en cuenta lo que significan estos símbolos.

⇨ (anterioridad), ⇦ (posterioridad) y ▶ (simultaneidad)

⇦ de una espera desmesurada, por fin dobló el autobús la esquina de la calle y frenó junto a la acera. ⇦ parar, la gente que esperaba, empezó a subir por la puerta delantera ▶ que otros bajaban por la de atrás. ⇦ subí y me senté, ▶ guardaba mi abono transporte empecé a fijarme en las personas que tenía alrededor. En general, eran pasajeros que parecían agotados ⇦ un largo día de trabajo o de estudios y que volvían a casa para cenar ⇨ sus familias pudieran echarles en falta o recriminarles su retraso, cada uno con una historia personal que me gustaba imaginar. Yo mismo me encontraba en su misma situación. Entonces, sin darme cuenta vi que me estaba acercando a mi destino. ⇨ llegar a mi parada pulsé el botón para avisar al conductor. Bajé y ▶ me puse a andar mis pensamientos se dirigieron hacia otros lugares.

7 El detective Calisto Nodoiuna está investigando la vida del conocido empresario Armando Casas por un posible caso de corrupción. Éste es su bloc de notas. Ayúdalo a redactar el informe.

Salir de casa hacia la oficina
Guardar un sobre con mucho dinero
Subir al coche, hablar por teléfono, bajar del coche
Entrar en una cafetería, hablar con alguien
Salir de la cafetería, darse cuenta de haber olvidado algo
Volver a casa, tener varias reuniones
Entrar en el banco, caminar por la calle, robarle
Otro encuentro, discutir
Ir a la comisaría de policía…

CE 8 **8** Y tú, ¿qué haces…? Construye frases relacionando los conectores con los dibujos.

⇨ cada vez que
⇨ siempre que
⇨ todas las veces que
⇨ conforme
⇨ a medida que
⇨ según

► FORMA DEL VERBO

Infinitivo	*al, nada más, hasta, antes de, después de*
Subjuntivo	*antes de que, después de que, una vez que*
Indicativo (presente, pasado o atemporal) / Subjuntivo (futuro)	todos los demás: *cuando, hasta que, desde que, mientras, en cuanto, cada vez que...*

9 **¿Cuál es el sujeto en cada una de estas oraciones temporales?**

1. Ya he hablado con Montse. La vi antes de venir a trabajar.

2. Ya he hablado con Montse. La vi antes de que viniera a trabajar.

3. Ya he hablado con Montse. La vi antes de venir ella a trabajar.

Tacha en el post-it lo que no corresponda.

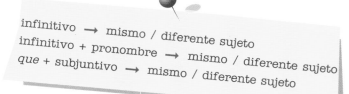

infinitivo → mismo / diferente sujeto
infinitivo + pronombre → mismo / diferente sujeto
que + subjuntivo → mismo / diferente sujeto

10 **Elige la opción correcta y justifica tu respuesta.**

1. Apenas *escuchó / escuchara* la música, se puso a bailar.

2. En cuanto *vea / verá* a mi padre le daré la buena noticia.

3. Después de que *trabajas / trabajes* nos vamos a comer.

4. Tan pronto como *llegue / llegó,* abrió todas las ventanas.

5. Antes de *tomar / tomes* una decisión, deberías leer esto.

6. No bien *cierras / cierres* la tapa de la lavadora, comenzará a funcionar.

7. Nada más *entrar / entramos,* nos dimos cuenta.

8. Los ladrones escaparon por la ventana nada más *llegar / llegara* la policía.

9. Después de *completes / completar* la línea hay que cantar bingo.

10. Una vez que *tomarás / tomes* el taxi llámame por el móvil.

11 **Completa estas oraciones con la forma verbal correcta.**

1. Sigue corriendo hasta que *(coger)* .... la pelota.

2. Conforme *(aumentar)* .... el paro, se incrementa el descontento de la gente.

3. Ya he usado ese aparato antes; gira la rueda mientras *(apretar)* .... este botón.

4. Siempre que *(querer)* .... aquí tendrás tu casa.

5. Seguiremos trabajando hasta *(tener)* .... todo preparado.

6. Se respirará peor a medida que *(aumentar)* .... la contaminación.

7. Desde que no *(fumar)* .... me encuentro mejor.

8. Cada vez que *(verte)* .... me acuerdo de tu hermana.

9. Antes de *(comprar)* .... el coche utilizaba el autobús.

10. Conforme *(llegar)* .... el público repartiremos las camisetas.

CE 5, 6, 10, 11

12 **Tu amigo tiene que viajar a otro país y permanecer en él durante seis meses por motivos de trabajo. Como es una experiencia nueva para él, te pide consejo. Dale instrucciones, consejos y recomendaciones.**

Antes del viaje

Antes de hacer el viaje busca una guía sobre el país de destino para tener alguna información.

Durante el viaje

Después del viaje

13 **Manuela es economista, trabajadora a tiempo parcial y madre de dos hijos. Según nos cuenta, su nivel de estrés aumenta a medida que se acerca el mes de vacaciones. Escucha lo que dice y responde a las preguntas.**

1. ¿El jefe de Manuela es un hombre o una mujer?

2. ¿Quién la ayuda? ¿Su madre, su padre o los dos?

3. ¿Quién se encarga del equipaje?, ¿y del coche?

4. ¿A qué hora no hay atasco?

5. ¿Qué es una peregrinación? ¿Por qué la compara con el viaje?

6. ¿Coinciden las vacaciones de Manuela y Salvador?

7. ¿Crees que Manuela piensa que los niños tienen muchas vacaciones?

8. ¿Crees que cambia mucho su vida cuando está de veraneo?

9. ¿Qué es para ella lo mejor del verano?

14 **Escucha de nuevo la audición anterior y señala los conectores temporales que aparecen. Después, con todos ellos, escribe un pequeño texto para contar las vacaciones de estos personajes.**

15 **En parejas. Escribid los conectores que les faltan a estos versos.**

.... me enamoro
doy toda mi vida
a quien se enamora de mí.

.... ver a la persona amada,
mi corazón se llena de gozo
y el mundo deja de girar.

.... estoy con ella
mi alma se estremece
y mi cuerpo parece flotar.

.... hablo con ella
busco en su mirada
el sentido de la vida y de amar.

.... el amor pasa
todo se entristece
y me invade el pesar.

.... dura la ausencia,
olvido el fracaso
.... me vuelvo a enamorar.

Con estos conectores intentad crear una poesía vosotros. Luego la recitaréis a toda la clase.

ORACIONES FINALES

16 Construye diez oraciones con los elementos de las dos columnas. Puedes variar el orden, pero no repetir los verbos.

▶ **CONECTORES Y FORMA DEL VERBO**

para (que) **a fin de (que)** **con el objeto de (que)** **con el propósito de (que)** **con la intención de (que)** **con vistas a (que)** **con tal de (que)** (a veces con valor condicional)	Mismo sujeto: infinitivo. *Me llamó para contarme lo sucedido.* Distinto sujeto: *que* + subjuntivo. *Me llamó para que le contara lo sucedido.*
que + subjuntivo	Muy frecuente tras imperativo, con el mismo o diferente sujeto. *Date prisa, que no llegues tarde.* *Date prisa, que no lleguemos tarde.*

agacharse	ver
levantarse	escuchar
sentarse	llegar tarde
correr	oír
vestirse	parecer
comer	reconocer
apagar	darse cuenta
encender	notar
darse prisa	tener
callar	acordarse

17 Completa las siguientes oraciones.

1. Se presentó sola en la fiesta a fin de *(encontrar)* .... amigos.

2. Vino para que *(presentarle)* .... a mi novio.

3. Me faltan cuatro años para *(tener)* .... veinte.

4. No dijo nada con la idea de que *(no saber, nosotros)* .... que había estado allí.

5. Hizo los cursos con vistas a *(sacar)* .... mejores notas en la universidad.

6. Dijo lo que sabía con el objeto de que *(atrapar)* .... al ladrón.

7. Se afeitó para *(salir)* .... por la tarde.

8. Se aproximó a *(decir)* .... que él era el ganador.

9. Tomó el tren con la intención de que *(esperarle)* .... en la estación.

10. Se marchó esta mañana con la idea de *(volver)* .... a las siete.

CE
13, 14, 15, 16
18 Completa estos titulares de prensa con oraciones finales (no puedes utilizar *para*).

El presidente del Gobierno ha visitado Marruecos...

Los representantes de las ONG se reunieron ayer...

En el avión la azafata nos explica las normas de seguridad...

Las autoridades sanitarias recomiendan no fumar...

El alcalde de la ciudad ha subido los impuestos...

19 ¿Con qué finalidad realizas estas acciones?

Ej.: *Trabajar...*

Trabajo para realizarme como persona y para ganar dinero. Gano dinero para poder vestirme, pagar los gastos de la casa y el coche, para divertirme y para alimentarme bien. Me alimento bien para poder hacer ejercicio y estar en forma. Estoy en forma para seguir trabajando mucho y ganar mucho dinero, y para que algún día... no tenga que trabajar.

comer	enamorarme
dormir	lamentarme
tener amigos	pensar
estudiar	comprar
salir	preocuparme

20 Si la Tierra explotara y sólo quedaran las cajas fuertes de los bancos, ¿qué cinco objetos te gustaría guardar en ellas? Justifica tu elección.

21 Seguro que cuando eras niño te entretenías con juegos diferentes a los de hoy. En grupos, comentad cómo os divertíais cuando erais pequeños.

22 Escucha estos diálogos donde varias personas se muestran arrepentidas por llegar tarde. ¿Qué fórmulas utilizan?

dos amigas	padre / hijo	profesor / alumno

23 Llegar tarde o el arte de la impuntualidad.

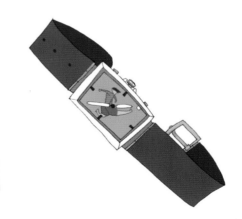

Dicen que la impuntualidad es el deporte de los españoles por excelencia, pero, afortunadamente, no es todavía el deporte nacional. Aún manda el fútbol; y cuando se trata de un derby, el ser puntuales se convierte en una necesidad. Ser o no ser, estar o no estar, ¿somos cuando estamos? He aquí la cuestión. Algunos tratan de llegar a tiempo a sus citas, otros están en el lugar apropiado a la hora convenida pero sus parejas todavía no han llegado; total, que ni son todos los que están ni están todos los que son. Quizá sea cuestión de no convertir el asunto en un problema de Estado. ¿O sí? O tal vez debamos pensar como Einstein, porque aquí todo es relativo.

▶ ¿Estás de acuerdo con lo que se dice en el texto?

▶ ¿Cuál es tu actitud ante el retraso?

▶ ¿Cómo valoras a las personas impuntuales?

▶ ¿Crees que es una causa suficiente para acabar una amistad?

▶ ¿Son suficientes el perdón y el arrepentimiento?

▶ ¿En qué situaciones crees que no son suficientes? ¿En cuáles sí?

▶ ¿Qué tendría que ocurrir para que rompieras una amistad? ¿Y la relación con tu pareja?

▶ ¿Y para que dejaras el trabajo?

Oraciones concesivas

▶ **CONECTORES Y FORMA DEL VERBO**

y eso que	Indicativo	*No me hizo caso, y eso que se lo advertí.*
(aun) a sabiendas de que		*Lo hizo, aun a sabiendas de que nos perjudicaría.*
aun	Gerundio	*Aun advirtiéndoselo, lo hizo.*
por (muy) + adj. / adv. + *que*	Subjuntivo	*Por muy inteligente que sea, no puede saberlo todo.*
por mucho que / poco que		*Por mucho que sepa, no puede ser un experto en todo.*
aunque	Indicativo: el hablante sabe que	*Aunque ha protestado por la nota del examen, no le harán caso* (sabe que ha protestado).
a pesar de que	es verdad.	
pese a que	Subjuntivo: el hablante no sabe	*Aunque haya protestado por la nota del examen, no le harán caso* (no sabe si ha protestado).
por más (sust.) + *que*	si es verdad.	
a pesar de	Infinitivo (mismo o	
pese a	distinto sujeto)	*Pese a tener 80 años, su salud es envidiable* (culto).

24 **Completa las oraciones.**

1. No podrá pagarlo aun ....
2. Aprobarás el examen por poco que ....
3. Se lo preguntó dos veces y eso que ....
4. Por muy .... tendrás que esperar como todo el mundo.
5. No dirá nada aunque sabe que ....

6. Aun .... superaremos la prueba.
7. No conseguirás convencerme por mucho que ....
8. Lo intentó tres veces aunque sabía que ....
9. Encontrarás problemas por muy ....
10. Le hizo practicar varias veces a sabiendas de que ....

25 **Estos dibujos nos muestran a unas personas cuyas profesiones parecen que están algo reñidas con sus actitudes. Construye frases con los conectores y la forma verbal adecuados.**

Directora de cine
No le gusta ir al cine
No sabe imponerse
No soporta a los actores

Nadador
Tiene miedo al agua
Tiene alergia al cloro
Tiene vértigo

Cocinera profesional
En casa cocina el marido
No sabe hacer tortilla de patata
Come bocadillos

Juez
Es indeciso
Siente lástima
No le sienta bien el negro

26 **Fíjate ahora en estos diálogos y completa el cuadro con la información correspondiente.**

Joaquín: ¿Conoces a Ana?
Mar: No, no la conozco.
Joaquín: Pues ¿sabes que, a pesar de que es española, nunca ha comido tortilla de patatas?

Mar: ¿Conoces a Pedro?
Joaquín: Aunque me lo hayan presentado, no recuerdo bien su cara.
Mar: Bueno, no importa. Es un tipo muy raro.

Joaquín: ¿Y conoces a Alicia?
Mar: Un poco, de hablar con ella a veces.
Joaquín: ¿Sabes que nunca ha comido tortilla de patatas?
Mar: Pero si es española.
Joaquín: Pues aunque sea española nunca ha comido tortilla de patatas.

1. El hablante sabe que es verdad y quiere informar al oyente. Modo:

2. El hablante no sabe si es verdad. Modo:

3. El hablante sabe que es verdad y la información también es conocida por el oyente. Modo:

27 Todos llevamos dentro un "pepito grillo" que nos indica lo que está bien y lo que está mal, pero, al igual que Pinocho, a veces preferimos dejarnos llevar por nuestra curiosidad o por nuestros instintos. En grupos, elaborad vuestra propia declaración de principios y comentadla con el resto de la clase.

DECLARACIÓN DE PRINCIPIOS

1. _____
2. _____
3. _____
4. _____
5. _____
6. _____
7. _____
8. _____
9. _____
10. _____

28 A veces hacemos cosas que no queremos; aunque realizarlas no suponga ninguna renuncia importante, las hacemos "con resignación". Lee estos diálogos y señala estas expresiones.

1. –¡Ángel! ¡Ángel!, ¿has hablado con él?
   –¿Con quién?
   –¡Con el director! ¿Nos deja representar la obra? ¡Y el decorado y los trajes…!
   –Bueno, nos deja el salón de actos, nada más.
   –En fin, menos da una piedra.

2. –¿Has aprobado?
   –¡Qué va!, el examen era muy difícil.
   –Bueno, hay que resignarse.

3. –¿Se han roto todos los platos?
   –Todos, no ha quedado ni uno entero.
   –En fin, ¡qué le vamos a hacer!

4. –¿Te han dado el premio este año?
   –No, se lo han dado otra vez al mismo.
   –No te preocupes, otra vez será.

EXPRESIONES PARA MOSTRAR RESIGNACIÓN

_____
_____
_____
_____
_____
_____
_____
_____
_____
_____
_____

Ahora comenta con tus compañeros seis cosas que te disgusta hacer pero que realizas con resignación; ellos te contarán las suyas.

➥ _____   ➥ _____
➥ _____   ➥ _____
➥ _____   ➥ _____

29 A debate. Comenta con tus compañeros qué ha variado en las costumbres y en la forma de disfrutar del tiempo libre en tu país. Elaborad una lista y exponedla en clase.

30 **Lee estos diálogos y fíjate en el valor temporal de las frases con *aunque* + presente o imperfecto de subjuntivo.**

1. A: Me han dicho que Pepe está en la ciudad. *presente*
   B: Pues aunque esté aquí, yo no pienso llamarlo.

2. A: Me han dicho que es posible que Pepe regrese dentro de unos días. *future*
   B: Pues aunque regrese, yo no voy a llamarlo.

3. A: ¿Sabes si vino ayer Pepe por aquí? *past*
   B: No sé, pero aunque viniera, no dejó ninguna nota.

4. A: ¿Vendrá Pepe mañana? *future*
   B: Casi seguro que no, pero aunque viniera no podría atenderte.

5. A: ¿Está Pepe en la oficina? *presente*
   B: No creo, pero aunque estuviera, dentro de media hora tiene una cita con un cliente en la calle Libreros.

Clasifica los diálogos según se refieran al pasado, presente o futuro.

PASADO	PRESENTE	FUTURO

31 **Lee estos pares de oraciones. ¿Qué diferencias encuentras entre ellas?**

✔ Aunque me pida disculpas no volveré a salir con ella.

✔ Aunque me pidiera disculpas no volvería a salir con ella.

✔ No lo convencerás por más que insistas.

✔ No lo convencerías por más que insistieras.

¿Posible o poco probable? Clasifica estas frases.

1. Aunque viniera en avión, llegaría tarde. *poco probable*
2. Por tonto que sea, tiene que darse cuenta de la situación. *posible*
3. Aunque tenga los exámenes a la vuelta de la esquina, no estudiará. *posible*
4. Los melocotones estarán buenos a pesar de que no hayan madurado aún. *posible*
5. Pese a que todos los vecinos estén de acuerdo, el Ayuntamiento no aceptará las condiciones. *posible*
6. Aunque tuviera grandes problemas, nunca nos pediría ayuda. *poco probable*
7. Aunque no sepa inglés, quiero ir a Estados Unidos. *posible*
8. No se sacará el carné de conducir por más que diga que no tiene miedo. *posible*
9. Seguiría en sus trece pese a que todos le dijéramos lo contrario. *poco probable*
10. Volverá a marcharse a pesar de que todos le insistamos para que se quede con nosotros definitivamente. *posible*

32 **Completa libremente estas frases con el tiempo y el modo adecuados.**

1. Aunque *vayas a la fiesta*, te acompañaré.
2. Por más que *comara*, seguía estando gordísima.
3. Pese a que *trabajara*, no conseguiría aprobar sus exámenes.
4. Por muy *divertido que sea*, a mí no me interesa.
5. A pesar de que *tenga una novia*, siempre estaba con chicas muy atractivas.
6. Aun ...., iremos de excursión.
7. Por mucho que ...., no conseguirás convencerme.
8. Por poco que ...., conseguirá que le elijan como delegado.
9. Pese a ...., siempre está cansado.
10. Aun a sabiendas de que ...., no quiso ayudarnos.

33 En grupos de cuatro, elegiréis uno de los personajes que os proponemos. Los números de los dados se corresponden con los conectores indicados. Tira el dado, busca tu conector y construye una frase que tenga relación con el dibujo y con tu personaje.

1. aunque
2. cuando
3. para
4. mientras
5. desde (que)
6. con la intención de

34 Vas a planear, junto con tus amigos, el fin de semana perfecto, teniendo en cuenta los gustos y aficiones de cada uno de vosotros. Aquí tienes algunas opciones.

SALVAJE

ROMÁNTICO

CULTURAL

TRANQUILO

Tu profesor te proporcionará la ayuda que necesites.

Diptongos. triptongos e hiatos

Como ya hemos visto en lecciones anteriores, el **diptongo** es la unión en una misma sílaba de una vocal abierta **(a, e, o)** y una vocal cerrada **(i, u)** o de dos vocales cerradas; y el **triptongo** es la unión en una misma sílaba de tres vocales: la del medio es abierta y la primera y la tercera siempre son cerradas.

– En un diptongo o en un triptongo el acento ortográfico, cuando le corresponda, debe ir en la vocal abierta. Si el diptongo está formado por dos vocales cerradas, el acento va sobre la 2.ª: *vengáis, jesuítico.*

– Dos vocales abiertas juntas pertenecen a sílabas distintas.

Dos vocales contiguas forman **hiato** cuando pertenecen a sílabas distintas. Podemos tener:

– Dos vocales abiertas. Se siguen las reglas generales de acentuación: *rosáceo, área, reo.*

– Una vocal abierta y otra cerrada, sobre la que cae el acento. Siempre se acentúa: *había, raíz, tenía.*

– Secuencias vocálicas iguales a las de los diptongos, pero pronunciadas en sílabas distintas: *fiar, hiato, acentuar.*

 35 **Escucha y divide en sílabas estas palabras. Después coloca el acento ortográfico.**

constituir _____	licueis _____	constituia _____
averigüeis _____	caotico _____	fortuito _____
ahorrar _____	fuisteis _____	grafia _____
peine _____	audacia _____	euforia _____
aislar _____	buho _____	adecueis _____

 36 **Escucha estos textos y coloca el acento ortográfico en las palabras que lo necesiten.**

Un dia una cerda salio con sus cerditos al campo. Hacia mucho calor y la cerda se tumbo a la sombra y se quedo dormida. Los cerditos echaron a correr. Uno entro en un jardin y se comio todas las moras verdes, y por eso le entro dolor de tripa. Otro se fue al corral y un ganso lo pico en el rabo. Otro salio corriendo hacia la calle, vino un coche y, como el cerdito sintio tanto miedo, se tiro a una zanja y se puso sucisimo. Unicamente el cerdito mas pequeño se quedo con la madre. No tuvo dolor de tripa, no lo pico ningun ganso en el rabo, y estuvo muy limpio y de color de rosa. Pero se aburrio muchisimo todo el dia.

Ursula Wölfel,
Veintisiete historias para tomar la sopa.

Segun un cuento viejo, pero bueno, cuando estaban construyendo la cupula de San Esteban, se cayo un albañil. "¡Esto es tener suerte!", murmuro el hombre con asombro al llegar, ileso, al suelo. Al dia siguiente se repitio la caida, mas esta vez tuvo el albañil por milagro que no le pasara nada. Pero al caerse por tercera vez y quedar sano y salvo de nuevo, exclamo con indiferencia: "¡Ya esta uno acostumbrado!".

Heinz Woltereck, *La vida inverosímil.*

CE 24 **37** **Trabaja con tu compañero. Tenéis cinco minutos para buscar el mayor número de palabras que contengan estas secuencias.**

ie	ié	íe
io	ió	ío
ue	ué	úe

38 **El profesor os asignará una serie de palabras a cada grupo. Escuchad las que va a leer uno de vuestros compañeros y escribidlas correctamente.**

LA EXPOSICIÓN

En los textos expositivos se presentan unos hechos o el estado de una cuestión. Se deben redactar con la mayor objetividad posible. Los hechos deben describirse como son, sin alterarlos en nada ni enjuiciarlos, procurando no traslucir opinión alguna. El texto debe reunir:

- claridad y sencillez (oraciones breves y de escasa complicación).
- naturalidad (expresión no forzada).

CE 25 **39** **Lee el siguiente texto expositivo.**

En todo proceso de nacimiento de un ser hay ciertos pasos, veamos un ejemplo:

1.° se ponen los huevos en lugar adecuado;

2.° al cabo de cierto tiempo nacen las larvas, que tienen un tamaño muy pequeño;

3.° las larvas se transforman en capullos;

4.° dentro del capullo se producen algunos cambios, es lo que se llama metamorfosis, y lo que antes era una simple larva se convierte en una mariposa.

Conclusión: nacimiento de una mariposa.

Ahora tu compañero y tú vais a escribir el texto expositivo de una de estas situaciones.

1. Has estado un mes estudiando fuera de casa y a la vuelta tienes que contar al director de tu centro de estudios los hechos más importantes que te han ocurrido.

2. El sábado pasado fuiste por primera vez a casa de tus suegros.

3. Has ido al banco a solicitar un préstamo para comprarte un coche.

4. Tus vecinos son muy escandalosos y tienes que exponer los hechos ante la comunidad de vecinos.

En este capítulo de fonética vamos a fijarnos en los siguientes valores expresivos de la entonación: **alegría, tristeza, sorpresa, enfado, resignación.**

40 **Escucha las frases de la audición e identifica el valor que tiene cada una de ellas. Repítelas.**

1. _____
2. _____
3. _____
4. _____
5. _____

6. _____
7. _____
8. _____
9. _____
10. _____

41 **El profesor os va a entregar unas papeletas con una serie de frases. Cada uno deberá leerlas con un valor expresivo distinto.**

42 **Aquí tenéis un fragmento de un guión. Formad varios grupos y que uno lo lea para el resto de la clase. Prestad atención a los elementos entonativos.**

(Estamos esperando a que llegue un tren y nos lleve a todos a algún sitio.)

Yo: ¿Cuándo nos vamos, papá?

Mi padre: Ya nos avisarán. Hay altavoces y por los altavoces anuncian siempre todo: dónde hay que ir y lo que hay que hacer. Si vas a preguntar se molestan.

Mi madre: Pues que se molesten. Para eso están. Vete y pregúntales. Diles que llevamos aquí no sé cuánto ya. Nos tienen que decir algo, lo que sea.

Mi hermana mayor: ¿Quieres que vaya yo, papá?

Mi padre: No. Si sales, a lo mejor luego no te dejan entrar.

Mi madre: ¿Por qué no la van a dejar entrar, vamos a ver?

Mi padre: ¿Por qué? Pues porque no.

Mi madre: ¡Vaya una razón!

Mi padre: Justa, no nos tienen que dar a nadie ninguna razón. Cuando no quieren dejar entrar a alguien en un sitio, pues no lo dejan y en paz.

Mi madre: Entonces estarían cerradas las puertas. Si están abiertas, es que se puede salir y se puede entrar. Vamos, digo yo. En las salas de espera se puede entrar y se puede salir.

Mi padre: Las salas de espera no son ni para entrar ni para salir. Son para esperar. Salas de espera.

Mi madre: Entonces nos quedamos aquí toda la vida. ¡Estamos arreglados!

Mi hermana mayor: Lo que podíamos hacer, mientras esperamos, es celebrar el cumpleaños de Pili. ¿Quieres, José Luis? (…) Vamos, mamá. ¡Que ha dicho que sí! ¡Vamos a celebrarlo!

Mi madre: No tenemos tarta, ni nada especial. Sólo algo de comida y vino. Y además, en este sitio…

Mi hermana pequeña: ¡Sí!

Mi hermana mayor: ¡Vamos, mamá!

Mi madre: Bueno. Ven aquí, que te arregle un poco.

Mi padre: Toma, hija, tu regalo. Para que te compres algo cuando lleguemos.

Mi hermana pequeña: Mira, José Luis, me ha dado mucho dinero. Lo quiero mucho. ¿Puedo darle un beso? Papá…, papá…, papá…, mi papá. Es mi papá.

Mi hermana mayor: ¡Una fiesta! ¡Vamos a hacer una fiesta! ¡Vamos, vamos!

Si tuviéramos que elegir un deporte rey entre los hispanohablantes, éste sería sin duda el fútbol. Aunque es cierto que contamos con grandes equipos de fama internacional y con una excelente cantera, no lo es menos que éste no es el único deporte que se practica. Quizás te suene extraño saber que el esquí, los deportes de invierno y los náuticos, el golf, el tenis, el ciclismo y las carreras de automóviles, entre otros, ocupan gran parte de nuestras mentes, y no sólo porque contemos con grandes estrellas en estos campos: Severiano Ballesteros, José María Olazábal, Miguel Induráin, Carlos Sainz, Luis Moya, Arantxa Sánchez Vicario, Conchita Martínez, etc., sino porque el clima y nuestra variada geografía nos permiten su práctica.

Pero como no sólo de pan vive el hombre, la práctica deportiva no ocupa todo nuestro tiempo; en ciudades como Barcelona, Buenos Aires o Madrid podemos encontrar una actividad cultural casi frenética: se puede ir al teatro o al cine; visitar museos, exposiciones de pintura, escultura y fotografía, escuchar conciertos al aire libre si el tiempo lo permite, o simplemente pasear y disfrutar de la ciudad.

Si la economía no te llega para todo esto, te resultará mucho más fácil salir a la calle, entrar en cualquier bar o sentarte en una plaza, porque lo que sí es cierto es que normalmente tendemos a pasar nuestro tiempo de ocio con otras personas, a reunirnos con amigos y charlar, a realizar actividades en sitios públicos o rodeados de gente. A pesar de las imposiciones de la vida moderna, que tienden a aislarnos, se podría decir que ante todo no sabemos, o no queremos, estar solos.

Realiza esta encuesta de opinión para que puedas tener una idea general sobre los hispanos.

ENCUESTA DE OPINIÓN

- ¿A qué dedicas tu tiempo de ocio los fines de semana?
- ¿Y entre semana?
- ¿Sales habitualmente a comer fuera de casa?
- ¿Y a divertirte?
- ¿Practicas algún deporte o prefieres verlo por televisión?
- ¿Cuál es el deporte más popular en tu país?
- ¿Los deportistas son personajes importantes en tu país?
- ¿Qué otras aficiones tienes?
- ¿Qué diferencia hay entre los jóvenes y los menos jóvenes a la hora de pasar el tiempo libre?
- ¿Es importarte para ti dedicar tu tiempo libre a estar con otras personas, sin más?

Recapitulación

1 **Elige la opción correcta.**

1. Después de que
   - ☐ llamar
   - ☐ llamó
   - ☐ llamara

   nos fuimos.

2. Vino a las tres con el fin de
   - ☐ conociera
   - ☐ conocer
   - ☐ conozca

   los resultados del partido antes que nadie.

3. Nada más
   - ☐ lo supiera
   - ☐ lo sepa
   - ☐ saberlo

   se dirigió al periódico.

4. Me dio tres libros y eso que
   - ☐ digo
   - ☐ diga
   - ☐ dije

   que no necesitaba ninguno.

5. Cuando
   - ☐ iba
   - ☐ he ido
   - ☐ vaya

   al colegio odiaba las matemáticas.

6. A medida que
   - ☐ caiga
   - ☐ caer
   - ☐ cae

   la nieve se van cerrando las carreteras.

7. Aun
   - ☐ tener
   - ☐ teniendo
   - ☐ tiene

   tantos amigos, no sale con nadie.

8. Al
   - ☐ hablando
   - ☐ hablar
   - ☐ hablara

   en público me pongo roja.

9. Date prisa, que
   - ☐ tengamos
   - ☐ no tengamos
   - ☐ tenía

   que esperarte.

10. Por mucho que
   - ☐ corrieras
   - ☐ corres
   - ☐ corras

   perderás el autobús.

Coloca el acento en las palabras que lo necesiten.

1. vehiculo
2. prohibe
3. cohibe
4. rehusa
5. desahucio
6. buho
7. vahido
8. rehizo

 Los siguientes objetos pueden tener finalidades distintas de las que normalmente les asociamos. ¿Te animas a buscarlas? Utiliza todas las estructuras aprendidas en esta lección. Sigue las instrucciones del profesor.

Ej.: *Lápiz: Este lápiz sirve para sujetarse el pelo mientras estás escribiendo…*

Como el gato y el ratón

9

Estimado señor Gates:

Tengo setenta años y en todo este tiempo he vivido muchos cambios, pero ninguno me ha resultado tan espectacular y tan complejo como el producido por la informática.

Si me atrevo a escribirle es porque ya no entiendo nada. El otro día me ocurrió algo curioso y que es, al fin y al cabo, lo que ha motivado mi carta; escuché a mis nietos que decían: "abre la ventana y dale al ratón dos veces, luego lo cortas y lo pegas en tu carpeta". En ese momento entré en la habitación dispuesto a evitar semejante barbaridad y salvar al pobre animalito, pero cuál fue mi sorpresa cuando me encontré con mis dos nietos sentados tranquilamente frente al ordenador. Ellos debieron de notar mi apuro, así que se dispusieron a explicarme todo esto de la informática. Yo escuchaba muy atento pero no entendía nada.

Como me da vergüenza confesarles mi ignorancia, me dirijo a usted para ver si me puede aclarar algo y responder a alguna de mis preguntas. ¿Por qué se dice disco duro si no hay ningún disco blando?; ¿es verdad que Internet en realidad no existe?; si no existe, ¿cómo puede uno entrar?; y, más aún, ¿cómo se puede subir o bajar información a través de un sitio que no es real? En mis tiempos se navegaba en un barco; la pantalla era la del cine y a ningún gamberro se le hubiera ocurrido estropearla y, por eso, no necesitábamos ningún salvapantallas; las tarifas eran altas o bajas pero no planas y los sistemas se ponían en práctica o no, pero nunca había oído que se pudieran apagar o encender. Por cierto, ¿CPU y CDR son nuevos partidos políticos?

Atentamente,

José Pérez

1 Lee atentamente el texto y busca en el diccionario el significado de las palabras que no entiendas. Fíjate bien, porque algunas tienen un significado especial dentro del campo de la informática.

- ventana
- ratón
- disco duro
- subir / bajar información

- navegar
- salvapantallas
- tarifa plana
- sistema

2 En esta lista de palabras hay términos relacionados con el mundo de la informática. Coloca los que correspondan en el dibujo y el resto en el cuaderno. Añade algún término que tú conozcas.

ordenador, disquete, disco duro, impresora, procesador de texto, hoja de cálculo, programa, ratón, documento, Pentium, altavoces, teclado, pantalla

3 **Completa el diálogo con las palabras del recuadro. Luego escúchalo y comprueba tus aciertos.**

> móviles, red, operadores, cable, cobertura, línea, tarifa plana, móvil, operador integrado, prepago, conectarse, televisión por cable, fija

↪ ¡Hola!, buenos días.

↪ Buenos días, ¿en qué puedo ayudarlo?

↪ Pues, verá, quisiera enterarme de cómo va esto del ....; mi vecino me ha dicho que así sale más barato el teléfono.

↪ Su vecino lo ha informado bien. Mire, nosotros llevamos el .... hasta su casa y con esa .... podemos contratar tres cosas. ¿Tiene ordenador?

↪ Mi hija tiene.

↪ Bien, en ese caso puede contratar el servicio completo. Como le iba diciendo, con esa línea nosotros le enviamos a su casa 40 canales de televisión; si quiere puede efectuar llamadas de teléfono e incluso .... a Internet; si contrata los tres servicios tenemos una oferta especial: 23,99 € al mes, con las llamadas de teléfono aparte.

↪ O sea, ¿que por ese dinero puedo llamar?

↪ No, por ese dinero nosotros le enviamos la ...., la imagen es mucho más clara, tendrá acceso gratuito a Internet y después le podemos ofrecer una ...., es decir, que da igual las horas que esté su hija en la ...., nosotros le vamos a cobrar lo mismo.

↪ ¿Y las llamadas de teléfono?

↪ Con nuestros precios le saldrán mucho más baratas.

↪ ¿Y sólo ofrecen telefonía .... ?, ¿no trabajan con telefonía ....?

↪ No, los .... no los trabajamos de momento, pero en un futuro seremos un .... y usted podrá elegir si quiere su móvil con tarjeta de .... o con contrato.

↪ Y cuando empiecen con los móviles, ¿tendrán .... en todo el país?

↪ No tiene que preocuparse por eso, estamos firmando acuerdos con otros .... para poder utilizar su .... hasta que la nuestra esté completa. Si quiere llévese estos folletos a casa, piénselo y, si no entiende algo, no dude en pasarse de nuevo.

↪ Muy bien, muchas gracias, ¡adiós!

↪ ¡Adiós, buenos días!

4 **Lee los siguientes diálogos y di qué significan las palabras y expresiones subrayadas.**

▶ ¡Hola!, deme <u>una recarga de treinta</u> €.

▶ Con la de sesenta tendrá seis € gratis en llamadas, si la <u>activa</u> durante este mes.

▶ No, gracias, deme la de treinta.

▶ No lo entiendo, si llamar de móvil a fijo cuesta 0,15 € el minuto y he hablado 45 segundos, ¿por qué me cobran más?

▶ La <u>cuota de conexión</u> se cobra siempre; además, el precio por minuto no incluye los impuestos.

▶ ¡Ah!

▶ No sé a qué hora llega mi avión.

▶ <u>Te doy mi móvil</u> y, cuando llegues, me mandas un mensaje y yo te recojo.

▶ Perfecto.

CE 1.2 **5** **Completa las oraciones con las palabras que te damos a continuación.**

> teclado, ordenador, salvapantallas, impresora, procesador, disco duro, multimedia, Internet, correo electrónico, sistema

1. Este curso de español en CD-ROM tiene fotografías, texto, sonido e incluso te corrige si la pronunciación no es correcta. Es un curso ....

2. Jamás se había imaginado nadie un medio de comunicación más rápido; la cantidad de información que circula por ella es increíble; estamos hablando de ....

3. En algunos países lo llaman computadora, pero aquí lo llamamos ....

4. Si quieres escribir un trabajo con tu ordenador, necesitarás un ....

5. En lugar de decir apagar el ordenador, podemos decir apagar el ....

6. Te puedo enviar un fax, llamar por teléfono, escribirte una carta o enviarte un ....

7. Puedes guardar la información en un disquete o en el ....

8. A través del .... introduces información en la pantalla.

9. Para imprimir documentos utilizamos la ....

10. Si enciendes el ordenador y no lo usas, aparecerá el ....

ORACIONES CONDICIONALES

• Probabilidad en el presente, en el futuro o atemporal.			
si + presente de indicativo		futuro	*Si tiene tiempo, traerá una copia.*
	+	imperativo	*Si tienes tiempo, apunta la dirección.*
		presente de indicativo	*Si estudias, apruebas.*
• Poca probabilidad o imposibilidad en el presente, futuro o atemporal.			
si + imperfecto de subjuntivo	+	condicional	*Si tuviera hambre, comería.*
		imperativo	*Si vinieras, llámame por teléfono.*
• Imposibilidad en el pasado.			
si + pluscuam. subjuntivo	+	condic. comp. / pluscuam. subj.	*Si hubiera estado aquí, habría venido a vernos.*
		condicional	*Si hubieses hecho lo que te dije, ahora no tendrías problemas.*

6 **Completa con la forma adecuada.**

1. No sé qué hacer: si *(ir)* .... a la cena, tendré que ver a mi ex, pero si *(quedarse)* .... en casa, estaré del mal humor toda la noche.

2. *(Traerte)* .... un regalo si hubiera sabido que estabas aquí.

3. Si hicieras las cosas cuando debes, no *(tener, tú)* .... que andar corriendo a última hora.

4. Si vas a comprar, *(traerme)* .... un paquete de folios.

5. No habría aceptado mi propuesta si *(saber)* .... que la empresa estaba a punto de quebrar.

6. Estoy harta de sus excusas; si viene tarde *(decir, él)* .... que se le ha estropeado el coche otra vez.

7. No te quejes, si hubieras llegado antes *(estar, tú)* .... tan cansado como lo estamos todos nosotros.

8. ¡Qué joven parece tu madre! Si no hubiera sabido quién es, *(pensar)* .... que era tu hermana.

9. Me parece bien: si tú *(pintar)* .... el salón yo colgaré las cortinas.

10. Nunca habría dicho algo así si *(darse cuenta, él)* .... de que tú estabas aquí.

11. Siempre pasa igual: si *(tener)* .... prisa, pierdes el autobús.

7 **¿Qué habría pasado si...?**

no existir energía nuclear

no descubrir el silicio

Colón hablar francés

los dinosaurios no extinguirse

1 de enero de 2000 no haber electricidad

encontrar diamantes en el desierto de Gobi

▶ CONECTORES CONDICIONALES

CONECTOR	VALOR	EJEMPLO
con indicativo		
- que .... que (no)	- distribución, presenta varias	*Que vas a la playa, te compras el bañador;*
- si .... que (no)	opciones entre las que elegir	*que no, ya lo tienes para otro año.*
- que .... si (no)		
con subjuntivo		
- como	- amenaza, advertencia o deseo	*Como se lo digas, no te volveré a hablar.*
- a no ser que, a menos que, excepto que, salvo que	- condición negativa, equivale a *si no*	*El procesador no correrá en tu ordenador a no ser que compres otro disco duro.*
- a cambio de que	- intercambio de acciones	*Te dejaré el coche a cambio de que me lo laves.*
- a condición de que	- condición indispensable	*Iremos a la piscina a condición de que hagas los deberes.*
- en (el) caso de que	- condición poco probable, equivale a *sólo si...*	*En el caso de que vengas, te encargarás de la bebida.*
- con que	- condición mínima	*Me vale con que vayas a por tu hermano al colegio.*
con indicativo / subjuntivo		
- si	- condición	*Si tienes / tuvieras tiempo, cópialo en tu unidad.*
- salvo si, excepto si, menos si	- condición negativa, equivale a *si no*	*No iremos a la actuación salvo si nos lo piden oficialmente.*

8 **Completa con un conector.**

1. Iré contigo .... me dejes conducir el coche hasta la nacional.
2. .... tienes tiempo, tomamos unas cervezas; ...., quedamos para otro día.
3. De momento, ... tengas claro cómo empezar me basta.
4. .... me toque la lotería, no me vuelven a ver el pelo en el trabajo.
5. Tómese una pastilla por la mañana y, ... le siga doliendo la cabeza, otra por la tarde.

6. .... haya algún contratiempo, todo está preparado para la celebración del partido.
7. Me conformo .... saber que estás bien.
8. No te lo repito más: .... me traigas un gato a casa, os vais el gato y tú.
9. No creo que venga pero, ... lo hiciera, no le digas nada.
10. .... alguien proponga algo mejor, podríamos ir al cine por la tarde.

9 **Vas a trabajar como canguro en casa de los Hernández por primera vez. A partir de los datos de los niños que vas a cuidar, que son primos, construye oraciones condicionales.**

JUAN
- 16 meses
- cabezota
- tranquilo
- casi nunca llora
- no sabe ir solo al servicio
- pide las comidas

LAURA
- 30 meses
- nerviosa
- nunca quiere ir a dormir
- le gustan los yogures
- pide ir al servicio
- merienda a las seis

IGNACIO
- 11 meses
- tranquilo
- duerme con la luz apagada
- no le dan miedo los extraños
- duerme siesta de tres horas
- alérgico a las patatas

Juan
1. Si pedir ir al servicio / llevar corriendo.
2. Si pedir comida / dar pollo con judías.
3. Si querer algún juguete / dárselo.

Laura
4. Si tener hambre a las seis / dar un yogur.
5. Si querer dormir / no acostar hasta las ocho.
6. Si ponerse nerviosa / hablar en voz baja.

Ignacio
7. Si querer luz encendida / dejarla.
8. Si dormir más de dos horas / no despertar.
9. Si querer patatas / no dar.

10 **Elige la opción adecuada.**

1. Si *quieres / quieras* puedes obtener ayuda.

2. Como se lo *cuentas / cuentes,* no nos dejarán salir a la calle en un mes.

3. Irá contigo a condición de que le *traes / traigas* a casa a las tres.

4. Iremos al parque natural salvo si *llueva / llueve.*

5. Con que *estudiar / estudies* tres horas, bastará.

6. Que *tengas / tienes* prisa, toma el tren de las seis; que no, quédate a cenar.

7. Como le *ordenas / ordenes* sus cosas, se enfadará.

8. Pedro, en el caso de que *tienes / tengas* tiempo, barre la casa.

9. Si *tuvieras / tengas* un buen antivirus, esto no habría pasado.

10. Dijeron que en el caso de que *harían / hagan* la ampliación, lo harían en octubre.

11 **En grupos, haced una lista de problemas típicos que suelen causar enfrentamientos con los padres. Cuando acabéis, haced lo mismo pero imaginando que sois padres.**

Proponed soluciones para arreglar estos problemas. El modo de llegar a un acuerdo es poniendo condiciones.

Ej.: ► *Los padres prometemos dejaros llegar más tarde a condición de que nos aviséis por teléfono.*

▷ *Los hijos recogeremos nuestros cuartos más a menudo siempre que tengamos más intimidad en ellos.*

12 **¿Te gustaría saber cómo reaccionarían tus compañeros ante algunas situaciones difíciles? Completad en parejas el cuestionario y añadid algunas situaciones más.**

¿A cambio de qué saldrías de la peluquería con el pelo de color verde?	
¿Qué crees que habrías hecho en el caso de que un desconocido te diera una bofetada en la calle?	
¿Qué harías en el caso de que tu mejor amigo(a) te propusiera casarte con él / ella?	
¿Qué ventajas tendrías si no hubieses sido chica(o)?	
¿Qué harías en caso de que tus padres te hubieran puesto un nombre horrible?	
¿Y si en mitad de una conferencia te "suenan las tripas"?	

13 **Trabajar con niños no es nada fácil y menos si es la primera vez. En parejas, hablad de lo que haríais en los casos siguientes y plantead otras situaciones difíciles.**

➥ los niños no quieren callarse

➥ hay dos niños que se pelean constantemente

➥ tienes una alumna que no participa en las actividades de clase

➥ tres niños quieren ir al servicio a la vez

➥ hay un alumno que no presta atención y se pasa la hora dibujando

➥ dos alumnas interrumpen todo el tiempo la clase con sus risas

➥ tienes un alumno superdotado

ORACIONES CAUSALES

14 **¿Qué palabras en el texto indican una causa? Subráyalas.**

A veces, como decía mi abuela, todo depende del color del cristal con que se mire. Por ejemplo, ella trabajaba limpiando en un laboratorio porque había tenido muchos hijos y el sueldo de mi abuelo no alcanzaba para todo. Aunque sus amigas la criticaban, ella pensaba que, gracias a que el trabajo la mantenía ocupada fuera de casa, podía tomarse una especie de descanso del hogar. En realidad, como eran tantos, tenían que repartirse las tareas de la casa y, dado que su marido era una persona muy abierta para su época, nunca hubo problemas. De hecho, mi abuela, a fuerza de fijarse en el trabajo de los técnicos, aprendió a hacer los mismos trabajos que ellos y al cabo de los años le propusieron pagarle los estudios superiores. Al principio no aceptó, pero cuando los hijos se hicieron mayores, y puesto que el horario le permitía seguir trabajando, terminó por aceptar. Unos años después se hizo cargo del laboratorio y vivió cómodamente mientras que aquellos que la criticaban por trabajar fuera de casa la miraban con envidia.

► CONECTORES CAUSALES

porque (pospuesto): expresa de manera explícita la causa o razón de algo.	*No iremos a la reunión porque no tenemos tiempo.*
como (antepuesto): normalmente se refiere a la situación que explica la oración principal.	*Como habíamos trabajado tanto, pensamos que la función saldría mejor.*
es que: la oración principal no aparece; es coloquial e introduce una justificación.	*–¿Vas a venir a la playa?* *–Es que estoy un poco resfriada, mejor mañana.*
ya que, puesto que, dado que (antepuestos o pospuestos).	*Ya que tienes coche, me podías acercar a casa.*
gracias a que (normalmente pospuesto): expresa una causa positiva.	*Pudimos coger el avión gracias a que nos avisaron del cambio de horario.*
pues (pospuesto): uso culto.	*Es un documental increíble, pues los tigres nunca habían sido grabados en esas condiciones.*
que: coloquial, frecuente tras imperativo.	*¡Ven, que te voy a dar una sorpresa!*
por (pospuesto): con frecuencia expresa una causa negativa.	*Esto te pasa por hablar mal de la gente.*
de tanto, a fuerza de (antepuestos o pospuestos): valor intensificador o de repetición.	*De tanto mirar la pantalla le dolían los ojos.*

15 **¿Qué falla en las siguientes frases?**

1. Es una pena, pero no fui a la excursión gracias a que me rompí una pierna. Otro año será.
2. No le han dado el alta todavía, es que a veces le duele la cabeza.
3. Al final no te compramos una camiseta como no sabíamos que te gustaban.
4. Ya que se fundió la bombilla, tuvimos que comprar otra.

no porque, no es que + subjuntivo
No es que se me haya estropeado el coche, es que viajar en autobús es más ecológico.

por, de tanto, a fuerza de + infinitivo
Terminó agotado de tanto correr.

todos los demás + indicativo
Se enteró de la noticia porque llamaron por teléfono.

16 **Forma oraciones según el ejemplo.**

Ej.: *Siempre viaja en tren, no porque le dé miedo el avión, sino porque le gusta el tren.*

1. He tirado las flores / no gustar / alergia
2. Todas las mañanas corre 6 km / sano / médico
3. Mañana no iremos al campo / coche roto / hombre del tiempo, lluvia
4. Le dieron tres puntos / cortarse al afeitarse / darse un golpe
5. Llegó a ser millonario / ahorrar / jugar a la lotería
6. No se compró la camisa / ser fea / estar estrecha

17 Escucha el diálogo atentamente e identifica las fórmulas que utilizan los hablantes para iniciar o concluir una conversación, cambiar de tema e interrumpir.

Diálogo

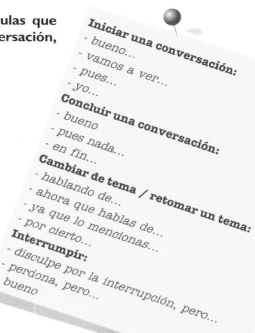

Iniciar una conversación:
- bueno...
- vamos a ver...
- pues...
- yo...

Concluir una conversación:
- bueno
- pues nada...
- en fin...

Cambiar de tema / retomar un tema:
- hablando de...
- ahora que hablas de...
- ya que lo mencionas...
- por cierto...

Interrumpir:
- disculpe por la interrupción, pero...
- perdona, pero...
- bueno

Elegid una de estas situaciones, o inventad una nueva, y escribid un diálogo en el que se utilicen los recursos que acabáis de ver.

- dos amigas se reencuentran después de 20 años, las dos se han hecho la cirugía estética y no se reconocen
- dos compañeros de piso recuerdan cómo fue al principio su convivencia
- dos conductores envueltos en un accidente repasan con la policía cómo ocurrió todo; cada uno quiere que el otro parezca culpable

18 Pequeños desastres. En parejas, elegid una de las opciones que os dará vuestro profesor y justificad vuestro comportamiento.

19 Imagina que eres un brujo con una bola de cristal. Escribe cinco sustantivos e inventa una interpretación para cada uno de ellos. A continuación, pásale la lista a tu compañero (sin los significados); él ha de describirte una visión en la que aparezcan todos los elementos y tú explicarás qué significa.

ORACIONES CONSECUTIVAS

20 **Deduce, a partir de los siguientes ejemplos, cuál es la regla para explicar el uso de indicativo o subjuntivo en la oración subordinada con intensificador. Después, comprueba si lo has hecho bien.**

► Hacía tanto calor que nos marchamos enseguida.

► No trabajes tanto que no tengas tiempo libre.

► En la reunión dijo cada tontería que todos pensamos que estaba borracho.

► Esas tuberías no son tan grandes que no se puedan transportar por carretera.

► Tal vez haya tantos servidores que no tengan problemas de conexión.

► Quizá haya tanta información que tengamos que seleccionarla antes de publicarla.

► En la gala de los Goya había cada traje que se te quitaba el hipo. ¡Qué bonitos!

Subraya la opción correcta en la ficha.

► ORACIONES CONSECUTIVAS

con intensificador:

- *tanto*		
- *tanto(a)(os)(as)* + sustantivo		indicativo / subjuntivo si VP indicativo afirmativo
- *tan* + adjetivo o adverbio		
- *tal(es)* + sustantivo	+ *que* +	indicativo / subjuntivo si VP indicativo negativo
- *un(a)(os)(as)* + sustantivo		
(tan + adjetivo)*		indicativo / subjuntivo si VP subjuntivo
- *cada* + sustantivo		

sin intensificador:

- *así que*		
- *por lo tanto,*		
- *y*		
- *luego* (culto)	+	indicativo / subjuntivo como las oraciones independientes
- *(y) por eso*		(subjuntivo con partículas de duda o deseo)
- *por consiguiente*		
- *conque* (coloquial)		

21 **Completa con el intensificador apropiado (puede haber más de una posibilidad).**

1. En la joyería me enseñaron unos pendientes .... bonitos que dije que me los reservaran; esta tarde iré por ellos.

2. No te preocupes por el vuelo, no esperaremos .... que perdamos el avión.

3. En mi viaje alrededor del mundo me ocurrieron .... cosas que no sé si podré contarlas todas.

4. Cuando se escapó el tigre del circo se armó .... alboroto que tuvieron que llamar a la policía nacional.

5. Mi hijo de tres años me tiene sorprendida; a veces se le ocurren .... ideas que parece que tiene dos o tres años más.

6. En la tienda me enseñaron .... vestidos que no sabía cuál elegir.

7. En las rebajas había .... personas en la tienda que se hundió el suelo.

8. ¡Cómo me ha gustado la carrera!, hay .... coche que te quedas embobado.

9. Había llegado .... lejos que no podía volverse atrás.

10. He llorado .... viendo esa película que ya no me quedan pañuelos.

22 **Pon el verbo en la forma adecuada.**

1. No era tan alto que no (necesitar) .... la escalera para coger el libro.

2. Cerramos a las dos, por lo tanto (tener, usted) .... que esperar hasta mañana.

3. Corrió mal, por eso (parecer) .... que no hubiera entrenado en todo el año.

4. No había tal escándalo que no se (poder) .... dormir.

5. Se ha olvidado los paquetes en casa, así que (tener, usted) .... que subir otra vez.

6. Hizo el comentario de una manera tan sutil que nadie (darse cuenta) ....

7. De joven no hizo tantas locuras que ahora (tener) .... que arrepentirse.

8. El proyecto estará terminado para septiembre, por lo tanto (inaugurarse) .... en octubre.

9. Has formateado el disco duro, de ahí que no (funcionar) .... el programa.

10. Tiene tal número de amigos que nunca (estar) .... solo.

11. No es un monitor tan caro que no (poder) .... permitírtelo.

12. No seas tan egoísta que no (prestarle) .... tu impresora.

13. Bájate tanta información que (llenar, tú) .... un disquete.

14. No pasó el antivirus y por eso (estropearse) .... el ordenador.

15. No has terminado tu trabajo, conque (no tener) .... tanta prisa en irte.

23 **En grupos de tres. Construid oraciones que sean causales y consecutivas a partir de las frases que te damos.**

Ej.: *Limpiar los cristales.*
No he limpiado los cristales porque no están muy sucios, así que los dejo para la próxima semana.

1. Mi jefe bebe mucho.

2. Mi vecina tiene reuniones extrañas.

3. El chico del cuarto, que es soltero, tiene ropa interior femenina tendida.

4. Mi compañero de trabajo cotillea mis correos electrónicos.

5. Mi amiga M.ª Jesús es muy inteligente.

24 **Tienes una semana libre y quieres hacer un viaje. Escoge una opción entre las fotografías que te mostramos y convence a tu compañero para que te acompañe; no será fácil, porque él intentará quitarte la idea de la cabeza.**

Ej.: —*Pienso visitar el Museo del Prado y la Sagrada Familia.*
—*En esta época habrá tanta gente que no podrás entrar, y la Sagrada Familia está en Barcelona, así que tendrás que coger un avión.*

25 **Elecciones. Tus compañeros y tú vais a formar un partido político y tenéis que definir vuestra postura con relación a estos temas. Después de discutirlo, presentad vuestro programa al resto de los grupos.**

► la subida de los impuestos
► la unión política y económica
► la prohibición de la energía nuclear
► el cambio en la estructura familiar
► la limitación de la inmigración
► la posibilidad de vender alimentos manipulados genéticamente
► la prohibición de fumar en locales públicos

26 **¿Cómo crees que será la vida en el futuro? ¿Por qué?**

ORACIONES MODALES

como, según + indicativo: cuando se refiere al presente o al pasado.

Con mi sueldo amueblo el piso como puedo, poco a poco.

+ subjuntivo: cuando se indica una idea futura.

Lo haré según diga mi jefe.

sin + infinitivo (mismo sujeto).

Cruzó sin mirar.

sin que + subjuntivo (diferente sujeto).

Cruzó sin que se hubiera detenido el tráfico.

como si, igual que si, lo mismo que si + imperfecto o pluscuamperfecto de subjuntivo: idea de comparación poco posible o imposible con la acción de la oración principal.

Hizo la falda como si fuera un gran diseñador.

gerundio:

Aprobó la oposición estudiando mucho.

27 ¿Cómo han hecho estas cosas? Completa la frase a partir del dibujo correspondiente.

1. Ana siempre viste como si…

2. En esta ocasión actuaré según…

3. He llegado hasta aquí sin que…

4. Al final encontró la puerta sin…

5. Cantaron estupendamente, lo mismo que si…

6. Dimos una vuelta en la moto de mi hermano sin que…

7. Se enfrentó a los ladrones…

8. En el año 2099 viajaremos sin…

28 Completa con un conector.

1. No aprobarás ……… haber estudiado el último mes.

2. Se comportó ……… fuera rico: se gastó seis mil euros en ropa.

3. Hizo las cosas ……… le enseñó su madre.

4. El mago hizo el truco ……… se notara.

5. El eclipse se verá mejor a las dos, ……… dijo el telediario.

6. Hicimos el trabajo ……… explicó el profesor de matemáticas.

7. Nos dejó ……… saber qué decir, fue muy incómodo.

8. Hicieron lo que quisieron ……… nadie les diera permiso.

9. Es una maleducada. Abrió todos los armarios ……… fuera su casa.

10. Iremos en tren o en coche, ……… diga la mayoría.

29 Completa.

1. Sin *(votar)* ……… no tienes derecho a quejarte de nada.

2. Se quedó muy contento, lo mismo que si *(ganar, él)* ……… las elecciones.

3. Según *(decir)* ……… las encuestas, ganará el partido más conservador.

4. Conseguiremos más votos *(hablar, nosotros)* ……… con la gente.

5. A veces es como si *(estar, yo)* ……… hablando con la pared.

6. Como el presidente *(decir, él)* ……… lo mismo otra vez, perderemos todo el apoyo.

7. Es increíble, es como si *(estar, yo)* ……… en este sitio antes.

8. Consiguió construir la casa sin *(mirar, él)* ……… los planos ni una sola vez.

9. No soporto a tu novio, se comporta igual que si *(ser)* ……… tu padre.

10. Los manifestantes piden que se cumplan las condiciones según *(estar)* ……… en el acuerdo.

11. El senador atravesó la sala de reuniones sin *(manifestar)* ……… que había perdido.

12. *(Hacer)* ………la programación, hemos visto un error.

13. Los precios de los carburantes subirán el próximo verano, según *(exponer)* ……… el presidente del Gobierno en la siguiente reunión.

14. Como *(estar)* ……… previsto, la decisión se tomará en la junta.

15. No hizo caso del incidente, como si *(estar)* ……… preparado de antemano.

30 Francisco "el grande" y Jorge "el magnífico" fueron dos grandes héroes; aquí tienes una lista de las hazañas que realizaron.

Francisco
- a los tres años atravesó el Amazonas a nado
- cazó 300 toros con sólo una cuerda
- contó los granos de arena del desierto del Sahara
- dio tres veces la vuelta al mundo andando
- se comió 200 kg de carne asada

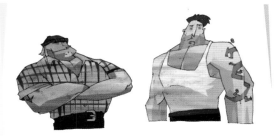

Jorge
- apagó un incendio a soplidos
- subió al monte Atlas con una mano atada a la espalda
- llevó a un elefante herido hasta el famoso cementerio de elefantes
- hizo un mapa de las estrellas en una noche
- se bebió el agua de un embalse para que no se desbordara

Pero lo más sorprendente es cómo lo hicieron. Toma partido por uno de los dos, añade más proezas a su lista y convence a tu compañero de que tu héroe es el mejor.

31 Formad grupos de tres. Escribid cada uno de vosotros una lista de diez verbos. Jugad con un dado y avanzad casillas. Para conservar la posición, tenéis que formar una frase correcta con el primer verbo del compañero de la izquierda y el conector que corresponda al número de su tirada. Si la frase no es correcta, se retroceden tantas casillas como se hayan avanzado.

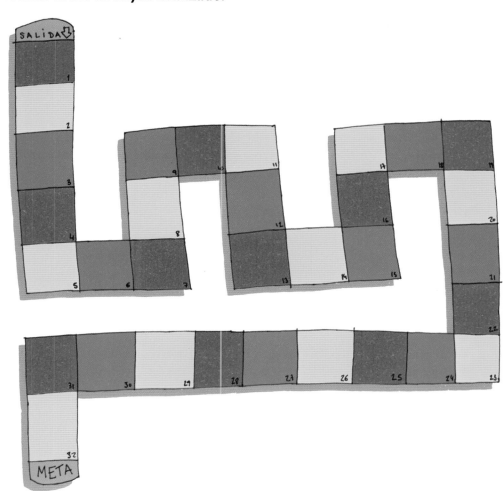

1 como
4 sin que
6 lo mismo que si
2 según
5 igual que si
3 sin

La **composición** de palabras consiste en reunir en una sola dos o más palabras que funcionan de manera independiente. Obtenemos así **palabras compuestas.**
En la práctica, todas las clases de palabras que tienen existencia independiente pueden formar palabras compuestas.

Por ejemplo:

- Preposición + verbo: *sobrevivir, contraer, etc.*
- Preposición + nombre: *sobremesa, sinvergüenza, etc.*
- Preposición + adjetivo o participio: *sobrehumano, antedicho, etc.*
- Adverbio + verbo: *malestar, malgastar, bienestar, etc.*
- Adverbio + nombre: *menosprecio, malhumor, bienvenida, etc.*
- Adverbio + adjetivo o participio: *malcriado, malsano, etc.*
- Nombre + nombre: *ferrocarril, bocacalle, radiotelégrafo, astronauta, telaraña, etc.*
- Nombre + verbo: *salpimentar, maniobrar, maniatar, etc.*
- Verbo + nombre: *salvavidas, limpiabotas, pisapapeles, portamonedas, sacacorchos, etc.*
- Nombre + adjetivo: *aguardiente, puntiagudo, etc.*
- Adjetivo + nombre: *bajamar, bajorrelieve, etc.*
- Adjetivo + adjetivo: *físico-químico, todopoderoso, rojinegro, etc.*
- Verbo + verbo: *vaivén, correveidile, hazmerreír, etc.*

Las **palabras compuestas** se comportan como una sola palabra y siguen las normas generales de acentuación. En el caso de que se trate de palabras compuestas con guión, cada elemento conservará la acentuación fonética y gráfica que le corresponda.

32 **Relaciona.**

sobre	ropa
ante	americano
sin	número
ibero	cesto
boqui	abierto
guarda	pasado
balón	poner

Si te has fijado, en el caso de unión de **adjetivo + adjetivo** las palabras aparecen separadas por un guión en algunas ocasiones. Las reglas entonces son las siguientes:

1. En los compuestos de nueva creación: el primer elemento tiene terminación masculino singular y el segundo concuerda en género y número con el adjetivo al que acompaña.

2. En los gentilicios que forman palabra compuesta: si el compuesto se considera como una unidad consolidada, se escribirá sin guión.

33 **Forma todos los compuestos que puedas con estas palabras. Échale imaginación; tu profesor te dirá si son correctas.**

- sobre
- bajo
- entre
- blanco
- azul
- alto
- mantel

- mesa
- poner
- quitar
- sacar
- pasar
- salvar

34 **Si existieran las palabras que te damos a continuación, ¿qué crees que significarían? Inventad por parejas otras palabras con su definición.**

- guardaplayas _____
- altomonte _____
- predescendiente _____

- malmostrar _____
- bocavía _____
- pisacartas _____

- puntirromo _____
- _____
- _____

35 **De las siguientes palabras algunas necesitan tilde y otras no.**

■ correveras ■ ostricultura ■ cienmillonesimo ■ milimetro ■ guardabarros ■ decalogo
■ sietesangrias ■ salvaguardia ■ piscifactoria

LA ARGUMENTACIÓN

Tal y como viste en la lección 7, argumentar es dar razones para apoyar o defender una idea, o tratar de convencer a alguien para lograr que acepte nuestras ideas. Tiene un fuerte carácter subjetivo y a menudo se juega con factores psicológicos del oyente. Te recordamos las distintas estructuras que puede tener este tipo de texto:

- tesis + casos particulares + conclusión (método deductivo)
- casos particulares + conclusión + tesis (método inductivo)
- tesis + casos particulares + tesis (doble encuadramiento)

 Lee con atención los siguientes textos. ¿Qué tipo de estructura tienen?

Cada año más parejas se casan por algún rito religioso. En 1998 el número de jóvenes que pasaron por la iglesia fue el doble de los que lo hicieron en 1996, y en los seis primeros meses de este año esta cifra ya se ha superado sensiblemente. La primera opción en España sigue siendo el rito católico, seguido a mucha distancia por otras religiones. Como el tiempo medio que transcurre entre la decisión y el enlace es de tres meses, se prevé que para el mes de septiembre se triplique la cifra de nuevos matrimonios; así pues, lejos de las profecías de muchos, el número de parejas que pasan por la vicaría aumenta.

Dos de cada tres jóvenes afirman haber probado el alcohol antes de los trece años y tres de cada cuatro aseguran que fumaron su primer cigarrillo antes de los catorce. Los últimos datos del Ministerio de Sanidad son poco halagüeños: el número de menores de cuarenta años con enfermedades cardio-respiratorias ha aumentado alarmantemente, aunque la tasa de adicción al alcohol se mantiene. Curiosamente, los niños en edad escolar dicen sentir repulsión ante la sola presencia de un cigarrillo y muchos son los culpables de que sus padres abandonen este hábito. Parece ser que las campañas de prevención que se hacen en las escuelas están dando resultado, y que evitar la aparición de estos vicios no sólo es la política más sana, sino la más efectiva.

37 Redacta un texto argumentativo a partir de las siguientes ideas. Puedes inventarte los casos particulares.

Fumar es malo para la salud	Cada vez hay menos estudiantes universitarios
- cada vez hay más enfermedades relacionadas con el tabaquismo	- el paro entre los titulados superiores aumenta
- las mujeres embarazadas que fuman suelen tener partos prematuros y sus hijos pesan menos	- el precio de las matrículas subió en los últimos tres años
- el 90% de los adolescentes fumadores son hijos de padres fumadores	- los profesionales medios cobran cada vez mejores sueldos
- con el dinero que cuesta curar las enfermedades que produce, se podría alimentar a todo un país durante una semana	- cada vez se le da más importancia a la experiencia y menos a la formación homologada - el mercado laboral reclama otro tipo de trabajadores
Los profesores, entre los profesionales con más estrés	La telefonía móvil es el futuro de las telecomunicaciones
- durante una clase las pulsaciones del profesor aumentan hasta 120	- el precio de los terminales ha sufrido una bajada espectacular
- es la profesión que tiene un mayor número de bajas por esta causa	- cada vez ocupan menos espacio y ofrecen más servicios
- 4 de cada 10 profesores se jubilan por enfermedad antes de tiempo	- la movilidad geográfica de los trabajadores necesita de una localización inmediata
- cada vez se muestra menor respeto por esta profesión entre los jóvenes	- en los periodos vacacionales o de descanso la comunicación con familia y amigos se mantiene constante

 En la lección anterior estudiamos el texto expositivo. ¿Qué diferencias y semejanzas encuentras entre este tipo de texto y el texto argumentativo?

39 **Escucha las siguientes oraciones de relativo. Señala cuál es la explicativa y puntúa adecuadamente.**

1 ❏ Los platos que están en el armario me los regaló mi abuela.
   ❏ Los platos que están en el armario me los regaló mi abuela.

2 ❏ El piso que tiene tres dormitorios es el que más me gustó.
   ❏ El piso que tiene tres dormitorios es el que más me gustó.

3 ❏ Los autobuses que van a Vigo salen a las nueve de la mañana.
   ❏ Los autobuses que van a Vigo salen a las nueve de la mañana.

4 ❏ Los alumnos que tienen más de siete años pueden ir a la excursión.
   ❏ Los alumnos que tienen más de siete años pueden ir a la excursión.

5 ❏ Las cajas que están vacías se las llevarán por la mañana.
   ❏ Las cajas que están vacías se las llevarán por la mañana.

  40 **Escucha y repite.**

↪ Mientras traemos los muebles colocarán las puertas.
↪ Colocarán las puertas mientras traemos los muebles.
↪ Colocarán las puertas y, mientras, traemos los muebles.

↪ Ya que tienes tantas ganas de comer tortilla, podías pelar las patatas.
↪ Podías pelar las patatas, ya que tienes tantas ganas de comer tortilla.

↪ Como vaya, te vas a enterar.
↪ Te vas a enterar como vaya.

↪ Llegaremos a Gerona después de comer, a no ser que vayamos en coche.
↪ A no ser que vayamos en coche llegaremos a Gerona después de comer.

↪ No voy a ceder en este asunto, aunque me arriesgue a perder mi puesto de trabajo.
↪ Aunque me arriesgue a perder mi puesto de trabajo, no voy a ceder en este asunto.

↪ Puesto que no se va a celebrar la reunión, es mejor que abandonemos la sala.
↪ Es mejor que abandonemos la sala, puesto que no se va a celebrar la reunión.

 41 **Enfatiza el elemento subrayado haciendo uso de una oración consecutiva con intensificador. Después comprueba con la cinta si tu entonación es correcta.**

❶ Hacía <u>calor</u> y se desmayaron varias personas.

❷ El sombrero era <u>bonito</u> y todo el mundo se fijó en él.

❸ Había <u>muchos coches</u> y el atasco llegaba hasta el aeropuerto.

❹ El equipo tenía <u>jugadores buenos</u> y ganaron el partido por mucha diferencia.

❺ Nuestro campeón corrió <u>rápido</u> y ganó con tres minutos de ventaja.

Vivimos un periodo de crisis y de cambios globales acelerados por la extensión de las telecomunicaciones; pero a pesar de las grandes oportunidades que se ofrecen a las empresas del sector, la realidad es que la contribución de las compañías españolas o iberoamericanas es reducida en cada uno de los campos de Internet.

El viento de la globalidad, ayudado en Sudamérica por la comunidad de lengua, historia y cultura que crea lazos de confianza, ha favorecido la expansión de Telefónica en Iberoamérica. En una economía de este tipo nuestro principal patrimonio es la lengua española, la cultura y la tradición histórica.

Sin embargo, y aunque Estados Unidos lidera los materiales "latinos" de los que España e Iberoamérica son los principales consumidores, el inglés no es la "lengua de la red". La profecía sobre el dominio absoluto del inglés en ella no se materializa; al contrario: en la actualidad, el 2,5% de los materiales existentes en la red están en español y, como mínimo, el 2% de los usuarios son hispanohablantes. En su conjunto, hoy la "masa crítica" hispanohablante puede alcanzar la cifra de seiscientas mil personas.

Algunas desventajas vienen a sumarse al bajo índice de producción de materiales; en Iberoamérica las velocidades de conexión son bastante reducidas, puesto que se combinan los accesos por teléfono con radiofrecuencia y vía satélite. No es raro que las conexiones entre ciudades de un mismo país deban pasar por EE.UU., ya que se carece de una red troncal regional.

Éste es el único sector de la cadena de valor donde existe una presencia importante de empresas del ámbito hispanohablante: Telefónica (España) y Telmex (México) están entre las 20 primeras empresas de servicios de telecomunicaciones según el informe de la UIT*. En el sector del cable la Compañía de Teléfonos de Chile (con participación de Telefónica) y Cablevisión (del grupo Televisa 15) de México son los más importantes operadores de cable en Sudamérica. El compromiso de estas empresas con la lengua española es significativo. Sin embargo, existen conflictos con algunos proveedores de información y servicios en español (caso de la Red Científica Peruana) o con responsables de las universidades (imposibilidad de acceso de los estudiantes a la red en el marco docente) en España.

Fuente: *http://lanic.utexas.edu/info/stat/usage.gif*
Fuente:*www.mundolatino.org*
*UIT: Unión Internacional de Telecomunicaciones

Responde a las siguientes cuestiones.

1. ¿La contribución de las empresas españolas e iberoamericanas en los campos de Internet es amplia o reducida?
2. ¿Qué país es el principal creador de materiales en red en español?
3. ¿Qué problemas existen en Iberoamérica para mantener comunicación entre dos ciudades?
4. Cuando hablamos del "sector del cable", ¿a qué nos referimos?
5. ¿Cuáles son las principales empresas del ámbito hispanohablante que participan en el campo de las telecomunicaciones?
6. ¿Crees que tener en común una lengua y una cultura es beneficioso para la expansión de las empresas en este campo o, por el contrario, puede crear una fuerte competitividad que desemboque en el fracaso?

Recapitulación

1. Completa el texto con las palabras que te damos a continuación.

✔ pantalla ✔ módem ✔ ratón ✔ tarifa plana ✔ ordenador ✔ correo electrónico

Internet al alcance de tu mano. Si quieres apuntarte sólo necesitas .... y un .... Con nuestra .... podrás navegar todo el tiempo que quieras por el mismo precio. Es muy fácil, con sólo hacer clic con tu .... podrás asomarte a una ventana con millones de posibilidades y todo ello en un espacio tan reducido como la .... de tu ordenador. Si te apuntas ahora, tendrás totalmente gratis una dirección para que recibas el ....

2. Completa con el tiempo y modo adecuados.

1. No porque *(venir, tú)* .... temprano abrirán antes las tiendas.
2. Coge la maleta, que *(irse, nosotros)* .... de viaje.
3. Te duele el estómago por *(haber)* .... comido tanto.
4. No es que no *(saber, yo)* .... leer, es que me he olvidado las gafas.
5. Como *(estar, tú)* .... toda la mañana en el mercado, pensé que habrías comprado el pan.

6. Estudió de tal manera que *(superar, él)* .... a sus compañeros de promoción.
7. No eran unas cortinas tan bonitas para que *(pagar, yo)* .... por ellas 300 €.
8. Trabajó tanto que en seis meses *(ascender)* .... de puesto.
9. Había tal número de voluntarios que *(tener, ellos)* .... que organizarlos en tres turnos.
10. No te digo que *(exigir, tú)* .... un aumento tan alto que lo rechacen.

11. Un policía encontró tu bolsa, conque probablemente *(estar)* .... en comisaría.
12. Ofrecemos las mejores condiciones, por consiguiente es posible que *(superar, nosotros)* .... el número de clientes del año anterior.
13. Has practicado con los mejores maestros, luego espero que *(tener, tú)* .... las mejores oportunidades.
14. No hemos conseguido el local, así que *(suspender, nosotros)* .... la reunión.
15. Corregirán los exámenes por la tarde, por lo tanto *(saber, vosotros)* .... los resultados mañana por la mañana.

16. Abrió la puerta *(apretar)* .... el botón de la derecha.
17. Gastas el dinero como si *(caer)* .... del cielo.
18. Estaba perdida y sin *(saber)* .... cómo volver a su casa.
19. Después de tanto tiempo, contempló la casa de su infancia lo mismo que si *(ser)* .... la primera vez que la veía.
20. Según *(llover)* .... el próximo otoño, sabremos si el año que viene tendremos sequía.

21. Con que *(traer, tú)* .... la bebida tendremos suficientes cosas para la fiesta.
22. No le enseñes las fotos y *(ver, tú)* .... cómo se enfada contigo.
23. El lunes los comerciantes hacen un 10% de descuento salvo si *(pagar, tú)* .... con tarjeta.
24. Te llevaré a casa a cambio de que *(enseñármela)* ....
25. Que las tiendas *(abren)* .... el domingo, le compramos un regalo; que no, *(comprarlo, nosotros)*........... el lunes.

3. Señala la sílaba tónica.

1. antepasado
2. sobrehumano
3. boquiabierto
4. puntiagudo
5. ostricultura
6. todopoderoso
7. anteponer
8. sinvergüenza
9. contrapuesto
10. guardarropa

4 Lee esta carta con detenimiento. ¿Crees que es un texto sólo descriptivo o argumentativo?

Madrid, 1 de marzo de 2001

Querida Tita:

Hace demasiado tiempo que no sé nada de ti. Hoy estoy ordenando papeles, fotos viejas, recuerdos de mi infancia y apareces tú. Me he puesto a escribirte para saber cómo te va en tu nueva vida, en ese trabajo en el que, como tú misma has definido, pareces "duquesa de verbos y artículos".

Ahora tengo entre mis manos aquellas fotos que nos hicimos con el gallo o con el hámster, ¿recuerdas? Aquel gallo que tanta ternura te inspiraba y al que querías con locura. ¿Recuerdas cuando se nos escapó? ¿Recuerdas lo que tú lloraste porque te temías lo peor? ¿Y la alegría cuando lo oíste cantar de madrugada en la casa de la vecina? Aquella noche habíamos dormido juntas. Estabas inconsolable, como siempre que sufría algún animalito a tu alrededor.

La verdad es que nunca he entendido por qué no te has incorporado a alguna institución de protección de la Naturaleza (como ADENA) o por qué no has dedicado todos tus esfuerzos a la defensa de los animales. Con tu habitual sentido del humor, siempre me has contestado que bastante proteges a los animales en tu actual trabajo, pero no sé, tu gran corazón merece otra respuesta distinta a la que recibes. Desde luego, los animales son siempre mucho más agradecidos y cariñosos que las personas. Al menos, la inmensa mayoría.

Te dejo. Voy a ponerme a pintar un rato. Llevo demasiado tiempo sin utilizar mi lápiz y ya sabes que eso para mí es muy importante.

Te envío esta propaganda de una asociación que protege los animales y las plantas en las ciudades. A lo mejor quieres formar parte de ella. Léela con atención.

Un beso muy fuerte,

Noemí.

1. Señala los elementos que definen el texto como descriptivo, como argumentativo o como mixto.

2. ¿Hay elementos coloquiales en esta carta más propios de la conversación que de un texto escrito? ¿Cuáles son?

3. Fíjate en este folleto de una asociación de protección y defensa de los animales y plantas en las ciudades. ¿Qué texto argumentativo le pondrías?

 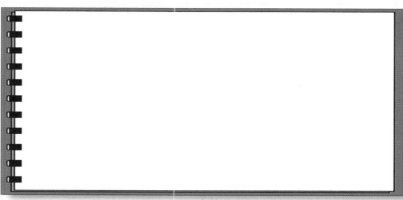

 5 Busca estas palabras y expresiones en el diccionario; si aun así no las entiendes, pregúntale a tu profesor.

🙰 tal para cual 🙰 mira qué bien 🙰 toma y daca 🙰 ceder el mango de la sartén
🙰 quedar en tablas 🙰 hacer un milagro 🙰 ni fu ni fa

¿Tú sigues la moda?

10

Léxico

▶ Vestuario, ropa y complementos

Gramática

▶ El estilo indirecto

▶ Transformaciones cuando el verbo principal está en pasado

▶ Verbos que resumen actitudes y actos de habla

▶ Verbos introductores del estilo indirecto

Funciones

▶ Resumir una conversación

▶ Pedir a alguien que repita lo que ha dicho

▶ Repetir de otra manera lo ya dicho

Escritura

▶ Descripción, narración, exposición y argumentación
en un mismo texto

Fonética

▶ Variedades del español

Cultura

▶ Diseñadores en España e Hispanoamérica

La moda ya no es algo para unos pocos. Gracias a los imperios del copiar barato, los grandes diseñadores son hoy más populares que nunca. Populares porque son conocidos por muchos y porque tienen mucho que ver con lo que pasa en la calle. La moda es ahora algo de muchos, ya que todo el mundo puede acceder al diseño. Así, las grandes firmas han decidido estampar su nombre en todas partes y recuperar sus clásicos tejidos firmados.

La industria de la moda vive hoy un momento "dulce" y se deleita en rendir culto al nombre y en la exhibición de su compra. Se trata de una gran industria financiera regida principalmente por criterios económicos más que artísticos.

Adaptación de *El País Semanal*, n.º 1.225.

EL GRAN ESCAPARATE

1 **Termina la serie que te damos a continuación.**

alianza, **b**lusa, **c**amiseta, **ch**al, _____ ⟶ **z**uecos.

2 **Clasifica las prendas del ejercicio anterior según sean de mujer, hombre o unisex.**

MUJER	HOMBRE	UNISEX

3 Escucha los comentarios que hace el periodista a propósito del pase de modelos.
Anota las palabras que consideres más importantes.

VOCABULARIO

4 Describe los siguientes trajes típicos de algunas zonas hispanas.

¿Y en tu país? Describe a tu compañero los trajes típicos de tu país; luego se lo cuentas
al resto de la clase.

5 Observa las siguientes situaciones y piensa cuál sería el tipo de ropa más adecuado
para cada una de ellas.

CE
1, 2, 4, 5, 17

6 ¡Tiempo! Sigue las instrucciones de tu profesor y trata de ganar a tus compañeros.

letra	ropa / complementos de deporte	ropa / complementos para la playa	ropa / complementos de invierno	ropa / complementos para una boda	PUNTOS

ESTILO INDIRECTO

► TRANSFORMACIONES VERBALES I

estilo directo	dice que ha dicho que	estilo indirecto
verbo indicativo		⇨ el mismo
verbo subjuntivo		⇨ el mismo
verbo imperativo		⇨ presente de subjuntivo

Completa la regla teniendo en cuenta estos ejemplos.

⇨ ¿Dónde trabajas?
⇨ Me pregunta dónde trabajo.

⇨ ¿Qué quieres?
⇨ Me preguntó qué quería.

⇨ ¿Te gusta la música clásica?
⇨ Me ha preguntado si me gusta la música clásica.

► CONECTORES EN PREGUNTAS

estilo directo		estilo indirecto
con partícula interrogativa	⇨	
sin partícula interrogativa	⇨	

  7 **Escucha los siguientes diálogos y completa el cuadro.**

(Son las 20:30)

- ¿Qué tal con Jesús?
- Chica, no sé qué decirte. A veces me da la impresión de que le gusto, pero otras…
- A lo mejor, si te decidieras a hablarle claro las cosas te irían mejor, ¿no crees?
- Sí, claro, eso es fácil decirlo, pero… ¿y tú con Miguel? ¿Has adelantado algo?
- No me cambies de tema. Sé que a Jesús le gustas mucho y, como no te espabiles, puede que se vaya con otra. Por ejemplo, sé que a Carmen también le gusta, así que tú verás.
- Bueno, ¿y qué le digo?
- Pues la verdad, pero desde el principio.
- ¿Y cuándo? ¿Crees que éste es un buen momento?
- Todos los momentos son buenos, depende de nosotros, y no olvides que hay un refrán que dice que *no dejes para mañana lo que puedas hacer hoy.*
- ¡Pues sí que estás filosófica!

(Son las 21:00)

- ¿Sabes de qué están hablando esas dos?
- Pues no, ¿qué pasa?
- Leticia le ha preguntado a Sonia qué tal contigo.
- ¿Y qué le ha dicho ella?
- Que no sabía qué decirle, que a veces le daba la impresión de que te gustaba, pero que otras…
- ¿Y?
- Y entonces Leticia le ha sugerido que hable contigo y que así las cosas le irían mejor.
- Hay que ver cómo son las chicas. ¡Sigue contándome!
- Después Leti le ha dicho que si no espabilaba, te irías con otra. Y le dijo que tú le gustabas a Carmen.
- ¿De verdad?, ¿yo le gusto a Carmen?
- Yo no lo sé, es lo que ellas decían.
- ¿Y algo más?
- Sí, le ha dicho que éste es un momento tan bueno como otro para hablar contigo. Así que… ¡Mira!, me parece que Sonia viene para acá.
- ¡Deséame suerte!

DIÁLOGO 1	TRANSFORMACIONES EN EL DIÁLOGO 2

8 **Pasa el segundo diálogo entre Jesús y su amigo a estilo indirecto. Presta atención a las transformaciones en los verbos y en los pronombres.**

▶ TRANSFORMACIONES VERBALES II

estilo directo	dijo que decía que había dicho que	estilo indirecto
verbo indicativo		
presente		⇨ imperfecto
indefinido / pluscuamperfecto		⇨ indefinido / pluscuamperfecto
imperfecto		⇨ imperfecto
pretérito perfecto		⇨ pluscuamperfecto
futuro simple		⇨ condicional simple
futuro compuesto		⇨ condicional compuesto
condicional simple		⇨ condicional simple
condicional compuesto		⇨ condicional compuesto
verbo subjuntivo		
presente		⇨ imperfecto
imperfecto		⇨ imperfecto
pretérito perfecto		⇨ pluscuamperfecto
verbo imperativo		⇨ imperfecto de subjuntivo

9 **Transforma estos mensajes y diálogos.**

1. A María su madre le da este recado. Reproduce la conversación de la madre de María y Miguel.

"Ha llamado Miguel, que lo llames para quedar con él y comprar el regalo de Carlos Andrés."

2. Pásalo a estilo indirecto.

- ¿Está Marta?
- No, está de viaje. ¿Quién eres?
- Soy Carlos, es que necesito un libro de química que le dejé la semana pasada.
- Yo le digo que te llame en cuanto venga.
- Gracias y perdone.
- De nada guapo, adiós.

3. La hermana de Sergio recoge este recado. Reproduce la conversación de la hermana de Sergio con el profesor de piano.

"Hablé con tu profesor de piano y lo felicité por su boda. Me dijo que las clases cambiaban a partir de la semana que viene."

4. Pásalo a estilo indirecto.

- Buenos días, ¿es ahí la escuela de flamenco?
- No, esto es una escuela de teatro.
- Vaya, disculpe. Tendré el teléfono mal.
- Nada, no se preocupe. Adiós.
- Adiós, buenos días.

Ahora, imagina que los mensajes anteriores fueron tomados la semana pasada. ¿Cómo los transformarías?

10 **Se han acabado las pilas de la grabadora y sólo hemos podido escuchar algunas de las respuestas que ayer dio un famoso cantante en una entrevista. Redacta una noticia sobre él como si fueras el periodista que le entrevistó.**

soy de Mijas / nací en 1967 / tengo tres hermanos y tendré mi primer sobrino en noviembre / de pequeño iba a pescar con mis amigos / me he casado dos veces / me gustaría encontrar la verdadera felicidad, estoy buscándola / a mi hijo le pediría que trabaje en lo que más le guste / deseo que no haya más hambre ni guerra en el mundo / el consejo es fácil: ¡Sed felices siempre! y, sobre todo, ¡no olvidéis mi música!

11 **"Los disparates encadenados."** Sigue las instrucciones de tu profesor y verás qué asociaciones más sorprendentes se dan.

12 **Frases que han hecho época.** Elige con tu compañero las que más os interesen y justificad vuestra elección.

1. "En California no tiran la basura: la convierten en programas de televisión."

2. "Cásate con un arqueólogo. Cuanto más vieja te hagas, más encantadora te encontrará."

3. "Podrán cortar todas las flores, pero no podrán detener la primavera."

4. "Lo que no se puede evitar hay que llevarlo con paciencia."

5. "¿Por qué nos alegramos en las bodas y lloramos en los funerales? Porque no somos la persona involucrada."

6. "Todo lo que necesito para hacer una comedia es un parque, un policía y una chica guapa."

7. "Hay que comer para vivir, y no vivir para comer."

8. "Pienso en la música como en un menú. No puedo comer lo mismo todos los días."

Charlie Chaplin

Woody Allen

Molière

Pablo Neruda

Carlos Santana

Mark Twain

Agatha Christie

San Agustín

¿Quién creéis que ha dicho cada una? Justificadlo.

13 **Pregúntale a tu compañero cómo se comporta y qué dice en las siguientes situaciones. Después cuéntaselo a la clase.**

⇨ cuando te equivocas en público…

⇨ cuando lees un texto con muchas palabras desconocidas…

⇨ cuando ves a alguien y te saluda pero no recuerdas su nombre…

⇨ cuando tienes que hablar con una persona por la que te sientes atraído…

⇨ cuando quieres preguntar en una conferencia…

⇨ cuando llegas a casa después de clase…

Añade tú otras.

Ej.: *Mi compañero dice que…*

14 **¿Sabes qué son los "colmos"?** Aquí te damos dos ejemplos.

Ej.: *El colmo de un electricista es tener una mujer que se llame Amparo y que su suegra le siga la corriente.*
El colmo de un carnicero es tener un yerno "chorizo" y un hijo "chuleta".

En grupos, pensad en otros cinco.

15 **Señala los valores de estas frases. Recuerda lo que viste en la lección 9.**

1. Llega tarde, y hablaremos después. ▶ _____

2. Como no me llamaste, me fui. ▶ _____

3. Te digo simplemente que, si no piensas ir, llámalos. ▶ _____

4. Iré contigo a condición de que me compres un regalo. ▶ _____

5. Leería su artículo si tuviera aquí el periódico. ▶ _____

6. Con estudiar una hora al día me conformaría. ▶ _____

7. A menos que dispongas otra cosa me voy a la cama. ▶ _____

Ahora pásalas a estilo indirecto.

16 **Juan tuvo ayer un día horrible. ¿Qué le dijeron los siguientes personajes?**

Biblioteca

1)   2)   3)

4)   5)   6)

CE 8, 10, 11, 19   **17** **Lee los diálogos y pásalos a estilo indirecto.**

⇨ ¿Dónde estabas ayer?

⇨ Como me llamó Elena diciéndome que no ibais a salir me quedé en casa.

⇨ Lo digo porque te estuvimos esperando en casa de Jaime y si no pensabas salir podías haber llamado.

⇨ Ya te he dicho que no lo sabía.

⇨ Si no quieres más cosas me voy, que tengo mucho que hacer.

⇨ Bueno, entonces mañana a las seis, ¿vale?

⇨ Vale, pero como llegues otra vez tarde no te esperaremos.

⇨ Que sí, me conformaré, si eso ocurre, con que no me deis la vara todo el tiempo.

⇨ Con adelgazar tres kilos me conformaría.

⇨ Tú adelgázalos y ya verás. Pero… ¡si no te hace falta!

⇨ Tú qué sabrás, nunca entiendes nada.

⇨ Te digo sencillamente que si lo piensas hacer no cuentes con mi aprobación.

18 Escucha el capítulo 9.528 de la radionovela *Nido de víboras* y sigue las instrucciones del profesor.

19 Formad dos grupos: uno inventará una historia loca y disparatada, y se la contará uno a uno a los miembros del otro grupo. Luego éstos, sucesivamente, se la irán contando a los demás componentes de su equipo y así veréis quién anda mejor de memoria.

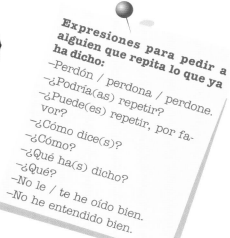

Expresiones para pedir a alguien que repita lo que ya ha dicho:

–Perdón / perdona / perdone.
–¿Podría(as) repetir?
–¿Puede(es) repetir, por favor?
–¿Cómo dice(s)?
–¿Cómo?
–¿Qué ha(s) dicho?
–¿Qué?
–No le / te he oído bien.
–No he entendido bien.

CE 6.7 **20** Uno de vosotros va a leer una historia. El resto de la clase lo interrumpirá las veces que haga falta para pedir detalles.

21 Comenta con tu compañero qué dicen los españoles y los hispanoamericanos en estas situaciones.

Para empezar y terminar un cuento	Al descolgar el teléfono	Al contar un chiste	Al contar un cotilleo	Para terminar una conversación y expresar que se está de acuerdo o para dar ánimos
Cuando se entra en un restaurante y hay gente comiendo	Cuando se estornuda	Si se pisa a alguien sin querer	En una boda	En un funeral

> Verbos que resumen **actitudes** y **actos de habla**:
>
> *felicitar, negar, regañar, despedirse, invitar, convencer, agradecer, poner excusas, ironizar, sorprenderse, saludar, emocionarse, resignarse, alegrarse, asustarse, valorar, pedir un favor, reconocer, pedir, dar la razón, amenazar, admitir, confesar, contar.*

 22 Escucha estos diálogos e identifica los actos de habla que se realizan.

⇨ Entonces, ¿lo reconoces?
⇨ Que sí, que me he equivocado.
⇨ Pues díselo y lo olvidamos.
⇨ Vale.

⇨ ¿Al final no vas a ir a la fiesta de Juan?
⇨ No, de verdad que no puedo. Además, tengo que hacer un montón de cosas y recoger a Álvaro en el colegio.
⇨ ¿Y no se lo puedes pedir a Luis?
⇨ No, no está, está trabajando.

⇨ ¿Podrías dejarme 18 euros? Es para comprarme un diccionario.
⇨ Vale, pero ven luego, que ahora no tengo aquí la cartera.

⇨ Eso no se toca, ¿me oyes?
⇨ Perdona mamá, no lo volveré a hacer.
⇨ No; hazlo y hablamos después, ¿de acuerdo?
⇨ Que no, mamá, no te preocupes.

⇨ Juan, el domingo hago paella, ¿vienes?
⇨ ¿A qué hora?
⇨ A las dos. Te esperamos, ¿vale?
⇨ Que sí, vale. Hasta el domingo.

23 Escribe frases que resuman estas actitudes y actos de habla.

▶ Poner excusas para no ir a una fiesta.

▶ Contar a alguien un cotilleo.

▶ Emocionarse ante una expresión de amor.

▶ Alegrarse por los buenos resultados de una operación.

▶ Agradecer a alguien su ayuda.

▶ _____
▶ _____
▶ _____
▶ _____
▶ _____
▶ _____
▶ _____
▶ _____
▶ _____

  24 Pasa a estilo indirecto los mensajes de los bocadillos.

¡Vete a la porra!

¡Enhorabuena!

¡Ayúdame!

¡Feliz cumpleaños!

¡Qué se le va a hacer!

¡Cuánto tiempo sin verte!

25 **¿Quién dijo qué? Aquí hay dos conversaciones diferentes: sepáralas y ordénalas.**

- Chica, hoy he tenido un día horrible.
- Pues la familia de Juan no está mucho mejor.
- Lo horrible es lo que está pasando en la familia de Charo.
- ¿Qué pasó?
- Para horrible lo que pasó en mi calle ayer por la tarde.
- Charo, en cambio, no está tan bien. Fue al súper y le robaron todo el dinero.
- Puri, ¿la hija de la señora Carmen?, ¿la que vive detrás del súper?
- Sí, como el chalé de Puri, que tiene una parcela que parece un parque.
- ¿Dónde?
- Hija, pues a mí me pasó lo mismo el mes pasado.
- Sí, la misma. Por cierto, el súper lo van a cerrar por obras.
- En el parque de la Ermita, mientras paseaba con mi hermana.
- ¿Y qué tal tu hermana?
- Hija, pues vivir y hacer obras al mismo tiempo es horrible. Por cierto, ¿por qué dices que has tenido un día horrible?
- Por cierto, la que está mejor es Amparo. Ha encontrado trabajo y creo que se va a comprar una casa.
- Ayer por la tarde estuvimos paseando por el parque.
- Pues, hija, fenomenal, está saliendo con el hermano de Juan, Antonio, los sobrinos de la señora Carmen.
- Ya, Puri también va a hacer obras en su casa.

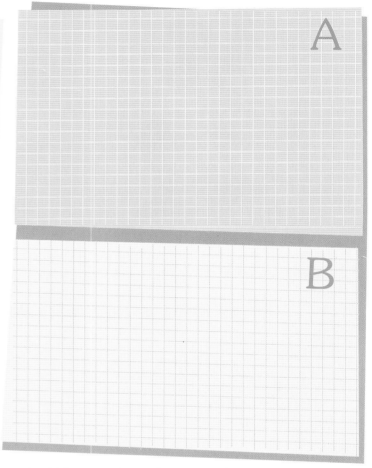

 Ahora vais a escuchar las dos conversaciones por separado. ¿Habéis tenido muchos errores?

26 **Tu compañero y tú sois unos famosos psicólogos y a vuestra consulta han llegado estos tres personajes. En el informe tenéis que contar todos los detalles de las sesiones, las preguntas que hicisteis y lo que os contestaron.**

Soborné al director de una película para que me diera un papel. Quería conocer personalmente a Antonio Banderas.

Vino un hada de la agencia *El príncipe azul* y me enseñó una foto del príncipe. Arregló para mí una cita a ciegas. Mi problema es que él aún no lo sabe.

Debatid estos temas.
- ¿Qué cosas haríais y no haríais para conseguir un trabajo?
- ¿Contrataríais los servicios de una agencia matrimonial para encontrar pareja?
- ¿Hay límites en Internet? ¿Qué cosas no se podrán comprar nunca en la red?

27 Piensa, junto con tu compañero, qué pueden decir estos personajes.

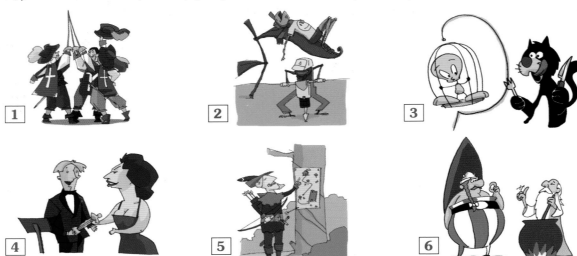

28 Uno de los verbos "comodines" en el estilo indirecto es el verbo *decir*. Te proponemos trabajar ahora con otros más precisos según el contexto. Utilízalos.

responder, replicar, comunicar, explicar, añadir, escribir, repetir, confesar, declarar, susurrar

1. El banco me acaba de *decir* que me ha concedido el crédito.
2. Además, me gustaría *decir* —y con esto termino— que este trabajo no habría sido posible sin la ayuda de mis colaboradores.
3. El jefe nos *dijo* cómo funcionaba el proyecto.
4. Te *he dicho* mil veces que no llegues tarde.
5. ¿Qué le *has dicho* en tu e-mail?
6. Cuando el profesor le enseñó los errores del examen, Carlos le *dijo* que aquello no era lo que había explicado en clase.
7. María, creo que debes *decir* que fuiste tú.
8. Le *dijo* al oído que la querría.
9. Le pregunté si se casaba y me *dijo* que sí.
10. *Dijo* ante el juez que él no había visto nada.

29 Aquí tienes un fragmento de la obra de teatro de Miguel Mihura *La decente*. Pásalo a estilo indirecto.

María.- Puede ser. ¿Y a usted le gusta la señora esa?

Roberto.- Ya, a mi edad le gustan a uno todas por la sencilla razón de que, en realidad, ya no le gusta a uno ninguna. Por otra parte, ya sabe usted que a mí esto de las casadas no me apetece nada. Es un lío siempre.

María.- Desde luego.

Roberto.- Así es que la espero, pero sin demasiada ilusión. En el fondo me da lo mismo. Si quiere picar, que pique, y si no pica, que no pique.

(Suena el timbre. María se levanta.)

María.- Oiga, pues han llamado.

Roberto.- Sí. Ahí está. Y además son las ocho en punto. Abra la puerta.

María.- ¿Pero es que es usted tonto? Si pretende algo de esa mujer es mejor que le diga que está solo.

Roberto.- ¿Ah, sí?

María.- Claro. La presencia de un ama de llaves, sobre todo el primer día, siempre infunde respeto.

Roberto.- ¿Qué hago, entonces?

María.- Yo me voy a la cocina y usted abre la puerta. Y sólo en caso necesario me llama usted.

Roberto.- Gracias, señora. Es usted tabarrosa, pero buena mujer. Adiós, hija. ¡Ah! Y tome. Llévese la manta...

María.- Sí, señor...

(Y María, con la manta y sus libros, hace mutis por la derecha, cerrando la puerta. Roberto abre la puerta del foro. Entra Nuria. Atractiva. Bien vestida. Con una fuerte personalidad.)

Nuria.- Hola.

Roberto.- Hola. Pasa, por favor...

Nuria.- Gracias... (y Nuria entra. Roberto cierra la puerta.) ¿Estás solo?

Roberto.- Pues sí.

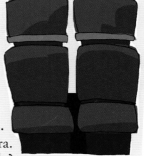

Miguel Mihura, *La decente.*

30 **"Entrevista loca." En primer lugar tenéis que rellenar el cuestionario y después vais a trabajar por parejas siguiendo las instrucciones del profesor.**

Cuestionario A

a) Escribe tu nombre y apellido: ▶ _____

b) Escribe un año ▶ _____

c) ¿Qué haces para relajarte o descansar? ▶ _____

d) Di un número entre el 1 y el 40 ▶ _____

e) Completa la siguiente frase: "No, prefiero comer ▶ _____

f) Nombra un político conocido ▶ _____

g) Nombra tres personajes famosos ▶ _____

h) ¿Qué hacen tus amigos para divertirse? ▶ _____

i) ¿En qué habitación de tu casa te sientes mejor? ▶ _____

j) ¿Por qué? ▶ _____

k) Nombra una parte del cuerpo ▶ _____

l) Nombra una actividad corporal ▶ _____

31 **¿Y a ti qué te gustaría preguntarle o decirle a...?**

David Copperfield ▶ ....

Napoleón ▶ ....

Príncipe Felipe ▶ ....

AC / DC ▶ ....

Reina de Inglaterra ▶ ....

la Pantera Rosa ▶ ....

tu profesor de español ▶ ....

32 **Ahora piensa en un personaje famoso y prepara las preguntas que te gustaría hacerle. ¿Cuáles serían sus respuestas?**

▶ _____

▶ _____

▶ _____

▶ _____

▶ _____

▶ _____

▶ _____

▶ _____

▶ _____

▶ _____

Dentro de una narración a veces hay que distinguir diferentes voces para entender el texto. Los diálogos pueden aparecer con dos formas diferentes: **estilo directo** y **estilo indirecto.** En el primer caso se reproduce de manera textual lo que los personajes dicen. En cuanto a la ortografía, cada vez que habla un personaje se indica con una raya, y con comillas cuando está dentro del relato.

En el estilo indirecto se repite lo que dicen los personajes ajustándose lo máximo posible a lo dicho por ellos, pero sin repetir literalmente sus mismas palabras. Se utilizan nexos y no se emplea ni raya ni comillas como en el caso anterior.

Ejemplos:

estilo directo

(…) *Ellos no la veían porque estaban deslumbrados de tanto mirarse dentro de los ojos. Pero de pronto los dos novios se pelearon; estaban ya a punto de separarse para siempre cuando uno de ellos vio la lucecita y la novia, que era miedosa, exclamó:*
—*¿Qué será esa lucecita? No es una luciérnaga. Me da miedo.*
—*No hay que tener miedo a una lucecita. Sólo hay que tener miedo a las peleas.*
Convinieron en que nunca volverían a pelearse.

Silvio Ocampo, *La naranja maravillosa.*

estilo indirecto

16.30. Vuelvo a casa. Llamo por teléfono al bar de la señora Mercedes y el señor Joaquín para preguntarle al señor Joaquín cómo ha ido la operación de la señora Mercedes. Contesta un individuo que dice ser un amigo del señor Joaquín, a quien sustituye en el bar mientras el señor Joaquín cumple la función (no retribuida) de acompañante de la señora Mercedes en el hospital donde ésta ha sido operada esta mañana. Le agradezco la información y cuelgo.

Eduardo Mendoza, *Sin noticias de Gurb.*

33 **En el siguiente fragmento aparecen mezclados ambos estilos. Distínguelos y señala los personajes que intervienen. Pon los signos ortográficos oportunos.**

… Y mientras estaba en Babia una voz me dice al oído ¿Bailamos?
  Casi sin darme cuenta contesté que no sabía y me volví para mirar. Me topé con una cara que de tan cerca como la tenía no vi bien cómo era, pero era la cara de un muchacho. Es igual, me dijo, yo sé mucho y la enseñaré. Pensé en el pobre Pere, que en aquellos momentos estaría encerrado en el sótano del Colón cocinando con delantal blanco, y dije tontamente:
¿Y si mi novio se entera?
  El muchacho se puso todavía más cerca y dijo riendo ¿Tan jovencita y ya tiene novio? Y cuando se rió los labios se le estiraron y le vi todos los dientes. Tenía unos ojitos de mono y llevaba una camisa blanca con rayitas azules, arremangada y con el botón del cuello desabrochado.

Mercé Rodoreda, *La plaza del Diamante.*

ESTILO INDIRECTO	ESTILO DIRECTO	PERSONAJES

34 **Lee los siguientes chistes.**

▷ Un niño le pregunta a su padre dónde está Pernambuco. El padre le contesta que se lo pregunte a su madre, que guarda todo lo que encuentra.

▷ Está comiendo un señor en un restaurante y se queja al camarero porque hay un pelo en su sopa. El camarero, con toda la tranquilidad del mundo, le dice que no se preocupe, que no se lo van a cobrar.

▷ Un niño cavernícola le enseña las notas a su padre y éste, enfadado, le dice que entiende que la Caza la haya suspendido, ya que es demasiado pequeño para manejar la lanza y el arco. Le dice también que entiende el suspenso en Pintura rupestre, ya que él nunca ha sido bueno con el pincel, pero le dice que no entiende el suspenso en Historia, ya que sólo llevan media página.

▷ Un pasota le comenta a otro amigo pasota que se ha comprado 500 palomas y éste le pregunta si son mensajeras y entonces le responde que no le "ensajero" nada.

▷ En un restaurante, un señor le pide al camarero que pruebe la sopa. El camarero, sorprendido, le pregunta por qué y el otro insiste en que la pruebe. El camarero vuelve a preguntar por qué y el otro sigue insistiendo cada vez en un tono más enfadado. Entonces el camarero le dice que si es que está mala. El cliente le ordena que la pruebe y cuando va a probarla se da cuenta de que no hay cuchara y le pregunta dónde está y el cliente le responde con un sonido irónico y guasón.

Ahora escribe los chistes en estilo directo tal y como tú los contarías, y después explica las transformaciones que has realizado.

▷ *Llega un chico de la escuela y le pregunta a su padre:*
   —Papá… _____
_____

▷ _____
_____
_____

▷ _____
_____

▷ _____
_____

▷ _____
_____
_____

El español es lengua oficial en 21 países. A pesar de la enorme extensión geográfica que ocupa la comunidad hispánica, el español mantiene una gran unidad que obedece, fundamentalmente, a la labor reguladora de la Real Academia Española, aunque, por otra parte, muestra también una enorme diversidad, pues el desarrollo del español ha sido distinto en cada uno de los países.

Las mayores diferencias las encontramos en la fonética y en el léxico, porque la gramática se mantiene sin variación, salvo en pequeñas cuestiones (el uso de los pronombres de 2.ª persona del plural, el uso de *vos,* posesivos, etc.).

Las variaciones fonéticas permiten establecer grandes zonas según los fenómenos más relevantes, como el seseo, la aspiración, etc.

Las variaciones léxicas son más llamativas y a veces responden a la influencia de las lenguas indígenas, a neologismos o, simplemente, a que se opta por un sufijo diferente del estándar.

 35 **Vas a escuchar el siguiente fragmento leído por tres personas de diferentes partes del mundo hispánico. Anota aquello que te llame la atención.**

> Nadie duda ya de que Internet ha cambiado sustancialmente muchas cosas de la vida cotidiana. Pero, frente a la euforia de las bolsas mundiales y al entusiasmo de los consumidores, saltaron las alarmas en las casas discográficas por los efectos nocivos que podría traerles consigo. La situación podría agravarse tanto que todo lo que rodea a la cultura en general y a la música en particular estaría al borde del colapso.

_____
_____
_____
_____
_____
_____
_____

  36 **Ahora vas a escuchar otro fragmento leído por estas mismas personas. Responde a las siguientes preguntas.**

1. ¿De qué se disfrazaron nuestros amigos? ⇨ _____
2. ¿Por qué subieron al desván? ⇨ _____
3. ¿Qué prendas de vestir se nombran? ¿De qué color son? ⇨ _____
4. ¿Dónde llevaba Diego el parche? ⇨ _____
5. ¿Dónde estaban guardados esos trajes? ⇨ _____

CE 15   **37** **Escucha las frases e identifica la palabra que falta en cada una.**

> tenés, sien, vos, baya, cosía, zuecos, vosotros, tenéis, suecos, cien, valla, cocían

1. .... que decirme inmediatamente la verdad.
2. Le dieron en la .... y lo multaron con .... euros.
3. Aunque yo estoy con .... otros no lo estarían.
4. Saltamos la .... y nos comimos una ....
5. Mientras .... el vestido escuchaba música caribeña.
6. ¡No os hagáis los ....!
7. Las papas .... a fuego lento en un puchero.
8. .... clase a las ocho y media?
9. Chicos, ya hablamos con .... la semana pasada.
10. Vimos unos .... en la tienda de la esquina.

Custo y David Dalmau, de 42 y 39 años, aún recuerdan su fascinación, a finales de la década de los setenta, cuando vieron por primera vez una camiseta de surf. Fue en California, en una de las paradas del viaje que emprendieron en moto los dos hermanos alrededor del mundo y que los llevó, durante dos años, a cada rincón del globo. Ninguno había visto jamás una camiseta igual. Se compraron varias y regresaron con ellas a Barcelona. "La gente nos las veía puestas y alucinaba, porque España entonces era un desierto; así que nos dimos cuenta de que si empezábamos a hacer camisetas estampadas con grafismos nos iba a ir muy bien", cuenta Custo, cuyo nombre real es Custodio. Era el comienzo de lo que ahora es una marca, Custo Barcelona, con 2.500 puntos de venta en todo el mundo, y cuya ropa lucen en sus películas y a diario Julia Roberts, Drew Barrimore, Jennifer Aniston... "Apostamos por una mujer que se sienta individualista y sexy, aunque con ropa que le resulta cómoda", explica el diseñador. Custo Barcelona es la única marca española que muestra sus creaciones desde hace cuatro años en la semana de la moda de Nueva York y se ha convertido en la sensación. Tanto es así que las tiendas en las que venden en todo el mundo les piden a gritos que, aun respetando su línea básica de camisetas, den luz a colecciones más sofisticadas y costosas para contentar también a clientes de alto nivel que ya las demandan.

El mestizaje y el cosmopolitismo teñidos de aire de psicodelia de los años setenta y de hippismo son las líneas maestras de Custo Barcelona, algo que comulga muy bien con los aires de globalidad que llegan con el nuevo milenio y con Internet. Los hermanos Dalmau representan este espíritu porque llevan el nomadismo en sus venas: siempre con el equipaje a cuestas, siempre moviéndose por amor al viaje.

"El estilo del mundo", *El Mundo*, n.º 25, 19 de marzo de 2000.

---

1. ¿Por qué quedaron fascinados Custo y David Dalmau?

_____

2. ¿Por qué dice el texto que España era un desierto?

_____

3. ¿Cómo se llama la marca de estas camisetas?

_____

4. Además de camisetas, ¿hacen otro tipo de ropa?

_____

5. ¿Cómo se podría definir el diseño que emplean en sus creaciones?

_____

6. Contesta con verdadero o falso y razona tu respuesta.

	Verdadero	Falso
1. Custo y David son famosos por sus victorias en competiciones de surf.	❏	❏
2. Fue en América donde la gente los miraba sorprendida.	❏	❏
3. El movimiento hippie fue una fuente de inspiración para Custo y David.	❏	❏
4. A los dos diseñadores les encanta viajar.	❏	❏
5. Sus diseños se venden en 2.500 tiendas en Estados Unidos.	❏	❏

Recapitulación

 Tacha en cada línea lo que no proceda.

1. falda, chal, blusa, calzoncillos

2. calcetines, medias, cinturón, liga

3. gafas de sol, chanclas, bufanda, bañador

4. zuecos, pendientes, zapatillas, botas

5. fular, pañuelo, corbata, pajarita

 Completa el cuadro.

estilo directo	dijo / decía / había dicho	estilo indirecto
imperfecto de indicativo	⟶	_____
pretérito perfecto indicativo	⟶	_____
pretérito perfecto de subjuntivo	⟶	_____
imperativo	⟶	_____

Observa este ejemplo.

20-12-1999: "Le esperamos dentro de seis meses para hacer la primera revisión de su coche. Si le parece bien, vuelva a últimos de junio del año que viene".

20-6-2000: "Cuando estuve aquí el año pasado me dijeron que volviera aquí a los seis meses para hacer la primera revisión y que si me parecía bien que volviera a últimos de junio, y por eso estoy aquí".

Ordena las siguientes expresiones temporales según se refieran a presente, pasado o futuro.

ayer, dentro de seis meses, aquella semana, tres minutos después, mañana, en aquella época, el año anterior, cuatro días antes, ahora, entonces, el trimestre que viene, la temporada siguiente, hoy, el siglo pasado, al cabo de un mes

PRESENTE / FUTURO	PASADO

4 Sustituye el verbo *decir* en estas frases y realiza los cambios necesarios.

recitar, amenazar, explicar, dar, contar, comentar, rechazar, declarar, comunicar, traducir

1. Estábamos tan cansados de trabajar que dijimos "no" a su invitación.
2. Me dijo que a mi vecina le había tocado la lotería.
3. Aunque nadie lo esperaba, el presidente dijo un discurso muy interesante.
4. El director del colegio nos dijo que la semana próxima los profesores harían huelga.
5. Cuando vayas al juicio tienes que decir la verdad.
6. Han dicho que la huelga es por motivos salariales.
7. Todo lo que el conferenciante exponía en inglés, Juan se lo decía en español a su novia.
8. Le dije que si volvía a llamarme, lo denunciaría a la policía.
9. Me ha dicho lo de Irene.
10. En la obra que vimos ayer, el actor principal dijo un poema de Lorca.

5 ¿Cómo sería el siguiente diálogo en esta familia?

Andrés insistió a sus hijos una y otra vez en que hicieran los deberes de clase antes de ponerse a jugar con el ordenador. Sus hijos le dijeron que ya habían hecho todas sus tareas y que, además, al día siguiente había huelga y no tenían que ir a clase. Andrés, entonces, les propuso que al día siguiente hicieran una excursión al zoo ya que él tampoco tenía que trabajar. Ellos se alegraron muchísimo y el resto de la tarde se portaron muy bien, de manera que Andrés no tuvo que preocuparse por ellos. Cuando la madre llegó de trabajar vio una casa limpia como nunca, la cena preparada y todos estaban esperándola para cenar. La madre estaba como loca de alegría y se preguntaba si era un sueño o realidad.

LECCIÓN 1 - Retratos

Ejercicio 13

Muy buenas tardes. A continuación vamos a proponerles el tema de debate del día de hoy: "¿Realmente la gente guapa es más feliz?". Ya saben que pueden llamarnos en cualquier momento y darnos su opinión sobre el tema en cuestión.

La encuesta realizada a un grupo de españoles ha dado como resultado los siguientes datos: El 50% de mujeres y hombres encuestados está de acuerdo con esta afirmación. La gente guapa se siente mucho más querida tanto por su pareja como por sus hijos. Del mismo modo, siente que recibe un trato más agradable en los lugares públicos a los que se dirige: tiendas, bancos, etc.; por ejemplo, piensa que una persona atractiva recibirá antes un crédito que una que no lo sea. Esto desencadena, según este grupo, una sensación de felicidad que, a la vez, atrae para sí la buena suerte; así, ésta será gente que resultará premiada en sorteos de cualquier tipo. ¡La felicidad está garantizada!

El otro 50% opina de manera diferente. Cree que la gente guapa no puede ser nunca feliz, ya que está esclavizada por el deseo de mantener su atractivo hasta el límite, sin disfrutar por ello de experiencias realmente gratas. Este grupo cree que es la simpatía el cauce que atrae la felicidad. Conclusión: sólo la mitad de los encuestados estaría dispuesto a realizarse una operación para mejorar su aspecto físico y ser realmente feliz.

Ejercicio 33

Situación 1

A: Oye, ¿te has comprado ya el vestido para el baile de fin de curso?

B: Todavía no, pero ya he buscado en algunas tiendas. ¿Y tú?

A: Yo tampoco; nos tendremos que dar prisa.

B: Por cierto, ¿es verdad que en la reunión del viernes pasado se decidió que dos o tres profesores vigilarían en el baile?

A: Sí, es cierto, y todo el mundo se enfadó mucho.

B: Normal. ¡Con estas injusticias!

A: Tienes razón. Es comprensible que, cuando mis padres eran jóvenes, ocurrieran estas cosas, pero en nuestros tiempos…

B: Ya, pero parece que la gente no tiene otras cosas de las que preocuparse y deciden fastidiarnos a nosotros.

A: ¡Qué rollo!

Situación 2

A: ¡Hola, Manolo!

B: ¡Hola! ¿Qué tal?

A: ¿Qué es de tu vida? Te veo muy bien.

B: Ya ves, es que cuando se tiene tiempo libre se disfruta más de las cosas.

A: ¿Tanto tiempo libre tienes? Y eso… ¿cómo se hace?

B: Pues mira, se cogen 18 euros, se va a la administración de lotería, se compra un décimo y cuando te toca, te dedicas a vivir.

A: ¿Te ha tocado?

B: Sí, ¿se me nota?

Situación 3

A: Es que durante el noviazgo es distinto.

B: Sí. Cuando te casas, algunos hombres pierden el romanticismo y se comportan de manera diferente.

A: Es verdad. Al principio parece fácil, crees que tienes la pareja perfecta, pero luego te das cuenta de que la realidad es otra.

B: Bueno, mujer, tampoco hay que ponerse así. Alguna pareja habrá que mantenga la ilusión.

A: ¿Tú conoces algún caso?

B: Sí, pero pocos…

A: Pues eso.

Situación 4

A: Hombre, María, ¿cómo te va?

B: Pues bien. Oye, ¿sabes algo de Paula?

A: ¿De Paula? Bueno, lo que dicen por ahí…

B: A mí me han dicho que tiene un buen trabajo y que gana muchísimo dinero.

A: Pues a mí me han contado que se ha divorciado.

B: ¡No me digas! ¿De ese chico tan guapo? Si me habían dicho que era simpatiquísimo y muy rico.

A: Sí, pero si no les iba bien…

B: Claro, el dinero no lo es todo.

Ejercicio 40

peso → piso	pato → peto	rosa → ruso
ceño → ciño	dado → dedo	poso → puso
queso → quiso	mazo → mezo	bozo → buzo
peto → pito	palo → pelo	bolo → bulo
dejo → dijo	rata → reto	modo → mudo

Ejercicio 41

1. Introduzco o dejo en el interior.
2. Prenda que cubre la parte superior del cuerpo.
3. Saliva abundante que cae de la boca.
4. Dirige una nave.
5. Construcción vertical que cierra un espacio.

Ejercicio 42

ARMARIO

arma, río, mar, ara, raro, rima, aria, ría, mora, mira, rama, ama, amar, arar, Roma, Mario, rara

NUMEROSA

suma, rosa, reo, mear, rema, remo, aso, osa, reúma, son, menú, aros, mesa, musa, muera, muros, mero, roe, raso, reno

MURCIÉLAGO

Murcia, lago, lego, lía, loa, miel, rima, lío, luce, muge, muera, mula, loma, lima, goma, rice, lagar, mar, cola, cima

Ejercicio 43

brújula, poste, cucaracha, desnudo, factura, vocal, bucal, grumo, humo, pazo, paso

Ejercicio 44

1. ¡Qué boba está! Se le cae la baba con su nuevo novio.
2. Hace un rato que se me ha roto el vestido.
3. Se oyó una pisada dentro de la posada. ¡Ay, chica! No seas pesada.
4. Quizás no cene, pero sí voy al cine.
5. La presa no tenía prisa.
6. Puso mucho peso en esa tabla.
7. Echa una mirada a su morada.

Ejercicio 45

1. Los años pasan, se te posan, te pisan y te pesan.
2. La musa, después de ir a misa, hizo una masa sobre la mesa.
3. Dodo duda del dado que tenía en el dedo.
4. La tala de los tilos es un dibujo de la tela de mi tía Tula.
5. Yo pulo el palo de madera con un pelo de oso del polo.
6. Para pira de pera pura, la de mi pueblo.

Ejercicio 46

1. ¡Hola! Hemos recibido tu mensaje. Deseamos ampliar nuestro círculo mixto de mayoría masculina. Nos gusta bailar, viajar y salir a cenar. PANDA SOLIDARIA. Apartado 42.

2. ¿Quieres compartir tu tiempo libre? Me gusta leer y pasear. Mi nombre es Maribel. Llámame al 061554634.

3. Somos "Los Rumbosos", aficionados a los bailes de salón los fines de semana. Nos encanta bailar. Apartado 343.

4. Soy algo tímida y me gusta la música de todo tipo. Mi nombre es Virginia y mi teléfono es el 061768990.

5. Soy extravertido y simpático. Me encanta leer y divertirme. Me llamo Daniel. Apartado 143.

6. ¡Hola! Me llamo Pepe. Soy un buen deportista y un gran amante de la vida sana, pero no creas que esto es sinónimo de aburrimiento. ¿Quieres comprobarlo? Ponte en contacto conmigo a través del teléfono 609659082.

7. Tengo 45 años. Creo que la amistad es lo mejor que hay en el mundo. Si para ti también lo es, llámame. Ángel. 661233221.

8. Me gustan la natación y la informática. La verdad es que hago un poco de todo. Lo único que no soporto es el tabaco. No fumes. Armando. 600326765.

9. Si aparte de conocer gente te gusta Ricky Martin, llámame. Quiero conocer a alguien para intercambiar fotos suyas. Gema. Apartado 765.

10. ¿Eres nueva en esta ciudad? Espero que me llames; yo conozco a mucha gente. Rosa. 990433442.

LECCIÓN 2 - Como decíamos ayer...

Ejercicio 15

Es increíble. Cuando aparece, se hace el silencio. Su línea, heredera directa de la tradición deportiva inglesa de Roder, se convierte en el centro de todas las miradas. Un poderoso motor acelera todos los pulsos. Un equipamiento con las últimas comodidades y un interior de lujo. Además, hasta final de mes, puede ser suyo con el aire acondicionado gratis. Roder no sólo es el coche que siempre ha deseado. Él también lo desea a usted.

En este país, los últimos veinte años han pasado volando. Y es que durante los últimos veinte años en este país han cambiado muchas cosas. Nuevo Airbus 340. Mucho más que volar.
Lo inteligente es llegar a Manhattan una hora antes.
Si quiere volar a Nueva York, déjese llevar por la inteligencia y viaje con nosotros. Al aterrizar en el aeropuerto ahorrará tiempo en trámites. Llegará descansado y una hora antes al corazón de Manhattan. Disfrutará de un viaje en primera a buen precio.
La línea inteligente.

Seguimos trabajando para responder a su confianza.
Como siempre, seguimos cumpliendo nuestros compromisos en carretera.
Renovación total de la flota cada dos años.

Cuando miras al cielo sale un AVE.
Cada vez que saludas sale un AVE.
Cuando sale el sol sale un AVE.
Cada vez que piensas en alguien sale un AVE.
En este momento sale un AVE.
Tienes 28 AVE's al día.
Y si nos retrasamos más de cinco minutos, te devolvemos tu dinero.

Hace veinte años era inimaginable. Hoy, aún es difícil de creer.
Quién hubiera imaginado que se recorrería el trayecto París-Londres en tan sólo tres horas cruzando el Canal de la Mancha. Y es que, con tiempo y esfuerzo, los más ambiciosos sueños se convierten en realidad.

Ejercicio 29

quizás	América	sólida
médico	tenía	triángulo
reloj	día	dosel
pared	mantel	averigüéis
leyes	cuento	flúor

Ejercicio 30

1. camión	camiones
inglés	ingleses
calcetín	calcetines
cojín	cojines
francés	franceses

2. colchón	colchones
cucharón	cucharones
sartén	sartenes
cinturón	cinturones
tazón	tazones

Ejercicio 32

Australia	gasoil
automóvil	historia
peinado	nacional
guapa	cielo
cambiáis	cuello
juicio	copiéis
suelo	buey
cambio	limpio
afeitar	neumático
siempre	espiritual

Ejercicio 34

- El día anterior a su viaje se despidió de todos sus amigos hasta diciembre.
- El autor galardonado en el certamen de ayer renunció a su premio por toda la polémica que causó.
- Hoy, en la portada de todos los periódicos, se hace referencia al espectacular accidente de camiones ocurrido ayer.
- La última novela de Juan Pérez transcurría en Inglaterra durante el siglo XIX y finalizaba en la época actual.
- Luis parecía algo confuso en sus explicaciones para convencer a todos de su inocencia aun cuando llevaba razón.
- Si supiera algo de mecánica podría cambiar las bujías al coche yo mismo, y no tendría que llevarlo al taller cada poco tiempo.
- María es una auténtica experta en el área de la comunicación y la informática.
- Pedro se llevó una gran desilusión cuando descubrió que no quedaban entradas para su obra de teatro favorita.
- Para serle útil, mientras ella iba preparando el postre en el horno yo preparé una ensalada especial que hacía mi madre.
- Habíamos recorrido unos doscientos kilómetros en moto, cuando se nos pinchó la rueda de atrás y tuvimos que ir andando hasta el autoservicio más cercano.

LECCIÓN 3 - Qué será, será

Ejercicio 13

Predominarán los cielos casi despejados la mayor parte del día en toda la zona; sólo habrá algo de nubosidad en el área de la sierra; por la tarde habrá intervalos parcialmente nubosos. Los vientos soplarán en calma. Habrá heladas de madrugada y se formará hielo en las carreteras de la sierra, especialmente en zonas húmedas y en sus laderas norte. Las temperaturas seguirán sin cambios. Para mañana seguirá el ambiente soleado en toda la zona, con heladas de madrugada y temperaturas diurnas en ligero

ascenso. Esta situación se mantendrá hasta el próximo fin de semana.

Ejercicio 32

- Después de cinco meses, los albañiles terminarán la obra hoy.
- Algunos pilotos dicen que ganan más de lo que se merecen.
- Estoy seguro de que España ganará el próximo mundial de fútbol.
- Ese sacerdote era antes futbolista.
- Han hecho un estudio según el cual la mayoría de los carniceros son vegetarianos.
- Las ATS terminarán la huelga aunque no les concedan lo que piden.
- Si haces bien tu tarea, te dejo mi coche durante una semana.
- Mi fisioterapeuta es capaz de hacerte caminar aunque tengas una pierna rota.

Ejercicio 33

1. **Luis:** Me han dicho que con las pastillas de ese curandero adelgazas dos kilos en una semana.
Pedro: No sé yo.

2. **Daniel:** Mi profesor de matemáticas es muy moderno. Se fía de nosotros para estudiar y nunca nos manda trabajo extra.
Rosa: Parece mentira.

3. **Vega:** Ese ingeniero no gana mucho dinero.
Fátima: Todos los ingenieros ganan mucho dinero.
Vega: Supongo que habrá de todo.

4. **Juan:** Tras cinco años consecutivos de paros intermitentes, los controladores aéreos no harán huelga este verano.
Ismael: No puede ser verdad.

5. **Sofía:** Mi dentista es excelente. No te hace daño a pesar de no utilizar anestesia.
Alba: No me lo creo.

Ejercicio 36

En el círculo aristocrático de Vetusta a que pertenecían, naturalmente, las señoritas de Ozores, no se hablaba más que de la abnegación de estas santas mujeres.
Glocester, o sea, don Restituto Moruelo, canónigo raso a la sazón, decía con voz meliflua y misteriosa en la tertulia del marqués de Vegallana:
—Señores, ésta es la virtud antigua; no esa falsa y gárrula filantropía moderna. Las señoritas de Ozores están llevando a cabo una obra de caridad que, si quisiéramos analizarla detenidamente, nos daría por resultado una larga serie de buenas acciones.

Ejercicio 39

pino → vino	tos → dos
pato → bato	tato → dato
pelo → velo	toma → doma
polo → bolo	tela → dela
pulo → bulo	tina → dina

casa → gasa   pero → perro
coma → goma   para → parra
casta → gasta   mira → mirra
cama → gama   caro → carro
cata → gata   cero → cerro

Ejercicio 40

El nuevo cigarrero del zaguán –flaco, astuto– lo miró burlonamente al venderle el atado. Juan entró en su cuarto, se tendió en la cama para descansar en la oscuridad y encendió en la boca un cigarrillo.

Se sintió furiosamente chupado. No pudo resistir. El cigarro lo fue fumando con violencia; y lanzaba espantosas bocanadas de pedazos de hombre convertidos en humo.

Encima de la cama el cuerpo se le fue desmoronando en ceniza, desde los pies, mientras la habitación se llenaba de nubes violáceas.

Ejercicio 41

- La puerta del garaje está atascada y necesitamos arreglarla.
- Los zapatos nuevos me hacen mucho daño y creo que voy a ir a cambiarlos.
- El cerro cercano al pueblo tiene una vista maravillosa de todo el entorno.
- Los niños pequeños lo único que quieren es jugar, jugar y jugar.
- Ramón recorrió muchos kilómetros cuando hizo el Camino de Santiago el año pasado.
- El desayuno, el almuerzo y la cena son las comidas más importantes del día.
- La jirafa del zoológico estaba triste y tuvieron que buscarle compañía.
- Tres tristes tigres comían trigo en un trigal.
- El médico le dijo que tomara unas pastillas y, como no quiso, le recetó un jarabe.
- Era un hombre que cada dos por tres... seis.

LECCIÓN 4 - Los tiempos cambian

Ejercicio 16

1. –Yo pienso que la política exterior del gobierno es acertada.
   –Pues yo no lo creo.

2. –¿Alfonso Sáez?
   –Soy yo.

3. –Yo lo único que quiero es que me dejen en paz.

4. –¿Dónde os vais de vacaciones?
   –Yo a Peñíscola y ella a Cádiz.

5. –¿Alguien quiere añadir algo?
   –Yo quiero decir que...

6. –Nada más llegar él, llamé por teléfono.

7. –Tendría (yo, no él) quince años cuando lo conocí.

8. –Tengo hambre.
   –Yo también.

Ejercicio 21

Diálogo 1

A: ¿Qué tal, chicos? ¡Cuánto tiempo! ¿Qué sabéis de Diego?

B: Yo no lo veo desde hace un montón.

C: Yo recibí una invitación para su boda; se casó hace un par de meses pero no pude ir. A su hermano lo vi hace poco cuando salía de la biblioteca.

B: ¿Qué? ¿Tú en la biblioteca?

C: Yo no, él. Bueno, el caso es que Diego no lo ha llamado a su hermano desde que se casó.

Diálogo 2

a)

A: Te han dicho tus padres que no fumes.

B: Mira, yo estoy harto; todos los días me levantan y ya están: "Haz esto, no hagas lo otro".

A: Pero ¿los has obedecido en algo alguna vez?

B: Sí, una. Les prometí que iba a aprobar el curso y lo hice. Yo creo que esas notas fueron las mejores de toda mi vida. Y en cuanto al tabaco, sólo me fumo los que me apetecen, ni uno más.

b)

A: Han dicho tus padres que no fumes.

B: Mira, estoy harto; todos los días me levantan y ya están: "Haz esto, no hagas lo otro".

A: Pero ¿has obedecido en algo alguna vez?

B: Sí, una: prometí que iba a aprobar el curso y lo hice. Creo que esas notas fueron las mejores de toda mi vida. Y en cuanto al tabaco, sólo fumo los que me apetecen, ni uno más.

Ejercicio 41

habito
vomitó
cantó
límite
diagnosticó
cambio
camino
pacifico

Ejercicio 42

zángano	indígena	alud
libido	regímenes	arboleda
espécimen	verosímil	lívido
altruismo	novel	régimen
caracteres	especímenes	vendaval
cadáver	carácter	periferia

Ejercicio 43

Que sí viene.
Dé los 30 euros y no diga nada.
¡Si es Pedro!
Compra té, un paquete.
Sé limpio.
Piensa en mí, hija.
Té llevo yo.
Para mi cuenta.
El habla.
Tú, habla.

Ejercicio 44

1. Que llegó ayer.
   ¿Qué llegó ayer?

2. Que le da miedo.
   ¿Qué le da miedo?

3. Cuando llegaste aún estaba.
   ¿Cuándo llegaste? ¿Aún estaba?

4. Como dices.
   ¿Cómo dices?

5. ¡Qué robo!
   ¿Qué robó?

6. Como no viene, iré yo.
   ¿Cómo no viene? Iré yo.

7. Donde vas hace frío.
   ¿Dónde vas? Hace frío.

8. Quien ha venido es tu primo.
   ¿Quién ha venido? ¿Es tu primo?

LECCIÓN 5 - Un paseo en globo

Ejercicio 13

Sigüenza, 13 de febrero de 2000

Querida Marisol:

Te he escrito tres cartas en la última semana y no he recibido ninguna respuesta. Desde hace exactamente un mes y medio no sé nada de ti. Para que te hagas una idea de cómo me siento, te diré que sólo puedo comer una vez al día.

Durante este tiempo he pensado mucho en nuestra relación, y he llegado a la conclusión de que no estás interesada en mí y que quieres que lo dejemos, pero no sabes cómo hacerlo. Quizás esté equivocado, pero es algo que tú tendrás que aclararme. Dentro de unos días volveré a León y estaré allí hasta finales de mes. Llegaré el día 23 y espero que podamos hablar entonces. Pero si quieres hablar antes por teléfono, estoy en el trabajo de 9 a 3. Como entre las 3 y las 4, y vuelvo al trabajo, donde estoy hasta las 6. Puedes llamarme y así quedamos; si no estoy en el momento en que llames, inténtalo de nuevo en diez minutos, porque puede ser que esté haciendo algo fuera del despacho.

Espero verte en León. Hasta entonces,

Juan

Ejercicio 18

Vamos a contarte cómo está ordenada la habitación de verdad, que es un poquito diferente a como aparece en el dibujo. Escucha atentamente.

Esta habitación es una sala de estar amplia, con varios muebles y adornos. Hay una lámpara de cristal en el techo. A la derecha de la puerta hay una ventana. Debajo de la ventana hay una silla y delante de la silla hay una mesa. Bajo la mesa está el gato. Entre la mesa y la pared hay un sofá con un cojín junto a cada brazo. Encima, en el ángulo izquierdo de la mesa, hay un jarrón. A la derecha del jarrón hay una cajita de madera.

Ejercicio 28

Julia: Me han dicho que nos ha tocado la lotería. ¡Qué maravilla!

Leonardo: ¡No puede ser! Pero ¿cuánto es? ¿Tendremos para el piso?

Julia: ¡Siempre pensando en el piso! ¡Yo quiero viajar! ¡Pero si nos han tocado 600.000 €!

Leonardo: ¡Es maravilloso! Con ese dinero pagamos el piso, nos vamos de viaje e incluso nos compramos el coche. ¡No me lo puedo creer!

Ejercicio 41

Marta Suárez González
C/ Almagro, 25
Madrid 28080

Agencia Sabenia
C/ Júcar, 23
28080 Madrid

Madrid, 30 de abril de 2000

Me dirijo a Uds. para solicitar información sobre los viajes a Turquía que ofrece su agencia. Somos un grupo de veinticinco personas que queremos viajar a ese país durante los meses de junio y julio con motivo de nuestro viaje de fin de carrera.

Asimismo, necesitamos saber cuáles son los trámites burocráticos necesarios para poder viajar a ese país.

Sin más, se despide atentamente,

Fdo.: Marta Suárez González

Ejercicio 42

1. Al caer la tarde salimos de viaje para Gerona, ciudad del norte de España.

2. María y David nos habían engañado a todos.

3. Juan salió de trabajar a las cinco y Manuela a las seis.

4. Compramos una chaqueta y un jersey en la tienda de la esquina.

5. Para salir ganando, deberíamos haber vendido la moto en 600 €.

6. Por mucho que lo desees, no lo vas a conseguir ahora.

7. Envíales las cartas que te pidieron.

8. Si apagaras el ordenador a las tres, no perderías el autobús todos los días.

9. El sonido de las ambulancias a altas horas de la noche me asusta muchísimo.

10. Como no te levantes a las ocho, no llegarás al examen.

Ejercicio 43

1. Cuéntame las noticias si quieres.

2. No había agua en el campamento en el que estábamos.

3. Repasaremos entre nosotros las lecciones de matemáticas.

4. Sigue diciéndome todos los problemas que tienes.

5. El trabajo que te pedimos tiene que estar mañana.

LECCIÓN 6 - Digan lo que digan

Ejercicio 28

A: Y díganos, señor Navarro, ¿cómo entraron en el banco?

B: Pues por un agujero.

A: Por un agujero que estaba dónde.

B: Junto a la caja fuerte, donde le dije ayer. ¿No se acuerda que me preguntó cuántos éramos, dónde nos habíamos conocido y todo eso…?

A: Aquí las preguntas las hacemos nosotros. A ver, ¿qué tipo de explosivo utilizaron?

B: ¿Que qué tipo de explosivo utilizamos?, ¿quiénes?

A: Ustedes.

B: Nosotros no utilizamos explosivos, son peligrosos, hicimos todo el trabajo a mano.

A: ¿Quiere hacerme creer que cuando los cogimos habían cavado trescientos metros por debajo del asfalto sólo con picos? ¿Cómo piensa usted que me puedo creer eso?

B: Los hechos hablan por sí mismos: entramos por el agujero, cogimos el dinero y nos fuimos sin que nadie se enterara. Si no hubiera sido por el accidente de tráfico, no se habría dado cuenta nadie hasta el día siguiente y usted no me estaría haciendo tantas preguntitas.

Ejercicio 39

A:

1. Si te piso, me lo dices.
2. Dime qué dado prefieres.
3. Esa cara es preciosa.
4. Te dejo que me tengo que ir.
5. No sé si es Laura de Las Ventas.
6. A veces estoy cansada.
7. Es evidente.
8. Aquí no saben.
9. Helarte es morirte de frío.
10. Lucía ya tres modelos.
11. Siempre tomate de postre.

B:

1. Se va de caza mañana a las tres.
2. Eso no se pesa más.
3. Sí, se lo dijo.
4. Luego trae té, un paquete.
5. Él vino de París.
6. Esto es tila.
7. Están construyendo las salas del nuevo edificio.
8. No sé si te enteras o no.
9. Me es igual.
10. No es ésta la de su clase.
11. Al salir se cayó.

Ejercicio 40

1. Dejo mi herencia: a mi esposa no, a mi hermano.

2. Jamás iré contigo, aunque te duela / Jamás. Iré contigo aunque te duela.

3. No, quiero ir si viene Pedro / No quiero ir si viene, Pedro.

4. Juan, mira por donde, viene tu hermana / Juan, mira, ¿por dónde viene tu hermana?

5. El verano que viene tampoco, iremos a la sierra.

Ejercicio 41

oído, ausencia, aura, paisanaje, alícuota, ley, reír, fobia, aurora, Camagüey, ponéis, tropiece, Raúl, reine, diciembre, causal, caiga, limpiéis, monstruo, esencia, adecuáis, dais, fastuoso, rodapié

Ejercicio 42

En un mundo mágico
de colores cálidos,
donde nada es trágico,
he vivido yo.

El tiempo no pasaba rápido,
los frutos no eran ácidos,
y resultaban válidos
para vivir mejor.

Yo estaba lúcido,
el ambiente era óptimo;
no había nada sórdido
y hacía sol.

El aire era nítido,
el viento era ínfimo,
el clima era mítico
y embriagador.

LECCIÓN 7 - Creo que vamos a ganar

Ejercicio 10

Vendedor: Mire, señora, no malgaste más su tiempo y alégrese, porque yo le estoy ofreciendo la solución a todos sus problemas. ¿Polvo? ¡Jamás! No se canse limpiando una y otra vez, y tampoco se conforme con su limpiador de siempre. Sepa que…

Señora: Oiga, disculpe, pero tampoco me va tan mal. ¿Y quién le ha dicho a usted que yo tengo proble…

V: Sí, sí, señora, quiero que deje de pensar que su vida es aburrida y que no tiene tiempo para otras cosas.

S: Oiga, que yo con mi marido y mis hijos me divierto mucho y…

V: Sí, ya, eso dicen todas, pero ustedes quieren cambiar; lo sé por experiencia. Por eso, le aconsejo que pruebe…

S: Oiga, pero si yo no…

V: Con la máquina revolución del siglo XXI ya verá cómo no tendrá que molestarse más limpiando y limpiando. Se alegrará de tenerla. Podrá recomendar a sus amigas que hagan lo mismo que usted. Acabará animándolas.

S: Señor, ¡basta ya! Desde luego hay que fastidiarse. Estoy intentando decirle que ayer vino otro señor como usted y ya la tengo. ¿Podría parar ya y dejarme en paz que tengo muchas cosas que hacer? ¡Gracias!

Esquemas tonales del español

(enunciativa) Tengo miedo.
(interrogativa parcial) ¿Quién tiene miedo?
(interrogativa total) ¿Tienes miedo?
(exclamativa) ¡Tengo miedo!

Ejercicio 43

1. ¿Cómo no ha venido? Ya se han ido.
2. ¡Mañana será nuestro día!, de verdad.
3. ¿Quién te ha llamado? ¿Te ha dicho el nombre?
4. ¿Qué tienes? ¿Sueño?
5. Se lo has dicho a Pedro, ¿y él? ¿Se lo ha contado a alguien?

Esquemas tonales de la yuxtaposición y la coordinación

—Había papeletas, urnas, interventores discutiendo, vocales de mesa, gente esperando, policías en la puerta…

—Había papeletas, urnas, interventores discutiendo, vocales de mesa, gente esperando y policías en la puerta.

— ¿Quieres chocolate o café?
— Café.

—¿Quieres chocolate o café?
—No, quiero agua.

—¿Quieres chocolate y galletas?

Ejercicio 44

- Compra pan, leche, huevos y harina.
- En la boda vimos a Carlos, a su madre, su primo, su hermana, su cuñado…
- Voy a ir primero a ver a mi amiga Tere, después a la peluquería, luego a la tintorería y por último a casa de mi madre.
- He estado viendo una revista de casas nuevas con cocinas estupendas, cortinas, cuartos de baño, dormitorios, salas de estar, buhardillas…

Ejercicio 45

1. ¿Te compro el lápiz o el rotulador?
2. ¿Te compro el lápiz o el rotulador?

Ejercicio 46

1. Le pregunté qué había hecho el fin de semana pasado.
2. ¿Sabes dónde trabaja Rosario?
3. No me gusta que me mientas.
4. ¡Tengo hambre!
5. ¿Cuántos van a la fiesta de Rafa?
6. ¿Vienes esta tarde?

LECCIÓN 8 - El tiempo es oro

Ejercicio 3

1.er diálogo
—¡Hola, buenas tardes!, ¿tiene cinco minutitos?
—Es que tengo mucha prisa…
—Son sólo cinco minutos para una encuesta.
—Bueno, pero dese prisa, que voy tarde al trabajo.

—¿Cómo se llama?
—Nati.
—Bien, Nati, ¿qué tipo de aficiones tiene usted?
—Ay, pues no sé, me pillas así de sopetón… Leer, sí, leo en el metro cuando vengo al trabajo.
—¿Y qué lees?
—Novelas de aventuras o de intriga.
—¿Y el resto del tiempo? A ver, por ejemplo, cuando sales de trabajar…
—Pues normalmente quedo con los amigos y hablamos, tomamos un café… Si echan algo bueno vamos al cine…
—¿Y los fines de semana?
—Depende; en verano me gusta pasear y escribir… bueno, me da un poco de vergüenza… escribir poemas.
—Eso está muy bien.
—¡Ah! Por las noches salgo de marcha a alguna discoteca. Si estoy muy cansada me quedo en casa viendo la tele.
—Bueno, gracias, Nati, hasta luego.
—Vale, me voy, que no llego, hasta luego.

2.º diálogo
—Hola, buenas…
—No me entretenga, que llevo prisa…
—Gracias de todos modos.

3.er diálogo
—¡Hola!, buenas tardes.
—Buenas, joven.
—¿Tiene un momento? Es sólo un momento para una encuesta.
—Yo ya estoy jubilado y lo que me sobra es tiempo. Pregunte, pregunte…
—Verá, señor…
—Pérez, pero llámeme Francisco, o Paco.
—Bien, Paco, ¿usted a qué dedica su tiempo libre?
—¡Ja, ja, ja!… Si mi tiempo libre es todo, bueno, todo el que me deja mi mujer. A ver, por la mañana nos reunimos unos cuantos amigos para jugar a las cartas. Si somos pocos, me entretengo haciendo crucigramas y juegos de palabras. En el club tenemos talleres para hacer manualidades y cosas de ésas… A mi mujer le gusta sentarse con las demás a hacer ganchillo y bordados, como mientras pueden hablar… Claro, que eso ya se está perdiendo…
—¿Y por las tardes?
—Bueno, después de comer vemos la tele, luego salimos de paseo y a veces vemos algún espectáculo; a las nueve cenamos…
—Y luego a la cama.
—No, que a nuestra edad las noches son largas. Por la noche estoy acabando una maqueta de mi pueblo y mi mujer revisa su colección de recetas de cocina. A las doce nos acostamos.
—Muy bien, Paco, gracias por su ayuda.
—De nada, joven, hasta luego.
—Hasta luego.

Ejercicio 13

Cada vez que pienso en las vacaciones, me pongo mala. Te pasas todo el año peleando para que coincidan tus vacaciones y las de tu marido, como si fuera tan fácil hacerle entender a la jefa que, si no, no podrás ir a ninguna parte. Insistes hasta que consigues libre todo agosto, y entonces, a finales de junio, les dan las vacaciones a los niños. Según dicen los maestros, necesitan dos meses para desconectar del colegio. Menos mal que mis padres vienen a echarnos una mano y se quedan con ellos por las mañanas.
Luego, quince días antes de emprender viaje, a lavar y a planchar toda la ropa que te vas a llevar… ¡Y todo en la mitad de tiempo!, porque después de trabajar llevas a los niños a la piscina para que aprendan a nadar; no los puedes tener todo el día encerrados con el calor que hace. En cuanto salen de la piscina vuelves a casa y preparas la cena mientras que Salvador, mi marido, intenta por quinta vez en el día que le den cita en el taller para la revisión del coche. Nada más cenar y acostar a Óscar y a Celia sólo tenemos ganas de irnos a la cama, pero es el único momento que nos queda para hacer el trabajo atrasado. Los días pasan y todo está por hacer.
Al fin, en la fecha prevista nos metemos todos en el coche. Salgas a la hora que salgas siempre hay atasco, y lo que era un viajecito de cuatro horas se convierte en una peregrinación de ocho. Cuando llegas te encuentras con que la casa no es exactamente como esperabas. Después de una semana de preparar comidas, lavar bañadores y barrer esa arena que se empeña en meterse en todos los rincones, sólo tienes ganas de olvidarte de todo, pero te mantiene en pie el saber que tarde o temprano volverás a casa y podrás descansar de las vacaciones.

Ejercicio 14

Repetir audición del ejercicio 13.

Ejercicio 22

1. María, llevo esperándote veinte minutos, está lloviendo y tú insististe en que quedáramos en el centro de la plaza.
2. Lo siento, sé que no tengo excusa para mis continuos retrasos. No volverá a ocurrir, de verdad.

1. Anoche volviste a las tantas de la madrugada. Estuve a punto de salir a buscarte o de llamar a la policía. Tu madre estaba muy preocupada. Te he dicho mil veces que no me gusta que llegues tan tarde y tú erre que erre.
2. Sí, papá, tienes razón, pero es que no me di cuenta, me lo estaba pasando tan bien… Ya sé que me estoy buscando un castigo, pero te aseguro que estoy muy arrepentido y, por la cuenta que me trae, no volveré a hacerlo.

1. Eduardo, es la tercera vez que llegas tarde a clase esta semana; la próxima vez llamaré a tus padres.
2. Por favor, discúlpeme. Es que he perdido el autobús y luego el tráfico y, ya se sabe, una cosa y otra… En fin, lo siento.

Ejercicio 35

Ejercicio 35

cons-ti-tuir	li-cuéis	cons-ti-tu-í-a
a-ve-ri-güéis	ca-ó-ti-co	for-tui-to
a-ho-rrar	fuis-teis	gra-fí-a
pei-ne	au-da-cia	eu-fo-ria
ais-lar	bú-ho	a-de-cuéis

Ejercicio 36

Un día una cerda salió con sus cerditos al campo. Hacía mucho calor y la cerda se tumbó a la sombra y se quedó dormida. Los cerditos echaron a correr. Uno entró en un jardín y se comió todas las moras verdes, y por eso le entró dolor de tripa. Otro se fue al corral y un ganso lo picó en el rabo. Otro salió corriendo hacia la calle, vino un coche y, como el cerdito sintió tanto miedo, se tiró a una zanja y se puso sucísimo. Únicamente el cerdito más pequeño se quedó con la madre. No tuvo dolor de tripa, no lo picó ningún ganso en el rabo, y estuvo muy limpio y de color de rosa. Pero se aburrió muchísimo todo el día.

Según un cuento viejo, pero bueno, cuando estaban construyendo la cúpula de San Esteban, se cayó un albañil. "¡Esto es tener suerte!", murmuró el hombre con asombro al llegar, ileso, al suelo. Al día siguiente se repitió la caída, mas esta vez tuvo el albañil por milagro que no le pasara nada. Pero al caerse por tercera vez y quedar sano y salvo de nuevo, exclamó con indiferencia: "¡Ya está uno acostumbrado!".

Ejercicio 40

1. ¡Han ganado el partido! (tristeza)
2. El año que viene tendremos más suerte. (resignación)
3. ¡Ahora entiendo por qué lo hiciste! (enfado)
4. ¡Mañana es día 30! (alegría)
5. No me lo puedo creer. (resignación)
6. ¡Has vuelto a casa! (sorpresa)
7. ¡No veas cómo estamos sin ella aquí! (alegría)
8. ¡No volveré a comer este plato nunca más! (enfado)
9. ¡Todavía tiene hambre! (sorpresa)
10. Era una de mis mejores amigas. (tristeza)

LECCIÓN 9 - Como el gato y el ratón

Ejercicio 3

—¡Hola!, buenos días.
—Buenos días, ¿en qué puedo ayudarlo?
—Pues, verá, quisiera enterarme de cómo va esto del cable; mi vecino me ha dicho que así sale más barato el teléfono.
—Su vecino lo ha informado bien. Mire, nosotros llevamos el cable hasta su casa y con esa línea podemos contratar tres cosas. ¿Tiene ordenador?
—Mi hija tiene.
—Bien, en ese caso puede contratar el servicio completo. Como le iba diciendo, con esa línea nosotros le enviamos a su casa 40 canales de televisión; si quiere puede efectuar llamadas de teléfono e incluso conectarse a Internet; si contrata los tres servicios tenemos una oferta especial: 23,99 € al mes, con las llamadas de teléfono aparte.
—O sea, ¿que por ese dinero puedo llamar?
—No, por ese dinero nosotros le enviamos la televisión por cable, la imagen es mucho más clara, tendrá acceso gratuito a Internet y después le podemos ofrecer una tarifa plana, es decir, que da igual las horas que esté su hija en la red, nosotros le vamos a cobrar lo mismo.
—¿Y las llamadas de teléfono?
—Con nuestros precios le saldrán mucho más baratas.
—¿Y sólo ofrecen telefonía fija?, ¿no trabajan con telefonía móvil?
—No, los móviles no los trabajamos de momento, pero en un futuro seremos un operador integrado y usted podrá elegir si quiere su móvil con tarjeta de prepago o con contrato.
—Y cuando empiecen con los móviles, ¿tendrán cobertura en todo el país?
—No tiene que preocuparse por eso, estamos firmando acuerdos con otros operadores para poder utilizar su red hasta que la nuestra esté completa. Si quiere llévese estos folletos a casa, piénselo y, si no entiende algo, no dude en pasarse de nuevo.
—Muy bien, muchas gracias, ¡adiós!
—¡Adiós, buenos días!

Ejercicio 17

A: Vamos a ver, Luisa, ¿qué es exactamente lo que oíste que comentaban esta mañana en la oficina?
B: Pues que los rumores de que la empresa está en venta son verdaderos, y que en poco tiempo todo estará hecho y terminado, y que en menos de un mes formaremos parte de otra empresa.
A: Bueno, pero ¿quién lo dijo concretamente?
B: Ana y Adolfo, ya sabes, el de contabilidad, que, por cierto, es una persona encantadora y el otro día me invitó a tomar un café cuando salíamos del trabajo, así sin más, y tampoco nosotros tenemos mucha relación; nos saludamos, intercambiamos algunas gracias: "¿Qué tal?, ¿cómo estás? Bien, gracias. ¿Qué tal el fin de semana?", y esas cosas, pero nada importante, y de repente…
A: Bueno, ya vale, que estamos hablando de algo muy serio y tú contando frivolidades que no vienen al caso y que, sinceramente, en estos momentos no nos importan mucho.
B: Perdona, tienes razón. Y ahora que lo mencionas, la conversación que tenían los dos sí que parecía de lo más frívola que te puedas imaginar; hablaban del asunto como si estuvieran charlando de lo que iban a hacer el fin de semana.
A: Pues sí que es extraño, porque yo pensaba que ese asunto estaba ya arreglado y que al final no iba a ocurrir nada con la empresa.
B: Ya ves que no, y de verdad que no sé qué pensar.
A: Pues nada. Lo que tenga que ser será.
B: Sí, tienes razón. Lo mejor será que nos pongamos a trabajar un poco.

A: Sí, es verdad.
B: Hasta ahora.
A: Hasta ahora.

Ejercicio 39

- Los platos, que están en el armario, me los regaló mi abuela.
- Los platos que están en el armario me los regaló mi abuela.

- El piso que tiene tres dormitorios es el que más me gustó.
- El piso, que tiene tres dormitorios, es el que más me gustó.

- Los autobuses que van a Vigo salen a las nueve de la mañana.
- Los autobuses, que van a Vigo, salen a las nueve de la mañana.

- Los alumnos, que tienen más de siete años, pueden ir a la excursión.
- Los alumnos que tienen más de siete años pueden ir a la excursión.

- Las cajas, que están vacías, se las llevarán por la mañana.
- Las cajas que están vacías se las llevarán por la mañana.

Ejercicio 40

1. Mientras traemos los muebles colocarán las puertas.
Colocarán las puertas mientras traemos los muebles.
Colocarán las puertas y, mientras, traemos los muebles.

2. Ya que tienes tantas ganas de comer tortilla podías pelar las patatas.
Podías pelar las patatas, ya que tienes tantas ganas de comer tortilla.

3. Como vaya, te vas a enterar.
Te vas a enterar como vaya.

4. Llegaremos a Gerona después de comer, a no ser que vayamos en coche.
A no ser que vayamos en coche llegaremos a Gerona después de comer.

5. No voy a ceder en este asunto, aunque me arriesgue a perder mi puesto de trabajo.
Aunque me arriesgue a perder mi puesto de trabajo, no voy a ceder en este asunto.

6. Puesto que no se va a celebrar la reunión, es mejor que abandonemos la sala.
Es mejor que abandonemos la sala, puesto que no se va a celebrar la reunión.

Ejercicio 41

1. Hacía tanto calor que se desmayaron varias personas.
2. El sombrero era tan bonito que todo el mundo se fijó en él.

3. Había tantos coches que el atasco llegaba hasta el aeropuerto.

4. El equipo tenía unos jugadores tan buenos que ganaron el partido por mucha diferencia.

5. Nuestro campeón corrió tan rápido que ganó con tres minutos de ventaja.

LECCIÓN 10 - ¿Tú sigues la moda?

Ejercicio 3

- La primera modelo luce un estupendo vestido de satén con cuello en pico en azul, unas sandalias del mismo tono y bolso de piel blanco.

- El segundo modelo luce una camisa de bolera con estampado fotográfico de una isla paradisiaca, con predominio de tonos azules y verdes. El pantalón es recto color pistacho.

- La última modelo luce un precioso conjunto juvenil, formado por una blusa roja entallada y con mangas por el codo, y un pantalón corto de punto a rayas multicolor haciendo juego con las sandalias.

Ejercicio 7

Diálogo 1
—¿Qué tal con Jesús?
—Chica, no sé qué decirte. A veces me da la impresión de que le gusto, pero otras…
—A lo mejor, si te decidieras a hablarle claro las cosas te irían mejor, ¿no crees?
—Sí, claro, eso es fácil decirlo, pero… ¿y tú con Miguel? ¿Has adelantado algo?
—No me cambies de tema. Sé que a Jesús le gustas mucho y, como no te espabiles, puede que se vaya con otra. Por ejemplo, sé que a Carmen también le gusta, así que tú verás.
—Bueno, ¿y qué le digo?
—Pues la verdad, pero desde el principio.
—¿Y cuándo? ¿Crees que éste es un buen momento?
—Todos los momentos son buenos, depende de nosotros, y no olvides que hay un refrán que dice que *no dejes para mañana lo que puedas hacer hoy.*
—¡Pues sí que estás filosófica!

Diálogo 2
—¿Sabes de qué están hablando esas dos?
—Pues no, ¿qué pasa?
—Leticia le ha preguntado a Sonia qué tal contigo.
—¿Y qué le ha dicho ella?
—Que no sabía qué decirle, que a veces le daba la impresión de que te gustaba, pero que otras…
—¿Y?
—Y entonces Leticia le ha sugerido que hable contigo y que así las cosas le irían mejor.
—Hay que ver cómo son las chicas. ¡Sigue contándome!
—Después Leti le ha dicho que si no espabilaba, te irías con otra. Y le dijo que tú le gustabas a Carmen.
—¿De verdad?, ¿yo le gusto a Carmen?
—Yo no lo sé, es lo que ellas decían.
—¿Y algo más?

—Sí, le ha dicho que éste es un momento tan bueno como otro para hablar contigo. Así que… ¡Mira!, me parece que Sonia viene para acá.
—¡Deséame suerte!

Ejercicio 18

Alejandra María: ¡No aguanto más! Le diré a Luis Alfredo que el hijo que espera Carmiña no es suyo.

Fernando David: ¡Qué dices! Estás celosa. ¿De quién es el niño de Carmiña?

Alejandra María: Ya te enterarás, ¿por qué no se lo preguntas a ella?

Fernando David: Tú nunca has admitido que Luis Alfredo estuviera con otra. Tú eres mala, a ti nadie te querrá. Tú eres la culpable de la enfermedad de Eusebio Darío y tengo sospechas de que también sabes algo de la ceguera de Isabel Teresa. No soportas que la gente sea feliz. ¿Por qué, Alejandra María? Sabes que yo te quiero. ¿Por qué no nos vamos de aquí y emprendemos juntos una nueva vida?

Alejandra María: ¿Qué me dirías si te dijera que tengo un hijo y que está cerca de aquí? ¿Me querrías igual sabiendo que el hijo no es tuyo?

Fernando David: No me importa, lo que hayas hecho en el pasado es cosa tuya. Yo te estoy hablando del futuro, de empezar de nuevo.

Alejandra María: ¿Y qué me ofreces? ¿Crees que yo soy una mujer que se conforma con el sueldo de un pobre capataz?

Esmeralda: ¡Hola chicos!, ¿qué tal? ¡Habéis visto el vestido de Carmiña para la boda? ¡Realmente es lindo! Fernando David, ¿bailarás conmigo en la boda?

Narrador: ¿Bailará Fernando David con Esmeralda?, ¿le dirá Esmeralda que está enamorada de él?, ¿se enterará de esto Alejandra María?, ¿le dirá ésta a Luis Alfredo lo del hijo de Carmiña?, ¿habrá boda?, ¿quién es y de quién será el hijo de Alejandra María?... Todo esto y mucho más lo sabremos en el próximo capítulo. No te lo debes perder.

Ejercicio 22

1.
—Entonces, ¿lo reconoces?
—Que sí, que me he equivocado.
—Pues díselo y lo olvidamos.
—Vale.

2.
—¿Al final no vas a ir a la fiesta de Juan?
—No, de verdad que no puedo. Además, tengo que hacer un montón de cosas y recoger a Álvaro en el colegio.
—¿Y no se lo puedes pedir a Luis?
—No, no está, está trabajando.

3.
—¿Podrías dejarme 18 euros? Es para comprarme un diccionario.
—Vale, pero ven luego, que ahora no tengo aquí la cartera.

4.
—Eso no se toca, ¿me oyes?
—Perdona mamá, no lo volveré a hacer.
—No; hazlo y hablamos después, ¿de acuerdo?
—Que no, mamá, no te preocupes.

5.
—Juan, el domingo hago paella. ¿Vienes?
—¿A qué hora?
—A las dos. Te esperamos, ¿vale?
—Que sí, vale. Hasta el domingo.

Ejercicio 25

Conversación A
—Chica, hoy he tenido un día horrible.
—Para horrible lo que pasó en mi calle ayer por la tarde.
—¿Qué pasó?
—Ayer por la tarde estuvimos paseando por el parque…
—Sí, como el chalé de Puri, que tiene una parcela que parece un parque.
—Puri, ¿la hija de la señora Carmen?, ¿la que vive detrás del súper?
—Sí, la misma. Por cierto, el súper lo van a cerrar por obras.
—Ya, Puri también va a hacer obras en su casa.
—Hija, pues vivir y hacer obras al mismo tiempo es horrible. Por cierto, ¿por qué dices que has tenido un día horrible?

Conversación B
—Lo horrible es lo que está pasando en la familia de Charo.
—Pues la familia de Juan no está mucho mejor.
—Por cierto, la que está mejor es Amparo. Ha encontrado trabajo y creo que se va a comprar una casa.
—Charo, en cambio, no está tan bien. Fue al súper y le robaron todo el dinero.
—Hija, pues a mí me pasó lo mismo el mes pasado.
—¿Dónde?
—En el parque de la Ermita, mientras paseaba con mi hermana.
—¿Y qué tal tu hermana?
—Pues hija, fenomenal, está saliendo con el hermano de Juan, Antonio, los sobrinos de la señora Carmen.

Ejercicio 35

Nadie duda ya de que Internet ha cambiado sustancialmente muchas cosas de la vida cotidiana. Pero, frente a la euforia de las bolsas mundiales y el entusiasmo de los consumidores, saltaron las alarmas en las casas discográficas por los efectos nocivos que podría traerles consigo. La situación podría agravarse tanto que todo lo que rodea a la cultura en general y a la música en particular estaría al borde del colapso.

Ejercicio 36

Como llovía ayer por la tarde y no podíamos salir a la calle, Cecilia, Diego y yo subimos al desván, abrimos el viejo baúl y empezamos a sacar disfraces y zapatos viejos. Cecilia se disfrazó de mosquetero con una casaca azul, un enorme sombrero de ala ancha y unas botas hasta las rodillas. Diego, de pirata, con una camiseta a rayas, un pañuelo rojo y un parche en el ojo izquierdo. Yo, de payaso, con un traje de lunares y unos zapatones negros. Eran unos trajes viejos y arrugados, sin embargo nos quedaban estupendamente.

Ejercicio 37

1. Tenés que decirme inmediatamente la verdad.
2. Le dieron en la sien y lo multaron con cien euros.
3. Aunque yo estoy con vos, otros no lo estarían.
4. Saltamos la valla y nos comimos una baya.
5. Mientras cosía el vestido escuchaba música caribeña.
6. ¡No os hagáis los suecos!
7. Las papas cocían a fuego lento en un puchero.
8. ¿Tenéis clase a las ocho y media?
9. Chicos, ya hablamos con vosotros la semana pasada.
10. Vimos unos zuecos en la tienda de la esquina.

GLOSARIO

Este glosario recoge una selección de los términos aprendidos en cada lección. No pretende ser un diccionario, sino una herramienta de consulta que facilite a los alumnos y al profesor el trabajo en clase. En la traducción a cinco idiomas se ha incluido la variante brasileña entre paréntesis a continuación del portugués.

ESPAÑOL	INGLÉS	FRANCÉS	ALEMÁN	ITALIANO	PORTUGUÉS (BRASILEÑO)
Lección 1					
absurdo	absurd	absurde	absurd	assurdo	absurdo
acontecimiento	event	évènement	Ereignis	avvenimento	acontecimento
adoptar	to adopt	adopter	adoptieren	adottare	perfilhar (adotar)
aficionado	fan	amateur	Fan	amante	afeiçoado
agradable	pleasant	agréable	angenehm	gradevole	agradável
agujero	hole	trou	Loch	buco	buraco
algodón	cotton	coton	Baumwolle	cotone	algodão
amable	kind	aimable	freundlich	amabile	amável
antipático	unfriendly	antipathique	unsympathisch	antipatico	antipático
aplazamiento	postponement	ajournement	Vertagung	rinvio	aprazamento
articulista	columnist	journaliste	Artikelschreiber	articolista	articulista
astuto	crafty	astucieuse	arglistig	astuto	astuto
atracar	to dock	accoster	festmachen	attraccare	atracar
atreverse	to dare	oser	wagen	osare	atrever-se
atrevido	daring	hardi	dreist	audace	atrevido
avería	breakdown	panne	Schaden	guasto	avaria (pane)
azabache	jet	jais	Gagat	giaietto	azeviche
barrio	district	quartier	Stadtviertel	quartiere	bairro
bizcocho	cake	biscuit	Rührteig	pan di Spagna	biscoito (bolo)
búho	owl	hibou	Uhu	gufo	mocho
buitre	vulture	vautour	lüstern	avvoltoio	abutre
bulo	false rumour	bobard	Gerücht	fandonia	mentira
butano	butane	butane	Butan	butano	butano
buzo	diver	plongeur	Taucher	palombaro	mergulhador
cacatúa	cockatoo	cacatoès	Nachplapperer	befana	cacatua
cajón	case	tiroir	Schublade	scatolone	gaveta (caixão)
calleja	alley	ruelle	Gässchen	vicolo stretto	caleja (ruazinha)
cansancio	tiredness	fatigue	Müdigkeit	stanchezza	cansaço
cariñoso	affectionate	affectueux	zärtlich	affettuoso	carinhoso
cascabel	rattle	grelot	Glöckchen	sonaglio	cascavel (guizo)
castigar	to punish	punir	bestrafen	castigare	castigar
cautivado	captivated	captivé	gefangen	affascinato	ficar cativo (cativado)
celeste	light blue	céleste	himmelblau	celeste	celeste
centro cultural	culture centre	centre culturel	Kulturzentrum	centro culturale	centro cultural
ceñir	to fit tight	ceindre	gürten	cingere	cingir
chillón	loud	criard	Schreier	chiassoso	berrante
circunstancial	circumstantial	circonstantiel	den Umständen entsprechend	circostanziale	circunstancial
cojo	lame	boiteux	lahm	zoppo	coxo
columnista	columnist	chroniqueur	Kolumnist	editorialista	colunista
comisaría	police station	commissariat	Kommissariat	commissariato	comissaríado (delegacia)
confeccionar	to make up	confectionner	anfertigen	confezionare	fazer
constipado	which has a cold	enrhumé	erkältet	raffreddato	constipado (resfriado)
construir	to construct	construire	bauen	costruire	construir
contraer	to contract	contracter	zusammenziehen	contrarre	contrair
contrario	opposed	contraire	entgegengesetzt	contrario	contrário
décimo	tenth	dixième	zehnte	decimo	décimo
defecto físico	physical handicap	défaut physique	physischer Mangel	difetto fisico	defeito físico
delicioso	delicious	délicieux	köstlich	delizioso	delicioso
delincuente	delinquent	délinquant	Straftäter	delinquente	delinquente
desagradable	nasty	désagréable	unangenehm	sgradevole	desagradável
descubrir	to reveal	découvrir	entdecken	scoprire	descobrir
desesperado	exasperated	désespéré	verzweifelt	disperato	desesperado
desilusionado	disappointed	déçu	enttäuscht	deluso	desiludido
(des)leal	(dis)loyal	(dé)loyal	(un)treu	(s)leale	(des)leal
despacioso	slow	lent	gemächlich	lento	vagaroso (demorado)
detener	to stop	arrêter	anhalten	fermare	deter
diabetes	diabetes	diabète	Diabetes	diabete	diabete
dieta	diet	diète	Diät	dieta	regíme (dieta)
disgusto	displeasure	chagrin	Ärger	disgusto	desgosto
disparo	shot	coup de feu	Schuss	sparo	descarga (disparo)
dispersar	to disperse	disperser	zerstreuen	disseminare	dispersar

ESPAÑOL	INGLÉS	FRANCÉS	ALEMÁN	ITALIANO	PORTUGUÉS (BRASILEÑO)
divertido	amused	amusant	amüsiert	divertente	divertido
domicilio	residence	domicile	Wohnsitz	domicilio	domicílio
dulce	sweet	doux	süß	dolce	doce
elecciones	elections	élections	Wahlen	elezioni	eleições
embarcación	boat	embarcation	Schiff	imbarcazione	embarcação
enfadarse	to get angry	se fâcher	ärgerlich werden	arrabbiarsi	enfadar-se (aborrecer-se)
ensoñación	daydream	rêve	Träumerei	fantasticheria	ilusão
entrenador	trainer	entraîneur	Trainer	allenatore	treinador
entrevista	interview	entrevue	Vorstellungsgespräch	riunione	entrevista
equilibrar	to balance	équilibrer	ausgleichen	equilibrare	equilibrar
escarabajo	beetle	scarabée	Käfer	scarabeo	escaravelho
esconder	to hide	cacher	verstecken	nascondere	esconder
esencial	essential	essentiel	wesentlich	essenziale	essencial
esperanza	hope	espoir	Hoffnung	speranza	esperança
establecimiento	establishment	établissement	Aufstellung	stabilimento	estabelecimento
estanco	tobacconist's	bureau de tabac	Tabakladen	stagno	tabacaria
estricto	strict	strict	streng	rigido	estrito
estridente	strident	strident	schrill	stridente	estridente
estupidez	stupidity	stupidité	Dummheit	stupidaggine	estupidez
estúpido	stupid	stupide	dumm	stupido	estúpido
exasperar	to exasperate	exaspérer	sehr reizen	esasperare	exasperar
factor	factor	facteur	Faktor	fattore	factor (fator)
favorito	favourite	favori	Lieblings-	favorito	favorito
figura	figurine	figure	Figur	figura	figura
fontanero	plumber	plombier	Klempner	idraulico	canalizador
fuerte	strong	fort	stark	forte	forte
genial	outstanding	génial	genial	geniale	genial
golpear	to pound	frapper	schlagen	colpire	golpear
grosor	thickness	épaisseur	Durchmesser	spessore	grossura
grúa	crane	grue	Kran	gru	grua (guindaste)
gualda	yellow	jaune	goldgelb	guaderella	gauda
herbívoro	herbivore	herbivore	Pflanzenfresser	erbivoro	herbívoro
hincapié (hacer)	to take a firm stand	insister sur, mettre l'accent sur	Nachdruck auf etw legen	insistere, incaponirsi	fazer finca-pé
honrado	honoured	honoré	geehrt	onorato	honrado
hormiga	ant	fourmi	Ameise	formica	formiga
hucha	piggy bank	tirelire	Spardose	salvadanaio	mealheiro
huelga	strike	grève	Streik	sciopero	greve
hueso	bone	os	Knochen	osso	osso
impaciente	impatient	impatient	ungeduldig	impaziente	impaciente
impartir	to give	donner	erteilen	impartire	dar
(im)perfecto	(im)perfect	(im)parfait	(un)vollkommen	(im)perfetto	(im)perfeito
impulsivo	impulsive	impulsif	triebhaft	impulsivo	impulsivo
inaugurar	to inaugurate	inaugurer	einweihen	inaugurare	inaugurar
inconsciente	unconscious	inconscient	unbewusst	incosciente	inconsciente
inconveniente	difficulty	inconvenant	Nachteil	inconveniente	inconveniente
increíble	incredible	incroyable	unglaublich	incredibile	incrível
inepto	inept	inepte	unfähig	inetto	inepto
(in)fiel	(un)faithful	(in)fidèle	(un)treu	(in)fedele	(in)fiel
influir	to influence	influer	beeinflussen	influire	influir
informática	computer science	informatique	Informatik	informatica	informática
ingeniero	engineer	ingénieur	Ingenieur	ingegnere	engenheiro
(in)necesario	(un)necessary	(non)nécessaire	(un)nötig	(in)necessario	(des)necessário
(in)soportable	(un)bearable	(in)supportable	(un)erträglich	(in)sopportabile	(in)suportável
intenso	intense	intense	intensiv	intenso	intenso
invidente	blind	aveugle	blind	cieco	cego
jerez	sherry	xérès	Sherry	vino di Jerez	xerez
lento	slow	lent	langsam	lento	lento
lince	lynx	lynx	Luchs	lince	lince
lista	stripe, list	liste	Liste	elenco	lista
lotería	lottery	loterie	Lotterie	lotteria	lotaria
luminoso	luminous	lumineux	leuchtend	luminoso	luminoso
majo	smart, nice	élégant, sympathique	hübsch, sympathisch	bello, simpatico	simpático, agradável
maletero	boot	malletier	Kofferraum	portabagagli	porta-bagagens
mandarina	mandarine	mandarine	Mandarine	mandarino	tangerina
mariachis	mariachis	musique populaire du Mexique	Mariachis	mariaci	música mexicana
melancolía	melancholy	mélancolie	Melancholie	malinconia	melancolia
melancólico	melancholic	mélancolique	melancholisch	malinconico	melancólico
mentiroso	lying	menteur	Lügner	bugiardo	mentiroso
mimoso	coddling	câlin	verhätschelt	vezzoso	mimoso (meigo)
minucioso	meticulous	minutieux	sehr gründlich	minuzioso	minucioso
mostrar	to show	montrer	zeigen	mostrare	mostrar
mudo	dumb	muet	stumm	muto	mudo

ESPAÑOL	INGLÉS	FRANCÉS	ALEMÁN	ITALIANO	PORTUGUÉS (BRASILEÑO)
muermo	drowsiness	ennui	Langeweile	noia	mormo
murciélago	bat	chauve-souris	Fledermaus	pipistrello	morcego
necedad	stupidity	niaiserie	Stumpfsinn	stoltezza	necedade (asneira)
neumático	tyre	pneumatique	pneumatisch	pneumatico	pneumático
noble	noble	noble	adlig	nobile	nobre
nocivo	harmful	nuisible	schädlich	nocivo	nocivo
nostalgia	nostalgia	nostalgie	Nostalgie	nostalgia	nostalgia (saudade)
obra	work	œuvre	Werk	opera	obra
obsceno	obscene	obscène	obszön	osceno	obsceno
obsesionado	obsessed	obsédé	besessen	ossessionato	obsesso
ofendido	offended	offensé	beleidigt	offeso	ofendido
oportunidad	opportunity	opportunité	Gelegenheit	opportunità	oportunidade
oposiciones	civil service exams	concours	Auswahlprüfung fur den öffentlichen Dienst	concorso	oposições (concurso)
partidario	follower	partisan	Anhänger	sostenitore	partidário
pasillo	corridor	couloir	Flur	corridoio	corredor
patronal	patron	patronal	Arbeitgeber	padronale	patronal
periodo	period	période	Periode	periodo	período
perjudicial	harmful	nuisible	schädlich	pregiudizievole	prejudicial
permanecer	to remain	séjourner	bleiben	permanere	permanecer
pesado	weighted	pesé	schwer	pesante	pesado
picante	biting	piquant	scharf	piccante	picante
placentero	pleasant	agréable	vergnüglich	gradevole	prazenteiro
polideportivo	sports centre	omnisport	Mehrzwecksport-	polisportivo	pavilhão desportivo (pavilhão esportivo)
porcelana	porcelain	porcelaine	Porzellan	porcellana	porcelana
precisar	to need	avoir besoin de	festlegen	precisare	precisar
precisión	precision	précision	Genauigkeit	precisione	precisão
presa	catch	prise	Beute	diga	presa
proyecto	plan	projet	Projekt	progetto	projecto (projeto)
prueba	testing	preuve	Beweis	prova	prova
psicología	psychology	psychologie	Psychologie	psicologia	psicologia
puro	pure	pur	rein	puro	puro
quimera	chimera	chimère	Chimäre	chimera	quimera
raro	rare	rare	selten	raro	raro (esquisito)
rasgo	stroke	trait	Gesichts- Charakterzug	tratto	rasgo (traço)
raza	race	race	Rasse	razza	raça
rebosar	to overflow	déborder	überlaufen	traboccare	trasbordar (transbordar)
rechazar	to reject	repousser	ablehnen	rifiutare	rechaçar (rejeitar)
reflejar	to reflect	refléter	widerspiegeln	riflettere	reflectir (refletir)
reflejo	reflected	réflexe	reflektiert	riflesso	reflexo
refrán	proverb	proverbe	Sprichwort	proverbio	provérbio
relajado	relaxed	relâché	entspannt	rilassato	relaxado
resaltar	to stand out	ressortir	herausragen	risaltare	ressaltar
retirar	to withdraw	retirer	zurückziehen	ritirare	retirar
retratista	portrait painter	portraitiste	Porträtmaler	ritrattista	retratista
rozar	to graze	effleurer	streifen	sfiorare	roçar
sesión	session	séance	Sitzung	sessione	sessão
socorrista	life-saver	secouriste	Bademeister	soccorritore	socorrista
soñador	imaginative	rêveur	Träumer	sognatore	sonhador
soportar	to bear	supporter	ertragen	sopportare	suportar
sordo	deaf	sourd	taub	sordo	surdo
soso	tasteless	fade	ungesalzen	scialbo	insosso
sublevar	to incite to rebellion	soulever	rebellieren	sollevare	sublevar
suceso	event	évènement	Ereignis	avvenimento	sucesso
tabú	taboo	tabou	Tabu	tabú	tabu (tabú)
tango	tango	tango	Tango	tango	tango
tierno	tender	tendre	zart	tenero	tenro
titular	titular	titulaire	Inhaber	titolare	titular
tópico	topical	topique	topisch	luogo comune	tópico
tranquilidad	tranquillity	tranquillité	Ruhe	tranquillità	tranquilidade (tranqüilidade)
transitorio	provisional	transitoire	vorübergehend	transitorio	transitório
tremendo	tremendous	terrible	schrecklich	tremendo	tremendo
tribuna	grandstand	tribune	Tribüne	tribuna	tribuna
triste	sad	triste	traurig	triste	triste
tristeza	sadness	tristesse	Traurigkeit	tristezza	tristeza
trote	trot	trot	Trab	trotto	trote
tubo	tube	tube	Rohr	tubo	tubo
tumbado	lying down	couché	liegend	steso	deitado
único	unique	unique	einzigartig	unico	único
valeroso	brave	vaillant	tapfer	valoroso	valoroso
valla	fence	clôture	Zaun	steccato	valado
variable	changeable	variable	Variable	variabile	variável
vencedor	winner	vainqueur	Sieger	vincitore	vencedor
ventaja	advantage	avantage	Vorteil	vantaggio	vantagem
vetusto	ancient	vétuste	alt	vecchio	velho
vinagre	vinegar	vinaigre	Essig	aceto	vinagre

ESPAÑOL	INGLÉS	FRANCÉS	ALEMÁN	ITALIANO	PORTUGUÉS (BRASILEÑO)
visión	vision	vision	Sehvermögen	visione	visão
votar	to vote	voter	wählen	votare	votar

Lección 2

ESPAÑOL	INGLÉS	FRANCÉS	ALEMÁN	ITALIANO	PORTUGUÉS (BRASILEÑO)
acera	pavement	trottoir	Bürgersteig	marciapiede	passeio (calçada)
ahorrar	to save	épargner	sparen	risparmiare	poupar
alargar	to lengthen	allonger	verlängern	allungare	alongar
albóndiga	meatball	boulette	Fleischkloß	polpetta	almôndega
amplio	ample	ample	weit	ampio	amplo
aparato	device	appareil	Apparat	apparecchio	aparelho
apostar	to bet	parier	wetten	scommettere	apostar
artículo	article	article	Artikel	articolo	artigo
aspiradora	vacuum-cleaner	aspirateur	Staubsauger	aspirapolvere	aspirador
auge	peak, acme	apogée	Aufschwung	auge	auge
caballero	gentleman	monsieur	Kavalier	gentiluomo	cavalheiro
carril	lane	voie	Schiene	corsia	carril (pista)
casco	helmet	casque	Helm	casco	capacete
cesar	to cease	cesser	beenden	cessare	cessar
chisme	piece of gossip	cancan	Klatscherei	pettegolezzo	intriga
cinturón	belt	ceinturon	Gürtel	cintura	cinturão (cinto)
coartada	alibi	alibi	Alibi	alibi	coarctada
colada	washing	lessivage	Wäsche	bucato	colagem
colador	strainer	passoire	Sieb	colino	coador
colina	hill	colline	Hügel	collina	colina
cometa	kite	comète	Drachen	aquilone	cometa (papagaio)
consumidor	consumer	consommateur	Verbraucher	consumatore	consumidor
cordel	cord	corde	Schnur	spago	cordel
costra	crust	croûte	Kruste	crosta	crosta
curva	curve	courbe	Kurve	curva	curva
elevalunas	electric window winder	lève-vitre	Fensterheber	alzacristalli	vidros eléctricos (vidros elétricos)
empaquetar	to pack	empaqueter	(ein-, ver)packen	impacchettare	empacotar
empedernido	inveterate	endurci	leidenschaftlich	incallito	empedernido
enfrascarse	to get absorbed	s'absorber dans	s. vertiefen	astrarsi	absorver-se
escala	ladder	échelle	Leiter	scala	escala
faena	task	besogne	Arbeit	faccenda	trabalho
gama	range	gamme	Palette	gamma	gama
glorieta	roundabout	rond-point	Kreisverkehr	rotonda	praça pequena, rotunda
gratinado	grated	gratin	Auflauf	gratinato	doirado no forno (gratinado)
hacha	axe	hache	Axt	ascia	machado
hogar	home	foyer	Heim	focolare	lar
horno	oven	four	Ofen	forno	forno
horrendo	horrible	horrible	entsetzlich	orrendo	horrendo
incidir	to fall into	tomber dans	verfallen (in einen Fehler)	cadere in errore o in fallo	incidir
insólito	unusual	insolite	ungewöhnlich	insolito	insólito
jaula	cage	cage	Käfig	gabbia	jaula (gaiola)
lavaplatos	dishwasher	lave-vaisselle	Geschirrspülmaschine	lavapiatti	lava-loiças (lava-louças)
llanto	weeping	pleurs	Weinen	pianto	choro
mamotreto	big book	gros livre	Schinken	mattone	calhamaço
manga pastelera	strainer	poche à douille	Spritztülle	tasca pasticciera	manga de pastelaria
mezcla	mixing	mélange	Mischung	miscela	mistura
molinillo	grinder	moulin	kleine Mühle	macinino	molinho
nevera	refrigerator	réfrigérateur	Kühlschrank	frigorifero	frigorífico (geladeira)
ocio	leisure	loisir	Freizeit	tempo libero	ócio
ópera	opera	opéra	Oper	opera	ópera
perejil	parsley	persil	Petersilie	prezzemolo	salsa
plancha	iron	fer à repasser	Bügeleisen	ferro da stiro	ferro de engomar
pomelo	grapefruit	pamplemousse	Grapefruit	pompelmo	toronja
principiante	beginner	débutant	Anfänger	principiante	principiante
próspero	prosperous	prospère	gedeihlich	prospero	próspero
protocolo	protocol	protocole	Protokoll	protocollo	protocolo
pulpa	pulp	pulpe	Fruchtfleisch	polpa	polpa
raíl	rail	rail	Schiene	rotaia	carril (trilha)
recta	straight	droite	Gerade	rettilineo	recta (reta)
retrovisor	rear-view mirror	rétroviseur	Rückspiegel	retrovisore	retrovisor
romántico	romantic	romantique	romantisch	romantico	romântico
sacacorchos	corkscrew	tire-bouchon	Korkenzieher	cavatappi	saca-rolhas
salsa	sauce	sauce	Soße	salsa	molho
salvamanteles	table mat	dessous de plat	Untersetzer	sottobottiglia	suporte para travessa
salvavidas	life-saving, life-jacket	bouée de sauvetage	Rettungsring	salvagente	salva-vidas
sauce	willow	saule	Weide	salice	salgueiro
secador	drying	séchoir	trocknend	asciugatore	secador
secundario	secondary	secondaire	zweitrangig	secondario	secundário
sendero	track	sentier	Pfad	sentiero	senda
solicitar	to request	solliciter	erbitten, s. bewerben	richiedere	solicitar
sombra	shadow	ombre	Schatten	ombra	sombra

ESPAÑOL	INGLÉS	FRANCÉS	ALEMÁN	ITALIANO	PORTUGUÉS (BRASILEÑO)
surgir	to spring	surgir	erscheinen	sorgere	surgir
tender	to hang out	étendre	aufhängen	tendere	tender
terrorífico	terrifying	terrifiant	schreckenerregend	terrificante	terrífico (terrificante)
torcerse	to twist	se tordre	sich winden	torcersi	torcer-se (torcer)
tostadora	toaster	grille-pain	Toaster	tostapane	torradeira
vajilla	crockery	vaisselle	Geschirr	stoviglia	serviço de mesa
válvula	valve	soupape	Ventil	valvola	válvula
vegetariano	vegetarian	végétarien	vegetarisch	vegetariano	vegetariano

Lección 3

ESPAÑOL	INGLÉS	FRANCÉS	ALEMÁN	ITALIANO	PORTUGUÉS (BRASILEÑO)
abogado	lawyer	avocat	Rechtsanwalt	avvocato	advogado
aceptable	acceptable	acceptable	akzeptabel	accettabile	aceitável
afiliarse	to join	adhérer	Mitglied werden	iscriversi	afiliar-se (afiliar)
albañil	bricklayer	maçon	Maurer	muratore	pedreiro
alcalde	mayor	maire	Bürgermeister	sindaco	presidente da câmara (prefeito)
arquitecto	architect	architecte	Architekt	architetto	arquitecto (arquiteto)
ascenso	promotion	promotion	Beförderung	promozione	promoção
asignar	to assign	assigner	erteilen	assegnare	atribuir
azafata	hostess	hôtesse	Stewardess	hostess	açafata (comissária de bordo)
bandeja	tray	plateau	Tablett	vassoio	tabuleiro
batuta	baton	bâton ou baguette de chef d'orcheste	Taktstock	bacchetta	batuta
bisturí	scalpel	bistouri	Skalpell	bisturi	bisturi
bombero	fireman	pompier	Feuerwehrmann	pompiere	bombeiro
campesino	countryman	paysan	Bauer	contadino	camponês
candidato	candidate	candidat	Kandidat	candidato	candidato
cantante	singer	chanteur	Sänger	cantante	cantor
carpintero	carpenter	charpentier	Schreiner	falegname	carpinteiro
carrera	career	carrière	Laufbahn	carriera	carreira
científico	scientific	scientifique	wissenschaftlich	scienziato	científico
cirujano	surgeon	chirurgien	Chirurg	chirurgo	cirurgião
civil	civil	civil	zivil	civile	civil
clavo	nail	clou	Nagel	chiodo	cravo
clínica	clinic	clinique	Klinik	clinica	clínica
cocinero	cook	cuisinier	Koch, Köchin	cuoco	cozinheiro
colega	colleague	collègue	Kollege	collega	colega
competencia	competence	concurrence	Kompetenz	concorrenza	competência (concorrência)
comunicaciones	communications	communications	Kommunikationen	comunicazioni	comunicações
contrato	contract	contrat	Vertrag	contratto	contrato
contribuir	to contribute, to pay taxes	contribuer	beitragen	contribuire	contribuir
cosecha	harvest	récolte	Ernte	raccolto	colheita
dentista	dentist	dentiste	Zahnarzt	dentista	dentista
director	directing	directeur	Direktor	direttore	director (diretor)
director de orquesta	orchestra conductor	chef d'orchestre	Orchesterdirigent	direttore d'orchestra	director de orquestra (diretor de orquestra)
editorial	publishing	éditorial	Verlag	editoriale	editorial
electricista	electrician	électricien	Elektriker	elettricista	electricista
empleo	employment	emploi	Anstellung	impiego	emprego
empresario	employer	homme d'affaires	Unternehmer	imprenditore	empresário
enfermero	nurse	infirmier	Krankenpfleger	infermiere	enfermeiro
escuela	school	école	Schule	scuola	escola
etapa	stage	étape	Etappe	tappa	etapa
exigencia	demand	exigence	Forderung	esigenza	exigência
fábrica	factory	usine	Fabrik	fabbrica	fábrica
fisioterapeuta	physiotherapist	physiothérapeute	Physiotherapeut	fisioterapista	fisioterapeuta
fotógrafo	photographer	photographe	Fotograf	fotografo	fotógrafo
funcionario	functionary	fonctionnaire	Beamte	funzionario	funcionário
hallar	to find	trouver	finden	trovare	achar
herramienta	tool	outil	Werkzeug	utensile	ferramenta
hostelería	hotel trade	hôtellerie	Hotel- und Gaststättengewerbe	industria alberghiera	hotelaria
ideología	ideology	idéologie	Ideologie	ideologia	ideologia
iglesia	church	église	Kirche	chiesa	igreja
inaccesible	inaccessible	inaccessible	unzugänglich	inaccessibile	inacessível
informático	computer	informatique	Informatiker	informatico	informático
instituto	secondary school	Lycée	Institut	istituto	instituto
jornada	working day	journée	Arbeitstag	giornata	jornada
jugador	player	joueur	Spieler	giocatore	jogador
laboral	labour	du travail	Arbeits-	lavorativo	laboral
labrador	farmer	cultivateur	Bauer	coltivatore	lavrador
ladrillo	brick	brique	Ziegelstein	mattone	tijolo
limitado	limited	limité	begrenzt	limitato	limitado
llave inglesa	wrench	clef à molette	Schraubenschlüssel	chiave inglese	chave inglesa
marinero	sailor	marin	Matrose	marinaio	marinheiro
marino	marine	marin	See-	marino	marinho

ESPAÑOL	INGLÉS	FRANCÉS	ALEMÁN	ITALIANO	PORTUGUÉS (BRASILEÑO)
martillo	hammer	marteau	Hammer	martello	martelo
militar	military	militaire	Militär-	militare	militar
músico	musician	musicien	Musiker	musicista	músico
negociable	negotiable	négociable	verhandelbar	negoziabile	nogociável
oculista	oculist	oculiste	Augenarzt	oculista	oftalmologista
oficina	office	bureau	Büro	ufficio	escritório
operario	worker	ouvrier	Arbeiter	operaio	operário
optativo	optional	optionnel	wahlfrei	facoltativo	optativo
óptica	optics	optique	Optik	ottica	óptica
otorrino	otorhino	oto-rhino	Ohrenarzt	otorinolaringoiatra	otorrino (laringologista)
paga	payment	paye	Lohn	paga	pagamento
paga extra	bonus payment	double paye	Extragehalt	tredicesima	gratificação (décimo-terceiro salário)
peluquería	hairdresser's shop	salon de coiffure	Frisiersalon	salone di bellezza	cabeleireiro
pescador	fishing	pêcheur	Fischer	pescatore	pescador
piano	piano	piano	Klavier	pianoforte	piano
pintor	painter	peintre	Maler	pittore	pintor
plaza	square	place	Platz	piazza	praça
pluma estilográfica	fountain pen	plume stylographique	Schreibfeder	penna stilografica	pluma estilográfica (caneta tinteiro)
policía	police	police	Polizei	polizia	polícia
político	politician	politique	Politiker	politico	político
productividad	productivity	productivité	Produktivität	produttività	produtividade
profesión	profession	profession	Beruf	professione	profissão
publicar	to publish	publier	veröffentlichen	pubblicare	publicar
puesto	position, post	mis	Stelle	posto	emprego (posto)
recital	recital	récital	(Solo) Konzert	recital	récital
reflexión	reflection	réflexion	Überlegung	riflessione	reflexão
regadera	watering can	arrosoir	Gießkanne	annaffiatoio	regador
regla	ruler	règle	Regel	regola	régua
rendimiento	performance	rendement	Leistung	rendimento	rendimento
retribución	payment	rétribution	Bezahlung	retribuzione	retribuição
rulo	roller	rouleau	Lockenwickler	bigodino	rolo
salud	health	santé	Gesundheit	salute	saúde
sindicato	trade union	syndicat	Gewerkschaft	sindacato	sindicato
sueldo	wage	salaire	Gehalt	stipendio	salário
tienda	shop	boutique	Laden	negozio	tenda (loja)
tintorería	dyer´s, dry cleaner's	teinturerie	(chemische) Reinigung	tintoria	tinturaria (lavanderia)
tiza	chalk	craie	Kreide	gesso	giz
traje	suit	costume	Anzug	abito	fato (termo)
turista	tourist	touriste	Tourist	turista	turista
vago	idle	fainéant, vagabond	faul	sfaccendato	vago (vadio)
vendedor	salesman	vendeur	Verkäufer	venditore	vendedor
vendimiador	grape harvester	vendangeur	Winzer	vendemmiatore	vindimador
votación	voting	vote	Abstimmung	votazione	votação

Lección 4

ESPAÑOL	INGLÉS	FRANCÉS	ALEMÁN	ITALIANO	PORTUGUÉS (BRASILEÑO)
acuífero	aquiferous	aquifère	wasserführend	acquifero	aquífero (aqüífero)
almendro	almond tree	amandier	Mandelbaum	mandorlo	amendoeira
alterado	changed	instable	unbeständig	alterato	alterado
apacible	gentle	paisible	lieblich	tranquillo	aprazível
apropiarse	to take	s'approprier	sich aneignen	appropriarsi	apropriar-se
apuesto	smart	élégant	stattlich	aitante	enfeitado
bochornoso	shameful	honteux	schwül	afoso	vergonhoso
bosque	forest	forêt	Wald	bosco	bosque
caldo	stock, broth	bouillon	Brühe	brodo	caldo
cálido	warm	chaud	warm	tiepido	cálido
caluroso	warm	chaud	heiß	caloroso	caloroso
cambio climático	climatic change	changement climatique	klimatische Veränderung	cambio climatico	câmbio climático
capa de ozono	ozone layer	couche d'ozone	Ozonschicht	fascia d'ozono	camada de ozônio (camada de ozônio)
catástrofe	catastrophe	catastrophe	Katastrophe	catastrofe	catástrofe
chaparrón	downpour	averse	Regenguss	acquazzone	aguaceiro forte
chispear	to spit	tomber quelques gouttes	nieseln	scintillare	chuviscar
chubasco	downpour	averse	Regenguss	acquazzone	aguaceiro (chuvada)
circunstancia	circumstance	circonstance	Umstand	circostanza	circunstância
cirro	cirrus	cirrus	Zirrus	cirro	cirro
clima	climate	climat	Klima	clima	clima
consenso	consent	consentement	Konsens	consenso	consenso
contaminación	pollution	contamination	Verschmutzung	inquinamento	contaminação (poluição)
cuenca	socket	bassin	Höhle	bacino	bacia
cumbre	summit	sommet	Gipfel	vertice	cume
cúmulo	accumulation	accumulation	Anhäufung	cumolo	cúmulo
desapacible	unpleasant	désagréable	unangenehm	spiacevole	desaprazível (desprazível)
desbrujulado	disoriented	égaré	desorientiert	disorientato	desnorteado

ESPAÑOL	INGLÉS	FRANCÉS	ALEMÁN	ITALIANO	PORTUGUÉS (BRASILEÑO)
despejado	cleared	dégagé	frei	sereno	despejado
despilfarro	squandering	gaspillage	Verschwendung	sperpero	esbanjamento
devastación	devastation	dévastation	Verheerung	devastazione	devastação
dicho	said	dit	gesagt	detto	dito
efecto invernadero	greenhouse effect	effet de serre	Treibhauseffekt	effetto serra	efeito estufa
escampar	to clear up	cesser de pleuvoir	räumen	schiarire	escampar
escaso	scarce	insuffisant	knapp	scarso	escasso
estación	season	saison	Jahreszeit	stagione	estação
estepa	steppe	steppe	Steppe	steppa	estepe
estival	summer	estival	Sommer-	estivo	estival
estrato	stratus	strate	Schicht	strato	estrato
experto	expert	expert	erfahren	esperto	perito
feria	fair	foire	Messe	fiera	feira
flaco	thin	maigre	mager	scarno	magro
florecer	to flower	fleurir	blühen	fiorire	florescer
forestal	forest	forestier	forstwirtschaftlich	forestale	florestal
fresco	fresh	frais	frisch	fresco	fresco
gabardina	raincoat	gabardine	Trenchcoat	impermeabile	gabardina
gélido	gelid	gelé	eiskalt	gelido	gélido
generar	to generate	engendrer	erzeugen	generare	gerar
gozar	to enjoy	jouir	genießen	godere	gozar
granizar	to hail	grêler	hageln	grandinare	granizar
hoyo	hole	trou	Aushebung	fosso	cova
húmedo	wet	humide	feucht	umido	húmido
incrementar	to increase	augmenter	erhöhen	incrementare	incrementar
inundación	flood	inondation	Überschwemmung	inondazione	inundação
meteorológico	meteorological	météorologique	Wetter-	meteorologico	meteorológico
neblinoso	misty	brumeux	nebelig	nebbioso	nebuloso (enevoado)
ola de calor	heat wave	vague de chaleur	Hitzewelle	ondata di caldo	onda de calor
otoñal	autumnal	automnal	herbstlich	autunnale	outonal
pararrayos	lightning conductor	paratonnerre	Blitzableiter	parafulmine	pára-raios
patente	patent	évident	eindeutig	evidente	patente
pegajoso	sticky	collant	klebrig	appiccicoso	pegajoso
pertinaz	pertinacious	opiniâtre	hartnäckig	pertinace	pertinaz
precipitación	precipitation	précipitation	Niederschlag	precipitazione	precipitação
prevenir	to prepare	préparer	verhüten	prevenire	prevenir
previsión	forecast	prévision	Voraussicht	previsione	previsão
racha	gust	rafale	Windstoß	raffica	rajada
rayo	ray	foudre	Blitz	fulmine	raio
realidad	reality	réalité	Realität	realità	realidade
recurso	recourse	recours	Berufung	ricorso	recurso
registrar	to search	enregistrer	durchsuchen	registrare	registar
relámpago	lightning	éclair	Blitz	lampo	relâmpago
revuelto	stirred	agité	zerwühlt	tumultuoso	revolto
sabana	savannah	savane	Savanne	savàna	savana
seco	dry	sec	trocken	secco	seco
seda	silk	soie	Seide	seta	seda
sequía	drought	sécheresse	Dürre	siccità	seca
soleado	exposed to the sun	ensoleillé	sonnig	soleggiato	soalhado (exposto ao sol)
soplar	to blow	souffler	blasen	soffiare	soprar
templado	moderate	tiède	lau(warm)	temperato	temperado
tiempo	weather	temps	Wetter	tempo	tempo
tormentoso	stormy	orageux	stürmisch	tormentoso	tormentoso (tormentório)
torrencial	torrential	torrentiel	sintflutartig	torrenziale	torrencial
trueno	thunder	tonnerre	Donner	tuono	trovão
vegetación	vegetation	végétation	Vegetation	vegetazione	vegetação

Lección 5

ESPAÑOL	INGLÉS	FRANCÉS	ALEMÁN	ITALIANO	PORTUGUÉS (BRASILEÑO)
acostumbrarse a	to get used to	s'habituer à	sich gewöhnen an	abituarsi	habituar-se a
afluente	flowing	affluent	Nebenfluss	affluente	afluente
alameda	poplar grove	peupleraie	Allee	pioppeto	alameda
archipiélago	archipelago	archipel	Archipel	arcipelago	arquipélago
arroyo	brook	ruisseau	Bach	ruscello	arroio
asombrarse de	to be amazed at	s'étonner de	sich wundern über	meravigliarsi di	admirar-se de
bahía	bay	baie	Bucht	baia	baía
cabo	cape	cap	Landspitze	capo	cabo
cala	creek	crique	Felsbucht	cala	cala
caleta	cove	anse	kleine Bucht	caletta	calheta
cañada	cattle track	vallon	Weideweg	sentiero	canhada
casarse con	to get married to	épouser	heiraten	sposarsi con	casar com
continente	continent	continent	Kontinent	continente	continente
convencer de	to convince	persuader de	davon überzeugen dass	convincere di	convencer de
convivir con	to live with	cohabiter avec	zusammenleben mit	convivere con	conviver com
cordillera	mountain range	cordillère	Gebirgskette	cordigliera	cordilheira
delta	delta	delta	Delta	delta	delta

ESPAÑOL	INGLÉS	FRANCÉS	ALEMÁN	ITALIANO	PORTUGUÉS (BRASILEÑO)
desfiladero	defile	défilé	Hohlweg	gola	desfiladeiro
desierto	desert	désert	Wüste	deserto	deserto
despedirse de	to say goodbye to	prendre congé de	sich verabschieden von	accomiatarsi da	despedir-se de
duna	dune	dune	Düne	duna	duna
eco	echo	écho	Echo	eco	eco
embalse	dam	lac artificiel	Stausee	bacino artificiale	rebalso (barragem)
empeñarse en	to be set on	s'entêter à	darauf bestehen dass	impegnarsi in	insistir erm (empenhar-se em)
entenderse con	to get on with	s'entendre avec	sich verstehen mit	capirsi con	compreender-se com
entretenerse con	to pass the time with	s'amuser avec	sich die Zeit vertreiben mit	trattenersi con	distrair-se com
escarpado	steep	escarpé	glatt	scosceso	escarpado
espacio recreativo	recreation area	aire de loisirs	Erholungsgebiet	zona ricreativa	área recreativa (espaço recreativo)
federación	federation	(con)fédération	Bündnis	federazione	federação
golfo	gulf	golfe	Bucht	golfo	golfo
insistir en	to insist on	insister sur	darauf bestehen dass	insistere su	insistir em
isla	island	île	Insel	isola	ilha
llanura	plain	plaine	Ebene	pianura	planície
mar	sea	mer	Meer	mare	mar
meandro	meander	méandre	Mäander	meandro	meandro
meseta	plateau	plateau	Hochebene	altopiano	planalto
meterse en	to get into	se mettre au	sich einmischen in	mettersi in	meter-se (entrar em)
montaña	mountain	montagne	Berg	montagna	montanha
monte	mountain	mont	Berg	monte	monte
ocuparse de	to deal with	s'occuper de	sich beschäftigen mit	occuparsi di	ocupar-se de (tratar de)
península	peninsula	péninsule	Halbinsel	penisola	península
pensar en	to think about	penser à	denken an	pensare a	pensar em
pico	peak	pic	Spitze	picco	bico, pico
piragüismo	canoeing	canoë-kayak	Kanusport	canoa	canoagem
playa	beach	plage	Strand	spiaggia	praia
polvo	dust	poussière	Staub	polvere	pó

Lección 6

ESPAÑOL	INGLÉS	FRANCÉS	ALEMÁN	ITALIANO	PORTUGUÉS (BRASILEÑO)
acuarela	watercolour	aquarelle	Aquarell	acquerello	aguarela (aquarela)
adosado	semidetached	chalet jumeau	Reihenhaus	(villa) a schiera	adossado (ligado)
ala delta	hang-gliding	aile delta	Flugdrache	deltaplano	asa delta
alpinismo	mountain climbing	alpinisme	Bergsteigen	alpinismo	alpinismo
andar quemado	to be burnt out	être exaspéré	sauer sein	essere stufi	andar queimado (estar queimado)
anuncio	advertisement	annonce	Anzeige	inserzione	anúncio
arcilla	clay	argile	Tonerde	argilla	argila
armarito	little cupboard	petite armoire	Schränkchen	armadio piccolo	armário pequeño
arrasar	to level, to devastate	aplanir, dévaster	einebnen, verwüsten	spianare, diroccare	arrasar
asfalto	asphalt	asphalte	Asphalt	asfalto	asfalto
atolondrado	scatterbrained	écervelé	verwirrt	stordito	aturdido (estonteado)
autopista	motorway	autoroute	Autobahn	autostrada	auto-estrada
banco	bank	banque	Bank	banco	banco
banda	band	troupe	Band	banda	banda
bandurria	bandore	mandore	Bandurria	bandola	bandurra
batacazo	crash	chute	schwerer Schlag	tonfo	trambolhão
baúl	trunk	malle	Schrankkoffer	baule	baú
borde	edge	bord	Rand	bordo	beira
bordillo	kerb	bordure	Randstein	margine del marciapiede	borda
buró	writing desk	bureau	Sekretär	creta	escritório
busto	bust	buste	Büste	busto	busto
buzón	letter box	boîte aux lettres	Briefkasten	buca delle lettere	caixa do correio
calvario	tribulations	calvaire	Kreuzweg	calvario	calvário
candidatura	candidature	candidature	Kandidatur	candidatura	candidatura
capacitado	qualified	apte à	befähigt	capace	capaz (capacitado)
carecer de	to lack	manquer de	an etw. mangeln	essere privi di	ter falta de (carecer de)
caricatura	caricature	caricature	Karikatur	caricatura	caricatura
chiringuito	beach bar	sorte de buvette	Bude	capanno da spiaggia	cabana de praia (barraca de praia)
colectivo	collective	collectif	gesamt	collettivo	colectivo (coletivo)
cómoda	chest of drawers	commode	Kommode	cassettone	cómoda (cômoda)
contenedor	containing	conteneur	Container	container	contentor
convento	convent	couvent	Kloster	convento	convento
desahogarse	to relax	se mettre à l'aise	sich ausweinen	sfogarsi	desabafar-se
doliente	aching	malade	schmerzhaft	dolente	dolente (aflito)
equipo de música	hi-fi	chaîne hi-fi	Musikanlage	impianto stereo	aparelho de som
escalón	stair	marche	Stufe	gradino	degrau
escayola	plaster of Paris	plâtre	Gips	scagliola	gesso
estante	shelf	étagère	Regal	scaffale	estante
estatua	statue	statue	Statue	statua	estátua
farola	streetlamp	lampadaire	Straßenlaterne	fanale	farol (lanterna)
flexo	adjustable table lamp	lampe	Tischlampe	lampada	lâmpada
garantía	guarantee	garantie	Garantie	garanzia	garantia
glaciar	glacier	glacier	Gletscher	ghiacciaio	glaciar

ESPAÑOL	INGLÉS	FRANCÉS	ALEMÁN	ITALIANO	PORTUGUÉS (BRASILEÑO)
grabado	engraved	gravé	gestochen	incisione	gravado
ídolo	idol	idole	Idol	idolo	ídolo
intratable	unmanageable	intraitable	ungenießbar	intrattabile	intratável
intrépido	bold	intrépide	kühn	intrepido	intrépido
lesión	injury	blessure	Verletzung	lesione	lesão
líquido de frenos	brake fluid	liquide de freins	Bremsflüssigkeit	olio dei freni	óleo de travões (líquido de freios)
lunático	lunatic	lunatique	verrückt	lunatico	lunático
luxación	luxation	luxation	Verrenkung	lussazione	luxação
mal paso	tight spot	mauvais pas	Irrtum	cattivo passo	mal-passo (mau passo)
manifestar	to manifest	manifester	äußern	manifestare	manifestar
manzana (de la calle)	block	pâté de maisons	Block	angolo	bloco (quadra)
minusválido	handicapped	handicapé	behindert	handicappato	inválido
mobiliario	furniture	mobilier	Mobiliar	mobiliare	mobiliário
momia	mummy	momie	Mumie	mummia	múmia
montañoso	mountainous	montagneux	gebirgig	montuoso	montanhoso
monumento	monument	monument	Denkmal	monumento	monumento
muleta	crutch	béquille	Krücke	stampella	muleta
municipal	municipal	municipal	städtisch	municipale	municipal
músculo	muscle	muscle	Muskel	muscolo	músculo
natación	swimming	natation	Schwimmen	nuoto	natação
obstáculo	obstruction	obstacle	Hindernis	ostacolo	obstáculo
óleo	oil painting	tableau	Ölgemälde	pittura a olio	óleo
óseo	bone	osseux	knöchern	osseo	ósseo
parquímetro	parking meter	parcmètre	Parkuhr	parchimetro	contador de estacionamento
paso de cebra	zebra crossing	passage pour piétons	Zebrastreifen	passaggio pedonale	passadeira (faixa de pedestres)
peaje	toll	péage	Zoll	pedaggio	portagem (pedágio)
pesca	fishing	pêche	Fischen	pesca	pesca
precipicio	cliff	précipice	Abgrund	precipizio	precipício
presumir de	to boast	se vanter de	angeben mit	vantarsi di	presumir de
proliferación	proliferation	prolifération	Vermehrung	proliferazione	proliferação
propuesta	proposal	proposition	Vorschlag	proposta	proposta
quiosco	kiosk	kiosque	Kiosk	chiosco	quiosque
radio	radio	radio	Radio(gerät)	radio	rádio
rambla	gully	promenade	Promenade	alveo	leito de águas pluviais
raya	line	raie	Strich	riga	raia
recóndito	hidden	secret	verborgen	recondito	recôndito
regañadientes	grudgingly	à contre-cœur	zähneknirschend	a malincuore	de má vontade
relacionarse	to be related	se mettre en rapport avec	sich mischen	frequentare	ter trato (relacionar-se)
ribera	shore	rive	Ufer	riviera	ribeira
río	river	fleuve	Fluss	fiume	rio
rocoso	rocky	rocheux	felsig	roccioso	rochoso
rotonda	square	rond-point	Rondell	rotonda	rotunda
saber a	to taste of	avoir un goût de	schmecken nach	sapere di	saber a
secreter	writing desk	secrétaire meuble	Sekretär	scrivania	escritório (escrivaninha)
selva	forest	forêt vierge	Dschungel	selva	selva
senderismo	trekking	randonnées à pied	Wandern	trekking	excursionismo a pé (caminhada por trilha)
soñar con	to dream about	rêver de	träumen von	sognare a	sonhar com
soportal	porch	arcade	Säulenvorbau	sottoportico	pórtico (arcada)
tapia	wall	mur en pisé	Mauer	muro di cinta	taipa
tardar en	to take time to	mettre longtemps à	dauern	tardare a	demorar em
tejado	roof	toit	(Ziegel) Dach	tetto	telhado
temerario	reckless	téméraire	tollkühn	temerario	temerário
terraza	terrace	terrasse	Terrasse	terrazza	terraço
toldo	awning	banne	Sonnendach	tendone	toldo
trampa	trap	piège	Falle	trappola	armadilha
tullido	disabled	perclus	gelähmt	invalido	tolhido
urna	ballot box	urne	Urne	urna	urna
valle	valley	vallée	Tal	valle	vale
vega	fertile valley	plaine fertile	Aue	piana	veiga
vela	candle	bougie	Kerze	veglia	vela
verja	fence	grille	Gitter	inferriata	gradeamento
vía	railway line	voie	Gleis	binario	via
volcán	volcano	volcan	Vulkan	vulcano	vulcão
zona ajardinada	garden area	zone aménagée en espaces verts	Grünbereich	zona verde	área de jardins (área ajardinada)

Lección 7

ESPAÑOL	INGLÉS	FRANCÉS	ALEMÁN	ITALIANO	PORTUGUÉS (BRASILEÑO)
amañar	to arrange artfully	arranger	deichseln	arrangiare	arranjar
autoescuela	driving school	auto-école	Fahrschule	autoscuola	auto-escola
campaña electoral	electoral campaign	campagne électorale	Wahlkampagne	campagna elettorale	campanha eleitoral
colegio electoral	electoral college	collège électoral	Wahllokal	collegio elettorale	colégio eleitoral
comicios	electoral meetings	élections	Volkswahlen	elezioni	comícios
considerar	to consider	considérer	berücksichtigen	considerare	considerar
derecha	right	droite	Rechte	destra	direita

ESPAÑOL	INGLÉS	FRANCÉS	ALEMÁN	ITALIANO	PORTUGUÉS (BRASILEÑO)
dictadura	dictatorship	dictature	Diktatur	dittatura	ditadura
dimitir	to resign	démissionner	zurücktreten	dimettere	demitir
diputado	delegated	député	Abgeordnete	deputato	deputado
discurso	speech	discours	Rede	discorso	discurso
editor	publisher	éditeur	Verleger	editore	editor
elecciones	elections	élections	Wahlen	elezioni	eleições
envidia	envy	envie	Neid	invidia	inveja
estado	state	Etat	Staat	stato	estado
general	general	général	allgemein	generale	geral
Gobierno	government	gouvernement	Regierung	governo	Governo
Hacienda	Treasury	Trésor	Steuerbehörde	Finanze	Fazenda
impuesto	tax	imposé	Steuer	imposto	imposto
lista electorales	electoral list	listes électorales	Wahlliste	liste elettorali	listas eleitorais
mayoría	majority	majorité	Mehrheit	maggioranza	maioria
medio ambiente	environment	environnement	Umwelt	ambiente	meio ambiente
ministro	minister	ministre	Minister	ministro	ministro
mitin	meeting	meeting	Versammlung	comizio	comício
nación	nation	nation	Nation	nazione	nação
nudo	knot	nœud	Knoten	nodo	nó
oligarquía	oligarchy	oligarchie	Oligarchie	oligarchia	oligarquia
oposición	opposition	opposition	Widerstand	opposizione	oposição
papeleta	ticket	billet	Schein	cedola	cédula
Parlamento	parliament	parlement	Parlament	parlamento	parlamento
paro	unemployment	chômage	Arbeitslosigkeit	disoccupazione	desemprego
partido	party	parti	Partei	partito	partidos
política exterior	foreign policy	politique extérieure	Außenpolitik	politica estera	política exterior
pregón	public announcement	ban	öffentlicher Ausruf	bando	pregão
referéndum	referendum	référendum	Referendum	referendum	referendo
rumor	rumour	rumeur	Gerücht	diceria	rumor
sanidad	health	santé	Gesundheit	sanità	sanidade
Senado	senate	sénat	Senat	senato	Senado
senador	senator	sénateur	Senator	senatore	senador
servicio militar	military service	service militaire	Militärdienst	servizio militare	serviço militar
socialista	socialist	socialiste	Sozialistin	socialista	socialista
terrorismo	terrorism	terrorisme	Terrorismus	terrorismo	terrorismo
voto	vote	vote	Stimme	voto	voto

Lección 8

ESPAÑOL	INGLÉS	FRANCÉS	ALEMÁN	ITALIANO	PORTUGUÉS (BRASILEÑO)
adepto	adept	adepte	Anhänger	adepto	adepto
afición	liking	penchant	Zuneigung	inclinazione	afeição
aislarse	to be isolated	s'isoler	sich isolieren	isolarsi	afastar-se (isolar-se)
ajedrez	chess	jeu d'échecs	Schach	scacchi	xadrez
ajuar	furnishings	mobilier	Aussteuer	corredo	enxoval
armónica	harmonica	harmonica	Mundharmonika	armonica	harmónica (harmônica)
arpa	harp	harpe	Harfe	arpa	harpa
arrepentirse	to repent	se repentir	bereuen	pentirsi	arrepender-se
asiento	seat	siège	Sitz	sedile	assento
baraja	pack of cards	un jeu de cartes	Spielkarten	mazzo di carte	baralho
bullicio	hubbub	tapage	Getöse	mormorio	barafunda
caja fuerte	safe	coffre-fort	Safe	cassaforte	caixa-forte
canica	marbles	bille	Murmel	biglia	berlinde, bola de guide
chapa	sheet	plaque	Blech	lamiera	chapa
charlar	to prattle	bavarder	schwatzen	chiacchierare	conversar
corro	circle	cercle	Kreis, Gruppe (von Leuten)	capannello	corro, roda
cromo	picture card	chrome	Chrom	cromo	cromo
crucigrama	crossword	mots croisés	Kreuzworträtsel	cruciverba	palavras cruzadas
damas	draughts, checkers	damas	Damespiel	damas	damas
deportes de riesgo	risky sports	sports à risque	Abenteuersportarten	sport de rischio	desportos radicais (esportes radicais)
dominó	dominoes	domino	Domino	domino	dominó
eficaz	effective	efficace	wirksam	efficace	eficaz
escultura	sculpture	sculpture	Skulptur	scultura	escultura
frenético	frenetic	frénétique	frenetisch	frenetico	frenético
futbolín	table football	football de table	Kicker	calcio-balilla	matraquilhos (futebol totó)
ganchillo	crochet hook	crochet	Häkelnadel	uncinetto	agulha de croché (crochê)
golfista	golfer	golfeur	Golfspieler	giocatore di golf	golfista
hacer punto	to knit	tricoter	stricken	fare uncinetto	fazer croché (fazer tricô)
impuntual	late	retardataire	unpünktlich	impuntuale	impontual
inmediato	next	immédiat	unmittelbar	immediato	imediato
juegos de mesa	board games	jeux de table	Brettspiele	giochi di società	jogos de mesa
maqueta	scale model	maquette	Modell	plastico	maqueta
maraca	maraca	maraca	Kürbisrassel	maraca	maraca (maracá)
mus	mus	jeu de cartes	spanisches Kartenspiel	mus	mus
novedad	novelty	nouveauté	Neuigkeit	novità	novidade
parchís	parcheesi	sorte de jeu des petits chevaux	Mensch-ärgere-dichnicht	parchessi	parchise (jogo de ludo)

ESPAÑOL	INGLÉS	FRANCÉS	ALEMÁN	ITALIANO	PORTUGUÉS (BRASILEÑO)
platillo	small plate	soucoupe	Untertasse	piattino	pratinho
prisa	haste	hâte	Eile	fretta	pressa
relajación	relaxation	relâchement	Entspannung	rilassatezza	relaxação (relaxamento)
repostería	confectionery	pâtisserie	Konditorei	pasticceria	confeitaria
retransmisión	broadcasting	retransmission	Übertragung	trasmissione	retransmissão
rutina	routine	routine	Routine	routine	rotina
saxo (saxofón)	saxophone	saxophone	Saxophon	sassofono	saxofone
tender a	to tend to	tendre à	dazu neigen	tendere a	propenso a
tomarse un respiro	to take a break	se relâcher	eine Pause machen	fare una pausa	tomar um descanso (tomar um respiro)
triángulo	triangle	triangle	Dreieck	triangolo	triângulo
trompeta	trumpet	trompette	Trompete	tromba	trompeta
turismo rural	rural tourism	tourisme rural	Landtourismus	agriturismo	turismo rural
vídeo-consola	video console	console de jeux vidéo	Videokonsole	video-console	vídeo-console
violín	violin	violon	Geige	violino	violino
xilófono	xylophone	xylophone	Xylophon	xilofono	xilofone

Lección 9

ESPAÑOL	INGLÉS	FRANCÉS	ALEMÁN	ITALIANO	PORTUGUÉS (BRASILEÑO)
acumular	to accumulate	accumuler	ansammeln	accumulare	acumular
altavoz	loudspeaker	haut-parleur	Lautsprecher	altoparlante	altofalante
antepasado	ancestor	ancêtre	Vorfahr	antenato	antepassado
antivirus	anti-virus	antivirus	Anti-Virus	antivirus	anti-vírus (anti-virus)
arroba	at	arrobe ou arobe	Klammeräffchen	chiocciola	arroba
boquiabierto	open-mouthed	bouche bée	sprachlos	a bocca aperta	de boca aberta
cable	cable	câble	Kabel	cavo	cabo
caducar	to expire	expirer	verfallen	scadere	caducar
claustrofobia	claustrophobia	claustrophobie	Klaustrophobie	claustrofobia	claustrofobia
cobertura	covering	couverture	Decke	copertura	cobertura
conectarse	to be conected	se connecter	sich anschließen	collegarsi	conectar-se
contrapuesto	opposed	opposé	gegenteilig	contrapposto	contraposto
correo electrónico	e-mail	courrier électronique	Email	posta elettronica	correio electrónico (correio eletrônico)
cuota de conexión	connection fee	frais de connexion	Anschlussgebühr	quota di collegamento	quota de conexão
deslizar	to slide	glisser	gleiten	scivolare	deslizar
disco duro	hard disk	disque dur	Festplatte	disco duro	disco duro (disco rígido)
disquete	diskette	disquette	Diskette	diskette	disquete
espectacular	spectacular	spectaculaire	spektakulär	spettacolare	espectacular (espetacular)
gamberro	hooligan	voyou	halbstark	teppista	libertino, traquina
globalidad	globality	globalité	Globalität	globalità	globalidade
guardarropa	cloakroom	vestiaire	Garderobe	guardaroba	guarda-roupa
ignorancia	ignorance	ignorance	Unwissenheit	ignoranza	ignorância
impresora	printer	imprimante	Drucker	stampante	impressora
mago	magician	magicien	Zauberer	mago	mago
malcriado	spoiled	mal élevé	ungezogen	maleducato	malcriado
malsano	unhealthy	malsain	ungesund	malsano	malsão
maniobrar	to operate	manoeuvrer	manövrieren	manovrare	manobrar
matrícula	matriculation	inscription	Matrikulierung	iscrizione	matrícula
memorizar	to memorize	mémoriser	auswendig lernen	memorizzare	memorizar
menosprecio	scorn	mépris	Unterschätzung	disprezzo	menosprezo
micrófono	microphone	microphone	Mikrophon	microfono	microfone
microprocesador	micro-processor	microprocesseur	Mikroprozessor	microprocessore	micró-processador
monitor	monitor	moniteur	Bildschirm	monitor	monitor
multimedia	multi-media	multimédia	Mulitmedia	multimedia	multimédia
navegar	to navigate	naviguer	surfen	navigare	navegar
norma	norm	norme	Norm	norma	norma
operador	operating	opérateur	Operateur	operatore	operador
pantalla	screen	écran	Bildschirm	schermo	pantalha (tela)
periférico	peripheral	périphérique	Anschlussgerät	periferico	periférico
prepago	pre-payment	paiement préalable	prepaid	prepagamento	prévio pagamento (pré-pagamento)
procesador	processor	processeur	Prozessor	processore	processador
puntiagudo	pointed	pointu	spitz	appuntito	pontiagudo
radiofrecuencia	radio-frequency	radiofréquence	Wellenfrequenz	frequenza radio	rádio-frequência
ratón	mouse	souris	Maus	mouse	mouse
recarga	recharge	rechargement	Überladung	ricaricamento	recarregamento
red	network	réseau	Netz	rete	rede
salpicar	to sprinkle	éclabousser	bespritzen	schizzare	salpicar
salvapantallas	screensaver	protège-écran	Bildschirmschoner	salvaschermo	salva-pantalhas (salva-telas)
sector	sector	secteur	Sektor	settore	sector
señal	sign	signe	Zeichen	segnale	sinal
servidor	server	serviteur	Diener	servitore	servidor
sinrazón	injustice	déraison	Unrecht	iniquità	sem-razão
subir información	upload information	obtenir des informations	Information laden	scaricare informazione	subir informação
tarifa	tariff, rate	tarif	Tarif	tariffa	tarifa
tarifa plana	flat rate	abonnement à prix fixe	Pauschaltarif	tariffa unica	tarifa única

ESPAÑOL	INGLÉS	FRANCÉS	ALEMÁN	ITALIANO	PORTUGUÉS (BRASILEÑO)
teclado	keyboard	clavier	Tastatur	tastiera	teclado
telefonía móvil	cell phone	téléphonie mobile	Mobiltelephonie	telefonia cellulare	telefonía móvil (telefonía celular)
tragaperras	slot machine	machine à sous	Spielautomat	slot machine	slot machine
truco	trick	truc	Trick	trucco	truque

Lección 10

ESPAÑOL	INGLÉS	FRANCÉS	ALEMÁN	ITALIANO	PORTUGUÉS (BRASILEÑO)
acampada	camping	camping	Zelten	campeggio	acampamento
acceder	to accede	accéder	Zugang haben	accedere	aceder, entrar
alfiler	pin	épingle	Stecknadel	spillo	alfinete
alianza	alliance	alliance	Allianz	alleanza	aliança
blusa	blouse	blouse	Bluse	blusa	blusa
brazalete	bracelet	bracelet	Armband	braccialetto	bracelete
calentadores	leg-warmers	guêtres	Leggings	polpacciere	aquecedores desportivos (aquecedores esportivos)
calentador	heating	chauffant	Heizgerät	scaldabagno	aquecedor
camisón	nightgown	chemise de nuit	Nachthemd	camicia da notte	camisão (camisola)
chaleco	waistcoat	gilet	Weste	panciotto	colete
chándal	tracksuit	survêtement	Jogginganzug	tuta	fato de treino para desporto (agasalho)
clásico	classical	classique	klassisch	classico	clássico
comodín	jocker	jocker	Joker	Jolly	curinga
complemento	complement	complément	Ergänzung	complemento	complemento
cotilleo	gossip	commérage	Klatsch	pettegolezzo	bisbilhotice (mexerico)
cremallera	zip	crémaillère	Reißverschluss	cerniera	cremalheira (fecho ecler)
diadema	diadem	diadème	Diadem	diadema	diadema
diseñador	designer	dessinateur	Designer	disegnatore	desenhador
escaparate	shop window	étalage	Schaufenster	vetrina	montra
estampado	printed	estampé	bedruckt	stampato	estampado
exhibición	exhibition	exhibition	Schaustellung	esibizione	exibição
firma	firm	firme	Firma	firma	firma
gemelo	twin	jumeau	Zwillingsbruder	gemello	gémeo (gêmeo)
horquilla	hairpin	épingle à cheveux	Haarnadel	forcina	forquilha (grampo)
imperio	authority, empire	empire	Herrschaft	impero	império
industria financiera	finance industry	industrie des finances	Finanzindustrie	industria finanziaria	indústria das finanças (indústria financeira)
malla	mesh	maille	Masche	maglia	malha
manopla	mitten	moufle	Topflappen	manopola	manopla (luva)
ojal	buttonhole	boutonnière	Knopfloch	occhiello	botoeira
pase de modelos	fashion show	défilé de mode	Modenschau	sfilata di moda	desfile de modelos
peineta	ornamental comb	peigne d'ornement	Einsteckkamm	crinale	peineta (pente ornamental)
pulsera	bracelet	bracelet	Armreif	bracciale	pulseira
recado	message	commission	Auftrag	messaggio	recado
rendir	to pay	rendre	erweisen, abgeben	rendere	render
saco de dormir	sleeping bag	sac de couchage	Schlafsack	sacco a pelo	saco-cama (saco de dormir)
suéter	sweater	sweater	Pullover	maglione	camisola (suéter)
tejido	woven	tissé	gewebt	tessuto	tecido
traje típico	traditional dress	costume typique	typische Tracht	costume tipico	trajo típico (traje típico)
unisexual	unisexual	unisexué	eingeschlechtig	unisessuale	unissexual
zueco	wooden shoe	sabot	Holzschuh	zoccolo	soco